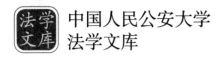

中国人民公安大学
法学文库

法定犯裁判规范的结构与建构

FADINGFAN CAIPAN GUIFAN DE
JIEGOU YU JIANGOU

孙树光◇著

中国政法大学出版社

2025·北京

图书在版编目（CIP）数据

法定犯裁判规范的结构与建构 / 孙树光著. -- 北京 : 中国政法大学出版社, 2025. 3. -- ISBN 978-7-5764-1738-8

Ⅰ. D924.114

中国国家版本馆 CIP 数据核字第 2024NY4347 号

出 版 者　中国政法大学出版社

地　　址　北京市海淀区西土城路 25 号

邮寄地址　北京 100088 信箱 8034 分箱　邮编 100088

网　　址　http://www.cuplpress.com（网络实名：中国政法大学出版社）

电　　话　010-58908285(总编室) 58908433 （编辑部）58908334(邮购部)

承　　印　固安华明印业有限公司

开　　本　880mm×1230mm　1/32

印　　张　7.5

字　　数　210 千字

版　　次　2025 年 3 月第 1 版

印　　次　2025 年 3 月第 1 次印刷

定　　价　39.00 元

前言

通过对法定犯裁判规范结构与建构的研究，挖掘法定犯裁判规范真实的裁判结构形态和裁判建构思路，发现法定犯的成长如何与司法实践、社会发展相辉映，从而揭示法定犯规范不断成长的"奥秘"。按照"解读——解构——建构"的思路进行阐释，立足于当下法定犯的传统研究路径，梳理法定犯的历史源流和发展现状，准确定位我国法定犯的规范构造，多维度解构法定犯裁判规范的结构。剖析法定犯裁判规范生成过程中强法定性和弱伦理性的结构特质，梳理不同法定犯类型下罪责结构的差异和违法性认识的区别。在社会控制的大背景下考虑裁判规范生成过程中的法源结构，进而梳理出法定犯裁判规范这一特定场域的适用规则，为法定犯裁判规范的裁判模型建构奠定基础。

具体而言，在法定犯裁判规范结构层面。裁判规范区别于行为规范、文本规范，是一种适用意义上的动态规范，是刑事裁判中案件事实与文本规范双向互动的产物，更是司法场域约束下的建构性规范。其中，刑法裁判规范作为裁判规范在刑事司法场域的建构规范，是围绕着构成要件所进行的规范建构，是讲求交往理性的"活规范"。刑法裁判规范能够很好地契合法定犯开放性的犯罪构成，是对这一秩序违反型犯罪司法裁判过程的最佳诠释模型，能够在最大程度上解释法定犯裁判生成过程中不确定程度更高、伦理性色彩更淡等情形。围于法定犯类型的复杂性，将法定犯的规范构造限定为行政违法+加重犯（情节加重或结果加重或情节加重与结果加重的复合）的基本构造。在此基础上，以是否存在行政违法+行政罚的前置化行政追责规范构造为标准，区分出纯正法定犯犯罪构造和不纯正法定犯犯罪构造，并在不同犯罪构造下开展法定犯类型在不法内涵、罪责结构和违法性认识等方面的差异研究，反思心理责任论在法定犯特殊犯罪构造下的解释乏力，进而剖析这一犯罪构造的结构内涵和解释逻辑。在法定犯的犯罪构造中，双重违法性决定了行政不法对于刑事不法判断的约束性更强，更多的是一种行为无价值下的心理事实推定，故而伦理可谴责性判断空间较窄，法官的自由裁量出现两极化的司法样态。而这一规范特性通过法定犯裁判规范的生成建构得以呈现，既有其对文本规范遵从的刑法教义学解释的传统面，也有在开放构成要件下非规范性法源对法源结构冲击的现实面。

在法定犯裁判规范建构层面。概念的理解、要素的形成离不开对体系的认知，对于法定犯裁判规范的研究理应具有由点及面的社会面相。从微观层面看，法定犯的裁判事实结构，扩容了法定犯的内涵和外延，是法定犯成长的内在动力，裁判事实在与裁判规范的双向互动过程中发挥着基础性的建构作用。从中观层面看，国家政策对法定犯裁判规范的生成起着方向性的把控，在罪刑法定原则的约束下，通过法定犯开放式的犯罪构造，完成刑事政策的刑法化、公共政策的行政法化，进而对行政不法乃至刑事不法的判断产生直接或间接的影响。从宏观层面看，社会发展过程中国家治理结构的变化是法定犯立法膨胀的根源，国家公权力通过法定犯立法增加社会控制的强度，也构筑社会控制的底线。而这一公权力的强势介入必然带来与公民自由之间的冲突，故有必要通过法定犯司法的裁判功能来弥补这一冲突过程中形式正义与朴素法感情之间的裂痕，在法行为的最后意义上通过社会整合达致社会团结的目的。在法定犯裁判规范的生成过程中，既要在理念上考虑到法益保护与人权保障、行为功利与规则功利等元价值之间的利益均衡，恪守人权保障的制度红线，保持对行为功利主义的绝对克制；又要在思维上注重类型思维和论证模型对于法定犯构成要件要素的建构意义，通过图尔敏的论证模型，规范行政不法向刑事不法的转化机制；更要在技术上进行具体结构与抽象结构层面的结构证成，坚守法定犯文本规范的法定性，在法定犯规范目的的约束下进行刑事不法的价值评判。

目　录
Contents

绪 论

科学和知识的增长永远始于问题，终于问题——愈来愈深化的问题，愈来愈能启发新问题的问题。[1]对于法定犯的研究应该源于当前立法与司法中的实践问题，尤其是司法实践中的疑难问题。通过对现实问题的总结、提炼与当前理论研究路径的梳理，反思理论研究焦点与司法实践症结之间的鸿沟。虽然以往法定犯的规范研究也注重对司法问题的理论回应，但仅将司法适用难题作为学术研究问题的切入点，最终的落脚点仍然放在规范刑法学对法条的教义解释中，属于刑法教义学的传统解释方法，是一种静态的规范研究。这一研究路径难免落入伦理元价值的哲理思辨中，是一种建立在自然犯强伦理性基础上的传统研究路径，该路径无视法定犯空白罪状构造解释过程中行政法等前置法渗入对犯罪论、责任论和刑罚论等传统刑法理论的冲击。虽然相关研究论著颇丰，但对法定犯的司法适用困境的解决却收效甚微，这一点从近年来多发的社会热点刑事案件引发的持续性理论争议中可见一斑，[2]故进行符合中国本土实践的法定犯解释路径建构理应成为当前学术研究的重点。

---

〔1〕 参见［英］波普尔：《猜想与反驳：科学知识的增长》，傅季重等译，上海译文出版社 2015 年版，第 320 页。

〔2〕 如赵春华非法持有枪支案，参见天津市第一中级人民法院（2017）津 01 刑终 41 号刑事判决书；陆勇销售假药案，参见湖南省沅江市人民检察院沅检公刑不诉（2015）1 号不起诉决定书。

一、选题意义与研究现状

（一）选题意义

1. 理论意义

从法学的发展而言，脱胎于概念法学的注释刑法学或者说刑法教义学，以刑法规范的解释为核心，注重对刑法规范的概念解读，进而建构理论体系，然该理论体系的建构是立基于自然犯的刑法规范，故法律与道德的探讨成为亘古不变的话题。详言之，当前的刑法理论和体系是围绕自然犯建构起来的刑法理论和体系——针对自然犯所建构的犯罪论和刑罚论体系，进而基于此进行刑法哲学和刑法解释学视域下的理论建构。然而，随着法定犯时代的到来，法定犯的不法构造、不法内涵和罪责要求在一定程度上与自然犯存在差别，我国的刑事立法、刑事司法乃至于社会评价上都在根据法定犯不同的构造内涵程度进行着有别于自然犯的反应，而此些反应只有在司法裁判中方能被感知、被揭示。反观当前规范刑法学的学术反应，仍然囿于自然犯的规范刑法学研究思路，并在该思路下开展对法定犯规范概念的体系性解释和逻辑性建构，即以立法为中心进行规范刑法学理论体系的架构，从而使得有些法定犯案件在规范刑法学的解释方法下成了疑难案件，然而此类案件无论是涉及的刑法规范还是案件事实的确又很简单，这在某种程度上也暴露了规范刑法学的解释方法在该类型案件解释上的乏力，此中原因不得不引起当前学术界在理论研究方法和视角上的反思。而裁判规范的分析路径为法定犯的规范研究提供了新的思路，即法定犯裁判规范的解构与建构为当前法定犯理论提供了较为系统、新颖的解释图式，为丰富当前法定犯的理论研究路径提供了可能，一定程度上也弥补了当前刑法学研究路径在刑法之外的研究视角。

诚然，在规范刑法学的研究阵营中，也存在着刑法之外的研究视角，诸如有的学者在承认法条主义研究方法不足的同时，提出社会学的研究视角——在法学方法论经历从概念法学到利益法学及评价法学的转变的今天，刑法适用不再只是单纯的涵摄过程，而是同时涉及价值判断与解释技术如何有机整合的过程。[1]然而，此些研究路径仍然局限于对规范的教义学解读，注重规范的形式理性和实质理性。其中形式理性最终诉诸法条的机械解读和逻辑论证，而实质理性则最终诉诸刑法价值，属刑法哲学的研究范式。受19世纪末法律写实主义运动的影响，美国纯粹法社会学的代表人物唐·布莱克首创案件社会学理论，以预测或解释案件是如何处理为出发点，批判传统的法理学研究模式的封闭性，提倡社会学的研究模式，即以一名观察者的视角，关注案件的社会结构，重视对司法裁判结果形成过程的解释。这一结构的社会学视角为我们分析法定犯的司法裁判问题提供了思路，因为法定犯的规范构造中不是刑法规范所主导，而是兼有行政法规的参与，二者在规范构造、规范的适用样态等问题上离不开开放性、结构化的思考。这种理论为丰富法定犯的研究视角，细化法定犯的规范结构提供了较为新颖的思路和方案。

2. 实践意义

永远不要忘记，法律的生命在于实施而不在于颁布，[2]法学研究的方向和对象也应该具有实践维度的一面。法律的实践品格决定了理论研究与司法实践双向互动的机制，理论研究应该具有来源于司法实践的维度，应该从司法实践中提炼经验进而完成理论升华的飞跃，从而反哺司法实践，法定犯裁判规范的研究视域为这一研究思路的开展指明了方向。一方面，越来越多的刑事司法实践问题集中在法定犯领域，这一点从近年来频发的社会热点案件可见一斑，诸如赵春华非法持有枪支案（以下简称赵春华案）、[3]王鹏非法出售珍贵、濒危野生动物案（以下简称王鹏案）[4]和王力军无证收购玉米案（以下简称王力军案）[5]等，越来越多的法定犯司法适用面

---

〔1〕 参见劳东燕：《法条主义与刑法解释中的实质判断——以赵春华持枪案为例的分析》，载《华东政法大学学报》2017年第6期。

〔2〕 参见陈瑞华：《论法学研究方法》，法律出版社2017年版，第35页。

〔3〕 参见天津市第一中级人民法院（2017）津01刑终41号刑事判决书。

〔4〕 参见广东省深圳市中级人民法院（2017）粤03刑终1098号刑事判决书。

〔5〕 参见内蒙古自治区巴彦淖尔盟中级人民法院（2017）内08刑再1号刑事判决书。

临着传统刑法理论解释的困境。另一方面，频繁的刑事立法也主要集中在法定犯的增设中，主要是对于司法问题的立法关切，然而这样的立法频率自然带来公平正义等法的元价值的深度拷问，从而面临刑法急剧膨胀、犯罪圈快速扩大等质疑，有违刑法的稳定性和谦抑性的当然要求，带来"风险刑法"的学界隐忧。反观上述两个方面，归根结底是对立法中心主义的固守，当出现规范解释僵局时往往委任于刑事立法，将传统自然犯解释理论在法定犯中的解释乏力和压力转移到刑事立法中，在一定程度上冲击法的稳定性，也不利于法定犯问题的根本解决。故有必要将对法定犯的研究由立法中心主义转向司法中心主义，从静态的规范解释论研究转向动态的规范建构论研究，如此才有利于顾及刑法规范的司法适用侧面，呼应刑法的实践品性。

当前案多人少的司法下行压力，正在透支基层司法人员的精力，一定程度上影响公正审判的作出，而法定犯正是这一"案多"的重要方面，保质与保量之间如何达致平衡既是实务界所追求的工作目标，也是学术理论所需关注的研究重点，合理揭示法定犯司法实践的实然状态，并为司法工作人员司法裁判提供可资依循的裁判思路和方法就具有了实践意义。传统的刑法研究只注重在教义刑法学的体系下展开对刑法规范的逻辑性解释，对于刑法规范的适用效果缺乏必要的关注，当然也就不能为司法人员卸负释压，使得理论研究与实践需求之间的隔阂愈深。对法定犯裁判规范的研究即是在这一理论研究与司法实践的隔阂背景下展开的动态研究，为法定犯的司法适用僵局提供可供解释的理论模型，进而为司法适用提供可资借鉴的逻辑模型，从实证主义的角度提供一套法官裁判法定犯案件的决策理论，"在非常规案件中，法官实际上如何得出其司法决定令人信服的、统一的、现实的且适度折中的解说……一种实证的审判决策理论"。[1]

（二）研究现状

对于法定犯的研究，从现有研究成果来看，国内研究与国外研

〔1〕 R. A. Posner, *The Problems of Jurisprudence*, Harvard University Press, 1990, p. 19.

究呈现不同的研究视角，既有各自立法体系的问题，也存在二者研究路径上的差异，但国内的研究或多或少有着域外研究的足迹，研究成果一定程度上带有"舶来品"的色彩，这也是当前法定犯研究存在多种路径的根本原因，故有必要加以厘定。

1. 国内研究现状

观察当前理论界对于法定犯的研究，基本上都是在国外研究思潮的影响下，将法定犯作为各自理论的素材进行研究，具体包括两个层面：一种是基于立法论层面的研究，即主张对于法定犯应当建立自有的一套犯罪论和刑罚论体系，其中推崇至极的即是部分学者所主张的行政刑法体系的建构；另一种是基于解释论层面的研究，即从刑法解释学的角度，或者说从刑法教义学的角度，对法定犯进行教义学式的解读，主要是从犯罪论、刑罚论的传统刑法问题出发进行法定犯视域下的理论研究，其中尤以犯罪论为要，包括违法性认识错误、构成要件中的规范漏洞填补等的研究、违法基础的罪责研究等。上述研究路径一方面呈现出先立法中心主义，后刑法教义学的研究脉络，另一方面表现为将法定犯作为研究的素材运用到各自理论的价值体系架构中，既忽视了中国法定犯的现实语境，也缺乏以法定犯为中心所进行的主体性研究。然而，中国的问题必然要求我们对法定犯的研究应该立足于中国司法实践的现实语境，将法定犯的规范适用样态作为主要的研究对象，故而展开法定犯刑法规范的研究方法是解决这些问题的有效路径。然在此之前，对于当前理论的综览有助于我们把握该问题的研究现状，也能够为我们统筹当下法定犯的多维研究视角提供可能。具体而言，当前对于法定犯的研究包括以下两条路径：

第一，立法学解释路径下法定犯的宏大叙事，即以行政刑法为中心的部门法理论体系建构，这也是当前理论界对法定犯研究较为集中的地方。

当前理论界对法定犯的研究更多的是在行政刑法的体系定位中提出，通过对行政刑法的宏大叙事建构体系化的部门法学，这些研究在一定程度上弥补了我国对于行政刑法的理论研究空白，但这一研究在较短的时期内也仅能停留在学术研究中，难成现实，与当前的立法体系较难融合。然而，这样的研究视角却有利于我们透视行政法和刑法演进的历史进程，因为近现代刑法发展的历史本身，就是一部由刑事刑法到行政刑法，再由行政刑法到刑事刑法的历史。[1]通过这一进程梳理，可以挖掘二者在社会发展不同阶段的角色定位和制度安排，通过二者社会功能的此消彼长的历史脉络，发现法定犯的发展轨迹和未来的发展趋势，从而为揭示中国背景下行政犯涉及的社会控制、社会功能等问题提供研究的背景和讨论的视角。

通过对行政刑法的宏大叙事建构体系化的部门法学的研究多以专著为主，主要有张明楷教授主编的《行政刑法概论》，黄河博士的《行政刑法比较研究》，黄明儒博士的《行政犯比较研究——以行政犯的立法与性质为视点》，程凡卿博士的《行政刑法立法研究》，杜琪博士的《刑法与行政法关联问题研究》，刘艳红教授和周佑勇教授的《行政刑法的一般理论》，以及李晓明教授的《行政刑法学导论》《行政刑法新论》等专著，综观这一研究视角，可归纳为以下两个法定犯研究特点：

（1）在加罗法洛对法定犯界定的范围内研究法定犯。古罗马法将犯罪区分为"自身恶"（mala in se）与"禁止恶"（mala prohibita）两类，分别对应自然犯和法定犯。[2]这一分类肇始于加罗法洛对犯罪的犯罪学分类，其区分的意义在于将刑法打击的重点转移到自然犯中，而将自然犯之外的法定犯实行非犯罪化。加罗法洛关于自然犯与法定犯的分类，其首要解决的问题是犯罪人的治理问题，是犯罪学意义上的犯罪治理和犯罪预防问题，其强调通过从犯罪现象中挖掘犯罪原因。作为与菲利、龙勃罗梭有着同等地位的犯罪学家来说，加罗法洛在犯罪原因的挖掘上尤其注重个人原因，亦即探求犯罪人

---

〔1〕 参见游伟、肖晚祥：《论行政犯的相对性及其立法问题》，载《法学家》2008年第6期。

〔2〕 参见张文、杜宇：《自然犯、法定犯分类的理论反思——以正当性为基点的展开》，载《法学评论》2002年第6期。

的犯罪动机，并努力探寻一条可以改变这些犯罪动机的治疗方法，使其不再危害社会。[1]如此看来，自然犯与法定犯的最原始分类带有鲜明的犯罪学色彩，是19世纪犯罪治理下的产物。

然而，在新的时代背景下，法定犯的研究应该赋予其新的时代内涵，跳出加罗法洛早期犯罪学的分类。加罗法洛的研究分类方法，很容易将现有的研究进路带入到"立法中心主义"的窠臼中，其以现象——原因——预防这一传统的犯罪学研究进路，将不具有道德谴责性的法定犯排除出犯罪圈，其本质是站在社会学的视角，以自然法的思想将不具有道德非难性的社会越轨行为排除，在当时国家主义的制度环境下，具有积极的意义。而当前中国刑法学的研究应该是一种"司法中心主义"的研究视角，犯罪学的研究分类视角和方法当然不能直接适用到刑法学的方法中，二者对于犯罪的定义和方法因学科视域的不同呈现出不一样的犯罪圈划定，故而应该赋予法定犯刑法学视域下的界定，并结合中国的法定犯立法实践进行制度适用效果层面的思考。

（2）在境外法系法定犯的研究框架下研究法定犯。对于境外理论界关于自然犯与法定犯的理论研究，一定要结合其法律体系进行论述。《法国刑法典》将行政犯作为违警罪与被视为重罪、轻罪的一般刑事犯规定在一起；德国将行政犯与刑事犯分立于不同的法典之中，如德国现行规范经济制度的《经济刑法》；日本将行政犯分散规定在不同的行政法规之中。综观当前对于法定犯的研究，言必谈德国，其中德国的刑事立法体系变化和当前的立法例成为诸多学者理论的依据和重点，如林山田教授在《经济犯罪与经济刑法》中关于经济刑法的概念、立法例和立法原则等的论述，成为后续诸多学者在自我行政刑法体系理论建构中的主要来源，书中关于经济犯罪与经济秩序违反行为的界定成为行政不法与刑事不法界分的重要依据，但关于经济刑法与行政刑法的关系，往往不是学者们界定的

---

[1] 参见［意］加罗法洛：《犯罪学》，耿伟、王新译，中国大百科全书出版社1995年版，第4页。

重点，仅将其作为行政刑法的一种部门法类型加以区分，是一种特殊与一般的种属关系。然而我国当前立法采用的是行政违法与刑事犯罪的二元治安模式，即对于行政违法行为对应的是行政法领域的行政处罚措施，如《中华人民共和国治安管理处罚法》（以下简称《治安管理处罚法》）中的相关规定，而对于行政违法程度较高的行为规定了刑罚处罚措施，并不存在如德国一样的独立的法定犯立法例，且从发展渊源来看，也与其他国家不同，具有鲜明的中国特色。故而对其研究，必然是立足于中国视域下的理论研究，而不能照搬照抄境外对于法定犯（行政犯）的理论研究成果，更不可盲目追随德、法两国的立法例追求我国法定犯问题的部门法建构。

第二，教义学解释路径下法定犯的微观透视。当前法定犯的研究，更多的是将规范刑法学中涉及犯罪论和刑罚论的问题套用在法定犯的身上。换句话说，法定犯仅是为了研究传统刑法中的犯罪论和刑罚论问题而成了这些问题研究的嫁衣和素材，通过法定犯的诸变化对刑法体系的冲击、更新，进行传统刑法理论下的当代解读，是一种基于传统刑法理论的逻辑自洽和理论自足。对此，国内的研究著述颇丰，如张文、杜宇两位教授的《自然犯、法定犯分类的理论反思——以正当性为基点的展开》，白建军教授的《法定犯正当性研究——从自然犯与法定犯比较的角度展开》，黄明儒博士的《我国有关行政犯性质的学说及其评析》，米传勇博士的《阅读加罗法洛——以自然犯、法定犯理论为中心》，王唯宁博士的《风险社会的刑法控制——基于法定犯的思考》，陈金林博士的《法定犯与行政犯的源流、体系地位与行刑界分》，田宏杰教授的《行政犯的法律属性及其责任——兼及定罪机制的重构》等，但也不乏米传勇博士的《加罗法洛自然犯与法定犯理论研究》等专著，这些论著主要从以下两个方面展示法定犯时代背景下传统刑法理论面临的冲击和挑战，并提出自我刑法立场下的路径解读，既有诉诸《刑法修正案》进行的立法层面的法律体系建构，也有诉诸转变传统刑法理论的解释论立场辩驳。

（1）法定犯对不法本质的结构冲击。作为犯罪构造体系的两大支柱之一，"不法的根基"历来是刑法学派的必争之地。无论是客观主义与主观主义之争，还是结果无价值论与行为无价值论之争，都是围绕不法的本质所展开的争论。在古典犯罪论体系中，不法的评价对象仅限于行为的客观侧面，而决定不法成立与否的唯一因素，是行为客观上显现的外在状态（尤其是客观上所引发的危害结果）。随着社会的发展，犯罪形势趋于严峻，刑法规范的不断调整也带来了刑法理论的蓬勃发展。在不法本质的探讨中，除传统的结果导向的不法模式之外，刑法中至少又出现了其他三种不法模式，即主观导向的不法模式、行为导向的不法模式和危险导向的不法模式。主观导向的不法模式以未遂犯为典型，行为导向的不法模式以过失犯为典型，而危险导向的不法模式则以抽象危险犯为典型。且在近些年的立法中呈现逐年增长的趋势，前两者在刑法不法类型中逐渐被吸纳从而也带来了传统刑法理论的新生。随着法定犯时代的悄然到来，大量的抽象危险犯被纳入刑事立法规制的范畴，古典客观主义所坚持的统一的不法论立场，已然无法对刑法中的所有不法类型作出解释，这一立法上的转变事实存在于立法模式之中，但却为传统刑法理论所不容。

（2）法定犯对罪责理论的时代挑战。罪责基础的讨论主要有道义责任论、规范责任论和社会责任论之分，道义责任论认为犯罪是人基于自由意志选择的结果，如此对其进行伦理上的非难，这也是传统刑法理论，尤其是处罚自然犯的理论基础。规范责任论则讲求在罪责层面加入评价要素，即将道义责任论的核心意思形成作为责任评价的对象，而社会责任论则强调刑罚是针对犯罪人的再犯危险性这一立场出发进行的社会防卫的手段。法定犯的出现，导致了传统罪责理论的客观化趋势。详言之，为突出社会的要求与利益，罪责的考察重心也从行为人是否是在具有选择自由的情况下做出不当的行为决意，转移至其有没有按法规范所期待的那样运用自身的认识能力与控制能力。罪责的前提不再是非难可能性，而是现实的或可能的预防需要，可以说，从一般预防目的入手来着手构建刑法的归责结构，是导致罪责逐渐丧失独立功能的根本缘由所在。

2. 国外研究现状[1]

国内对法定犯的研究路径一定程度上借鉴了国外对法定犯问题的研究思路，但却未能正视国外对该问题的研究背景和历史脉络，既未能重视社会环境对法定犯理论研究的影响，也未能重视学术理论体系变化对该理论的整合作用，最后使得我国对法定犯的研究缺乏中国本土的实践思考，成了域外理论的"搬运工"，域内问题的"旁观者"。综观而论，国外对法定犯的研究一方面受到来自社会环境的影响，另一方面受到来自法律体系的约束。

第一，社会环境构成了法定犯研究的根本动力。法定犯肇始于加罗法洛在《犯罪学》中对犯罪人的分类，而该分类的根本动力就是为了应对 19 世纪中叶犯罪率的居高不下，刑事古典学派的行为刑法在惩罚犯罪方面的疲软使得加罗法洛开始反思真正的犯罪人，从而以自然犯与法定犯作为真正犯罪人与否的区分，也就此掀起了学术界对法定犯旷日持久的学术论战。其中最早提出行政刑法概念的当属刑法学家郭特希密特（以下简称"郭氏"），他提出了建立"行政刑法"的主张。在（郭氏）包含"法制史的、比较法的研究"和"行政刑法的基本理论"两编的《行政刑法》专著里，其以"司法与行政的并立，应该有其不同的目的与领域"为理论出发点，认为为达到司法目的而采取的强制措施是司法，为达到行政目的而采取的强制措施，则是行政刑法。[2]

第二，法律体系构成了法定犯研究的起点和归宿。法律体系的不同自然构成该问题的研究背景，对于法定犯研究较多、法律体系较为完善的德国刑法是所有研究法定犯问题必须溯源的前提。德国关于该问题的研究与该国的法律制度息息相关，从开始的警察犯到最后的行政犯（法定犯），从开始的《警察刑法典》到《经济刑

---

[1] 囿于较弱的外文文献搜集能力，并未能准确定位更多的"法定犯"或"行政"这一问题的外文文献，所以只能从国内学者的研究成果中寻觅该问题的源头，以期对该问题能有较为清晰的全貌把握。

[2] 参见黄河：《行政刑法比较研究》，中国方正出版社 2001 年版，第 7~8 页。

法》再到后来的《秩序违反法》等，对于法定犯的争论一直围绕着当时的刑事立法，而讨论的结果也一定程度上在后续的刑事立法中有所体现，更深层次的是行政权与司法权在历史发展过程中的博弈与妥协。如针对行政权对刑法权的僭越，尤其是纳粹时期行政权的泛滥对当时的司法造成了较大的伤害，故德国法学家沃尔夫（E·Wolf）从法哲学和刑事政策学的角度研究行政犯，从实质违法性的角度将部分行为——秩序违反行为从犯罪行为中剥离出来，同时制定不同于犯罪的实体法和程序法，其中西德的《经济刑法》和《违反秩序法》即是适例。

正如黄河博士在《行政刑法比较研究》中总结的一样，法定犯的出现有着其特有的思想基础、社会经济基础和理论基础，详言之：三权分立思想和法治思想是西方国家行政刑法产生和发展的思想基础；经济发展和国家干预经济的需要使得行政法规以及行政违法现象增多是行政刑法产生和发展的社会和经济基础；刑法理论的进步特别是违法性理论的发展是行政刑法产生和发展的理论基础。

二、研究方法与本书架构

（一）研究方法

实在论视角下的法定犯裁判规范的理论研究主要涉及以下研究方法：

1. 历史的研究方法。法定犯的研究肇始于加罗法洛对于真正犯罪的社会学思考，正如卡多佐法官所言，在一种特定意义上看，某些法律的概念是历史的产物。故有必要对法定犯的历史源流进行梳理，其中包括对法定犯概念的梳理、法定犯历史发展的梳理和法定犯理论研究的脉络梳理等。

2. 比较法的研究方法。法定犯或者说行政犯发展较为完备的当属德国的刑事立法，从最开始的《警察刑法典》演变到后来的《经济刑法》《秩序违反法》等。当前对于法定犯，尤其是对于国内一些行政刑法的立法论者的研究当然离不开这一重要的域外立法例，故有必要研究域外的法定犯的现有情状。

3. 实证主义的研究方法。结合法定犯的个案对该类型犯罪在司法适用过程中面临的问题进行分析，剖析规范刑法学的传统刑法理论在法定犯适用中的理论解释僵局，从而将研究的重心由当前教义学的静态研究转向实践意义上的动态研究。

4. 社会学的研究方法。社会学的研究方法范围较广，本书所指的社会学的研究方法，主要是指社会学中布尔迪厄的社会实践理论，或者说是解构主义与建构主义的综合，并将此思想内化到法定犯裁判规范的生成建构研究中。

（二）本书架构

在法定犯裁判规范的研究过程中，遵循"解读——解构——建构"的思路开展法定犯裁判规范的动态研究。简言之，以规范论这一研究视角为思路，展开法定犯裁判规范的研究，其中主要进行法定犯裁判规范生成过程中的结构性研究，既包含法定犯的强法定性和弱伦理性的规范结构研究，又包括不同法定犯类型下不法内涵、罪责结构的传统理论研究，还包括了在社会治理大环境下法定犯裁判中的法源结构的研究。通过社会控制理论的宏观叙事与刑法规范理论的微观切入，由点到面、由表及里地开展裁判规范研究，为法定犯裁判规范的实践建构奠定基础，从而提出在法定犯裁判规范结构生成的本体论和方法论。详细而言，本书主要包括以下三个部分：

第一部分，法定犯裁判规范基本理论概述，以裁判规范——刑法裁判规范——法定犯裁判规范这一层层递进的脉络进行章节架构。通过对自然法、规则法和活的法等不同立场进行一般法律规范的研究视角透视，发掘活的法视角下裁判规范的研究价值，进而对裁判规范进行基于行为规范与文本规范不同意义上的规范界定，确定裁判规范的规范属性和规范定义。刑法裁判规范作为刑事领域的司法建构物，规范适用是在罪刑法定原则下犯罪构成要件的要素解读，对其规范的研究一定是一种规范适用层面上的解释性研究，进而发现刑法裁判规范的动态性、实然性和交往理性等规范特性。法定犯作为特殊的犯罪类型，其裁判规范在具备裁判规范特性的基础上，在空白罪状的犯罪构成中，表现出开放性程度更强、不确定程度更高和伦理性色彩更淡等专有特质。

第二部分，法定犯裁判规范的结构，以法定犯在司法适用中的实然体现为突破口，以是否存在行政违法+行政罚这一前置化的行政追责规范结构为标准，将法定犯划分为纯正与不纯正的法定犯的规范类型，并对不同法定犯的规范构造在罪责结构与违法性认识方面的差异进行现实意义上的剖析，这些都对基于自然犯建构起来的传统犯罪论和责任论带来不小的冲击。如对于以伦理性为基础的心理责任论的冲击，法定犯空白罪状的漏洞填补和规范续造对于"不知法不免责"的教条式法谚的冲击等，这些都离不开对法定犯裁判规范生成过程中内在结构与外在结构的解读。关于法定犯裁判规范的内在结构的研究立足于法定犯裁判规范生成过程中法定犯规范构造的内涵，亦即相对于自然犯而言较强的法定性和较弱的伦理性。强法定性中违法判断的精准量度、社会危害的模糊评估以及二者之间的规范冲突；弱伦理性下刑法非难的正当性、社会评价的合理性以及二者之间的评价矛盾是导致法定犯裁判结构，甚至是裁判结论不稳定的原因所在。如此规范内涵则需要通过开放式的规范罪状得以呈现，故而需要明确其规范解释的显性开放结构、挖掘规范适用的隐性开放结构，为法定犯裁判规范生成过程中的司法裁判方法论奠定基础。

第三部分，法定犯裁判规范的建构，对于该规范建构涉及法定犯裁判规范建构的本体论和方法论两个部分。在法定犯裁判规范建构的本体论中，裁判事实是该裁判规范生成的基础，裁判规范与裁判事实是彼此互相建构的过程，裁判规范的内涵和外延得以被裁判事实解构、扩容。国家政策构成裁判规范生成的方向，其中刑事政策的刑法化是法定犯裁判规范生成过程中的价值评价基准，公共政策的行政法化则构成法定犯裁判规范生成过程中行政不法向刑事不法转化的利益衡量标准。社会发展是法定犯裁判规范生成的根源，通过法定犯立法和法定犯司法达到社会控制和社会整合的目的。在法定犯裁判规范建构的方法论中，从价值层面剖析规范建构中在法益保护与人权保障之间、行为功利与规则功利之间的立场、定位，从逻辑层面通过类型思维重构法定犯裁判规范的构成要件类型，利用图尔敏模型进行裁判规范生成过程中构成要件要素的建构，从技术层面进行法定犯具体结构的逻辑证成和抽象结构的规范归入路径建构。

三、创新之处与研究不足

（一）创新之处

受分析实证主义法学的影响发展起来的规范刑法学排斥对刑法规范的价值评判，在研究中尽量贯彻价值无涉和情感中立的原则，注重刑法规范的逻辑理性，亦即注重对法律规范的理论逻辑模型的推演。然而，刑法学作为实践性较强的学科，其理论研究的核心应当从对法律条文的理论逻辑分析（规范分析）转移到对法律适用的实践逻辑分析（动态分析），本书即是在这一思路下开展的法定犯研究，相较于传统的规范刑法学的研究路径，具有如下创新性：

1. 拓展了法定犯强法定性与弱伦理性的结构研究

法定犯空白罪状的规范设计使得其具有开放性的规范结构。也就是说，法定犯的开放结构是由法定犯规范构造的特殊性所决定的，即法定犯=行政违法+加重犯（情节加重、结果加重），[1]由此确定了法定犯双重违法性的规范本质。行政法中对相关的行政法规范和对行政违法行为、行政相对人等的认定就具有了构成要件要素的性质，行政法视域下的规范和事实对于刑事不法的判断起着规范构造上的强约束性，亦即强法定性。这一结构特质既有违法判断的精准量度的侧面，也有社会危害的模糊评估的侧面，前者体现的是一种行政不法与刑事不法之间行刑互动关系的柔性，为行政不法向刑事不法的转化，法定犯向自然犯的转化流动提供规范基础，也为法定犯裁判规范生成逻辑提供理论素材。后者体现的是法律正义与裁判正义之间的关联，是行政法规范与行政法事实强约束性下，法官刑

---

[1] 参见孙树光：《行政犯裁判结构的功能性研究——以法律结构与社会结构互动机制为视角》，载《政治与法律》2019年第6期。

事裁判中进行刑法价值判断的综合考量过程，是将案件裁判完全依赖于刑事政策或社会政策"风险刑法"担忧的一种制度安排。

政府行政管理的职能在于通过社会资源的合理再分配以达到社会治理的目的，故而涉及社会生活的方方面面，并基于权力约束、行为指引的需要制定了详尽的行政法规并配以相应的行政义务和责任措施，这就使得社会公众对行政法规范的认知程度要远远高于刑法等其他公法。当一部分行为所招致的社会危害行政法不足以管控时，则进入刑法领域进而具有了法定犯的规范外衣，通过刑法规范的强制力使得规范形象和规范内涵逐渐内化为公众的伦理感情，[1]这一点与自然犯中天然的社会规范属性相比，缺乏深厚的伦理基础和与生俱来的普世性，并非世俗生活自然而然的真实状态，[2]这是法定犯相较于自然犯而言的弱伦理性特征，而这一伦理性的判断有其规范意义上的正当性。在进入刑事诉讼程序时，也需要面对裁判结论生成的合理性的检视，需要我们从实定法中去寻求法定犯违法的本质，亦即对于行政法义务的违反，也要求我们在法定犯裁判过程中考虑多元主体诉求、防范行政法原则越位等问题。

2. 细化了法定犯不同规范构造类型下的罪责研究

从严格的意义上而言，行为人所实施的行为并没有违反刑法法规，而是充足了刑法法规，真正被违反的是隐藏于构成要件背后的行为规范。[3]以文本规范结构为出发点，从描述性的概念中推导出"不能杀人""不能偷盗"等行为规范。这一行为规范在自然犯类型下由刑法单独形塑，但在法定犯的空白罪状中，更多的是由行政法等前置法或者由行政法与刑法共同形塑。如此行为规范构成法定犯双重违法性下的违法判断的"最大公约数"，是唯一切实可以把握

---

〔1〕　参见孙万怀：《法定犯拓展与刑法理论取代》，载《政治与法律》2008年第12期。

〔2〕　参见冯亚东：《违法性认识与刑法认同》，载《法学研究》2006年第3期。

〔3〕　最早意识到这个问题，并从规范论的视角出发展开刑法理论建构的是德国学者宾丁。

的规范勾连。基于此认知，以法定犯规范构造中是否存在行政违法+行政罚这一前置化行政追责规范结构为标准，将法定犯分为纯正的法定犯和不纯正的法定犯。在纯正的法定犯类型下，又可划分为情节加重型、结果加重型以及情节加重+结果加重型三种类型。在涉及情节加重的法定犯类型中，又因行政行为的不同，细分出抽象行政行为的情节加重和具体行政行为的情节加重，在此基础上探讨不同法定犯类型下罪责结构上的细微差别，以及由此给违法性认识可能性等造成的差异影响。

纯正的法定犯类型因为存在着行政追责的前置违法类型，而该类型中对行政不法的把握是一种行政法视域下的严格责任适用，是一种行政违法事实下对于主观罪过的事实推定。在主客观相统一原则的要求下，也就压缩了司法裁判过程中对行为人不法认识判断的空间和可能。如此，基于伦理归责理论建构起来的心理责任理论必然面对以下诘问：一方面，在纯正的法定犯类型中，基于心理事实进行的非难使得行政不法与刑事不法的判断界限开始模糊。另一方面，在不纯正的法定犯类型中，法定犯的弱伦理性或者说无伦理性特征，对以伦理归责论为基础的心理责任论提出挑战。故而，将心理事实作为责任判断中的价值评价对象的规范责任论成为一种可能，而关于评价标准的建构则可以通过行为人对行政法规义务的规范努力去进行综合评价，也符合行政违法+行政罚这一前置追责程序的设计初衷。与此同时，关于不同罪责结构下的违法性认识，在具体行政行为纯正法定犯类型和不纯正法定犯类型中，前者存在基于"合理信赖"行政命令和行政处罚而作出不法行为的可能，对于刑事不法的主观罪过存在着违法性认识错误的空间，而对于后者，因为并不存在前置化的行政追责程序，行为人面对不断开放的犯罪构成，逐渐下沉的规范依据，也存在着违法性认识错误的可能，但这一把握也应该是一种司法意义上的限缩适用。

3. 深化了社会治理大背景下法定犯裁判的规范研究

行为规范的自发性表现为其形成和演变经由一个非中心化（即

社会成员之间自发的复杂互动）的过程，[1]这一过程经由法定程序
实现由狭义的社会规范向法律规范的转化，从而具有了法律规范即
法条的文本外衣，而这一法律规范又因各自承担的社会控制角色的
不同分为第一性法律规范和第二性法律规范。[2]所以，行为规范的
违反招致"法"的谴责，包括民事责任、行政责任和刑法责任等的
承担，其谴责的程度因各部门法专属目和特定手段而表现出差异
性，而这一差异性则由各部门法在社会治理过程中不同的位阶体现。
也就是说，从部门法的角度去观察这一问题，民法、行政法等前置
法重在指向未来，为市民提供行为的方向，而刑法作为社会治理的
最后一道防线，则是对前置法确立的法律规范的承认，是一种公法
裁决规范和公法救济规范，刑法通过对行为规范违反"后果"和
"情节"等"量"的把握配以刑事制裁措施，以此区分行政不法与
刑事不法。如此，法定犯立法形式上的膨胀，是一种社会控制强力
化的表现。

法定犯文本规范作为立法建构物，只是勾勒了大致的裁判轮廓，
最终裁判结论的生成必须由司法者去充实开放构成要件中的具体细
节和空白，所以司"法"权非司"法条"权，而是以文本规范为蓝
图，结合案件事实对文本规范的遵从与超越，最终以犯罪构成要件
的形式呈现在判决中，以从形式上恢复被破坏的刑法规范。而这一
遵从与超越的过程就是法律帝国构建的过程，法官是这一帝国的王
侯，[3]而帝国大厦的选材过程不是法官单方机械适用文本规范的过
程，而是法官与案外人、规范性法源与非规范性法源等综合作用下
的产物。作为补充说理性法源，该法源潜行于规范性法源向裁判规

[1] 参见［美］波斯纳：《法理学问题》，苏力译，中国政法大学出版社2002年版，第52页。

[2] 第一性法律规范和第二性法律规范又可称为第一性规则和第二性规则，这一界分最早是由英国分析主义法学理论代表人物哈特在《法律的概念》中所提，意在强调第一性法律规范的指引性和第二性法律规范的制裁性。参见张文显：《二十世纪西方法哲学思潮研究》，法律出版社2006年版，第319页。

[3] 参见［美］德沃金，R.：《法律帝国》，李常青译，中国大百科全书出版社1995年版，第361页。

范生成的过程中，更是刑事不法判断的重要参考性因素，但因并不存在如规范性法源一样的形式外衣和规范的适用程序，故而并不当然存在非规范性法源内部适用上的次序划分，只能是基于司法场域〔1〕已然定型化的裁判观念和法官个人自由裁量权下的喜好偏向所作的价值选择。这一点在具有强伦理性的自然犯案件中表现得尤为明显，且在对于具有深厚文化底蕴和稳定价值内涵背景下所形成的刑法规范而言，并不会招致社会公众朴素法感情与刑法规范严肃法正义之间的矛盾和裂痕，但在强法定性、弱伦理性下的法定犯裁判中，则需要在对文本规范遵从与超越的过程中，在规范性法源与非规范性法源之间，处理好法定犯规范适用的法律效果与社会效果。

（二）研究不足

法定犯裁判规范的研究是刑法学之外的研究视角，但又必须以刑法教义学的基本理论为依托，故而在写作的过程中，因知识积累、理论功底等方面的欠缺导致存在着法定犯规范研究中的诸多不足：

1. 法定犯的域外研究背景有待加强

作为肇始于域外的概念范畴，对于域外"正本溯源"式的考察理应成为该研究的重要板块，但囿于语言功底等的束缚，对法定犯的规范研究缺乏更多的域外关注。一方面，对于法定犯裁判规范现有的域外研究现状缺乏最新的跟进，更多的知识积累是从他人研究处的"拿来主义"，缺乏对该问题溯源式的考究。另一方面，本书研究以法律规范的第一性规则与第二性规则的理论划分为依托，在高桥则夫教授所提的规范论与刑法解释论立场之争的基础上，展开对刑法裁判规范的研究，重点论述刑法裁判规范与行为规范、文本规范和制裁规范等的区别，但对于规范论本身的理论基础缺乏深入的探讨，尚需进一步挖掘。

---

〔1〕 场域理论是著名社会学家皮埃尔·布尔迪厄"实践理论"的核心要素之一，指的是参与场域活动的社会行动者的实践同周围的社会经济条件之间的一个关键性的中介环节。参见［法］布尔迪厄、［美］华康德：《反思社会学导引》，李猛、李康译，商务印书馆 2015 年版，第 133~171 页。

2. 法定犯的罪责结构研究有待细化

在法定犯中进行罪责结构的思考时，笔者以"不法与责任"这一阶层式的犯罪论体系为模板，从罪责结构的归责基础出发，探讨不同法定犯类型，尤其是具体行政行为型纯正法定犯和不纯正法定犯类型对心理责任论的冲击，进而坚持规范责任论的立场，将义务违反等的综合考量纳入责任的评价要素中。但对于不同法定犯类型是否存在着罪责结构上的不同，缺乏深层次的教义学反思，由此展开的违法性认识的考量恐有"挂一漏万"的嫌疑，也未对事实认识错误与法律认识错误、违法性认识与社会危害性认识等作细致的探讨，此些刑法教义学的细化研究还需要在后续的研究中不断深化。

3. 法定犯的裁判事实研究有待补足

法是当为与存在的对应，法定犯裁判规范的生成也是与裁判事实互相建构的过程，事实的问题可以说要比规范问题更为复杂，对于法定犯裁判事实的把握既有一般裁判事实的共性——裁判规范的具象化依托于裁判事实，其裁判类型的把握来源于事实类型的研究，裁判者通过裁判事实去识别、适用裁判规范，也有区别于自然犯的一面。作为特殊的犯罪类型，即秩序违反型犯罪，在裁判事实的把握上表现出行政法事实对刑事法事实生成上的约束性，但这一约束性的现实样态，约束性在不同法定犯类型下的强弱划分以及处理规则等，都需要进行基于裁判事实层面的深入研究。

第一章 法定犯裁判规范基本理论概述

第一节 裁判规范

一、规范论的历史流派述评

顾名思义，裁判规范属于规范论的范畴，对于裁判规范的研究首先要面对的是法规范研究中的诸多元问题，进而思考裁判规范与法规范的关联性问题。法规范是从什么视点讨论法命题的，特别是法规范的接受人问题，使我们考虑到法是谁的东西，是为了什么而存在的这些根本问题。[1]而这些问题的不同立场选择决定了法规范的不同构造，进而对法规范存在的基础、目的产生根源性影响。

对于法规范的研究，既有主观法与客观法的二元论，也有自然法学派、分析法学派和社会法学派的学派纷争，不仅仅在法哲学领域成为各家竞相论证的焦点，在部门法领域也成为学派立论的基点，并作为方法论意义上的争辩贯穿整个20世纪并影响着刑法学的研究视角。然诸多理论学派往往犯了"外在论的谬误"，在评论对立观点时，并未从该观点的内在理论逻辑一贯性出发，多表现出对对立观点的外在化批判，难以达到爱泼斯坦教授所要求的"用一种理论

---

〔1〕 参见［日］高桥则夫：《规范论和刑法解释论》，戴波、李世阳译，中国人民大学出版社2011年版，第1页。

来击败另一种理论"。[1]然对于各派理论争议的探讨却是必要且必须的，因为通过各家学派的理论争议焦点和逻辑起点，对于我们看清事物的原貌进而选择自己的研究径路大有裨益。

（一）自然法观念下的法律规范

自然法是西方自然法学派所使用的一个概念，该学派认为自然法意义上的法是自然产生和客观存在的，不同于国家制定法，也并非由实定法所引申出的法概念。而是从本性上，将法理解成一种外在于我们的思维和意志的既存之物，[2]而由此衍生出的"规范论"与"存在论"的二元论辩则一直影响着法规范的研究走向。该二元论辩最早由康德提出，争论的内涵是，究竟规范（也就是当为）是否由现实（也就是存在）当中形成。也就是规范和现实是否为两个各自锁闭存在的领域，法与存在以及事物的性质的讨论为存在与规范的意义提供了较有说服力的阐释，形成了与规范论的对抗。前者是以具体的生存意义的存在诠释角度，后者则从事物的内在秩序、物之理性或目的思想来考察法的正当性，从而赋予规范以实质的内涵。[3]许玉秀教授将该问题在当代的展开比喻为"是一个物理体系与解释体系的蛋生鸡或鸡生蛋的问题"，[4]可见该问题的繁杂度。

在康德的法哲学思想中，我们可以明显看到"实存"与"当为"的二元对立。康德认为，从实存的立法中不可能得出法的概念，否则就不存在普遍意义上一般的法。他如其他自然法学家一样，重视和强调法律存在的客观性和同一性，认为不同国家和时代的不同法律，都有着共同的客观基础、根源和价值目标。[5]从而得出法

---

〔1〕　Julius G. Getman, Thomas C. Kohler, "The Common Law, Labor Law, and Reality: A Response to Professor Epstein", *The Yale Law Journal*, Vol. 92, No. 8., 1983, pp. 1415-1434.

〔2〕　参见［德］考夫曼、哈斯默尔主编：《当代法哲学和法律理论导论》，郑永流译，法律出版社2001年版，第15页。

〔3〕　参见舒国滢：《战后德国法哲学的发展路向》，载《比较法研究》1995年第4期。许玉秀：《当代刑法思潮》，中国民主法制出版社2005年版，第9页。

〔4〕　参见许玉秀：《当代刑法思潮》，中国民主法制出版社2005年版，第9页。

〔5〕　参见严存生：《西方法律思想史》，中国法制出版社2012年版，第9页。

律就是那些使任何人的有意识的行为按照普遍的自由法则能与别人的有意识的行为相协调的全部条件的综合。[1]也正因为如此，从自然法出发的学者更多的是存在论的支持者，重视在法律之外寻找诸如理性、正义等终极价值，并以此标准去评价实定法。自然法是人类寻找"正义之绝对标准"的结果。[2]而正义等绝对标准是先于社会现实存在的，是一种隐含的社会秩序（规律），如此二元对立的观点，使得对于法律规范的研究范围无限延展且不受控制，对于标准的寻找和设定亦无可供检验的标准和经验，故而该理论被资本主义时期的分析实证主义法学派所抛弃。

（二）规则法观念下的法律规范

为了避免将法的内涵范围无限延展到自然法的抽象概念中，分析实证主义学派在存在论与规范论的论争中强调规范存在的实然性，将实定法作为法存在的基础和来源。规则法观念指的是那种认为法是一种纯粹的规则或规范体系的法律观。[3]该理论学派根据其发展阶段的不同，又可以大致分为两个阶段：

一类是规则的规范形式研究阶段。此阶段属于规则法研究的早期，为了与自然法思想所抗衡，该理论学派提倡将研究的视域回归到法律规则（法律规范）中，认为真正意义上的法是国家法，而自然法所言的法一定程度上是"实在道德"。奥斯丁的法律命令说、凯尔森的纯粹法学理论都是这一时期的典型代表。奥斯丁将自己的研究范围限定在"有关实际存在的由人制定的法的科学"中，将法限定于实定法，认为真正意义上的法就是规则意义上的法律命令。[4]奥斯丁将法律视为强权者的命令，因为法律是以国家强制力作为后盾的规范存在，强调法律概念的"义务性"，即对于全体国民来说，

---

〔1〕 参见［德］康德：《道德形而上学原理》，苗力田译，上海人民出版社1986年版，第72页。

〔2〕 参见［意］登特列夫：《自然法：法律哲学导论》，李日章等译，新星出版社2008年版。

〔3〕 参见严存生：《西方法律思想史》，中国法制出版社2012年版，第9页。

〔4〕 参见［英］约翰·奥斯丁：《法理学的范围》，刘星译，中国法制出版社2001年版，第2页。

法律是一种强制义务的来源。而凯尔森的纯粹法学理论则认为，法律的性质具体体现在法律规范的形式结构和动态联系之中。[1]法律规范的规则形式强调从法律规则的现有规定中把握法律的性质，而对于法律体系其强调静态结构和动态结构的研究，前者注重对法律基本概念的理论化研究，后者强调法律创造和适用的动态过程研究。

另一类是规则的实质内涵研究阶段。然而，此时的规则的实质内涵并非自然法观念下去规则之外寻求法的依据，而是一种规则之内的视角，是一种实证主义的研究方法。在法学实证主义思潮的影响下，哈特的新分析法学理论和拉兹的规则论展开了对规则形式的实质化研究。如哈特的第一性规则和第二性规则的划分、拉兹有关规范性法律和非规范性法律的划分等，对于规范的研究已经不仅仅局限于存在论与规范论的论争，而是兼而有之。哈特反对奥斯丁将法律视为主权者的强制命令这一命题，并主张将法律概念分解为"有义务"和"被强制"两个部分，前者是其所称的第一性规则，或称初级规则，该规则涉及的是个人必须去做或不可以去做的行为。后者所称的第二性规则，或称次级规则，该规则是关于初级规则本身，它规定了初级规则被确定、引进、废止、变动的方式，以及违规事实被决定性地确认的方式。[2]到了宾丁时期，已然成就了规范论全新的研究概貌。宾丁作为规范论的极力拥护者，从法律规定出发抽象出"规范"的概念，认为其先于法律规定存在，并认为该规范作为命令存在具有法的性质。值得注意的是，德国学者一般将法律规定等同于法律规范，法律规范是法的单个应然要求，即单个的法律规定。不过宾丁所称的规范并不是上述德国学者一般意义上的规范，而是法律规定的一种类型，其规范概念具有超越制定法的性质。[3]宾

---

〔1〕 参见李桂林、徐爱国：《分析实证主义法学》，武汉大学出版社2000年版，第127页。

〔2〕 参见［英］哈特：《法律的概念》，许家馨、李冠宜译，法律出版社2018年版，第85~86页。

〔3〕 参见梁奉壮：《宾丁规范论研究：本体论考察》，载《清华法学》2017年第1期。

丁认为，行为人并不存在违反法律规定的情形，只是充足了法律规定的条件，其违反的是法律规定所提示的、背后的"规范"，即法的禁令或命令。宾丁认为规范并不存在于成文法中，所以需要对规范的法本质进行论证。然而，规范是一种成文法中的深层次存在，亦即成文法前半部分的对立面构成规范（行为规范），就好像人们平时生活中，对于一个概念或者一个句子的理解，往往因为该句子的正面意义而把握该句子的反面意义抑或是同义反复。

（三）活的法观念下的法律规范

"活的法"是社会法学派对于法规范的理解，指的是支配生活本身的法律，尽管这种法律并不曾被制定为法律条文。[1]其又叫"行动中的法"或"事实上的法"，该概念最先由法社会学家埃利希所提出，后经庞德、弗兰克等人的发展逐渐形成法社会学派的基本观点。该学派认为国家法并不是法的全部，国家法只是规则意义的存在，是法律的一个组成部分，除此之外，还有原则、政策等。规则只有在制度、程序、价值和思想方式的具体关系中才具有意义。[2]国家立法机关制定的成文法规在未对人的行为发生效力和未对社会秩序的形成发生作用前，只是一种纸上的东西，一种本本上的东西。[3]与自然法观念和规则法观念下法规范的界定不同，埃利希认为法规范的要素中除了国家创立、法院判决的依据、法律强制力这三个要素外，还有法律的秩序化，且法律是一种秩序化是其学说的出发点。[4]他认为，社会联合的内在秩序才是真正意义上的"活法"，它先于国家制定法，并构成国家制定法的来源和基础。然而，法律绝不会容许与它自己对立的社会规范，更不用说，会容许另一种"法律"了。[5]但埃利希作为 20 世纪较早的法社会学家，

---

〔1〕　参见［奥］尤根·埃利希：《法律社会学基本原理》，哈佛大学出版社 1936 年版。转引自沈宗灵：《现代西方法理学》，北京大学出版社 1992 年版，第 212 页。

〔2〕　参见［美］伯尔曼：《法律与革命——西方法律传统的形成》，高鸿钧等译，中国大百科全书出版社 1993 年版，第 13 页。

〔3〕　参见严存生：《西方法律思想史》，中国法制出版社 2012 年版，第 10 页。

〔4〕　参见沈宗灵：《现代西方法理学》，北京大学出版社 1992 年版，第 210 页。

〔5〕　参见沈宗灵：《现代西方法理学》，北京大学出版社 1992 年版，第 215 页。

其关于"活法"的诸多观点对社会法学和现实主义法学都有着重要的影响，尤其是对庞德的法律规范模式的形成具有重要的指引作用。

庞德将从公元前六世纪到当时关于法是什么的问题总结为三个意义上的存在：首先是政治组织社会的强力进行社会关系调整和社会行为指导的制度；其次是据以作出司法判决或行政决定的权威性资料；最后是卡多佐法官所言的司法过程的法。[1]庞德认为，这三种意义上的法属于完全不同的存在，但支持其中任何一个意义上的法的学者均试图用一个作为根据解释所有，所以才出现了当前烦乱无章的法规范定义局面，庞德主张通过社会控制的概念将上述三种意义上法的概念统合起来。与此同时，他也提出，关于法是什么的争论主要集中在法是一批决定争端的权威性资料这一意义上，并据此提出了律令—技术—理想这一法的模式论。其中律令是从法社会学角度作的界分，包括规则、原则、概念和学者学说等；技术则指的是解释和适用法的各种方法；而理想则归结为一定时间和地点的社会秩序的图画。律令从发展和适用它们的技术中获得全部生命；技术从法的理想得到其精神和方向；律令从理想中得到其形式和内容。[2]

人总是在特定的概念和描述下，或者从某个特定的角度去臆想。[3]角度越发多元，事物的原貌就越发丰富。所以，规范论不同视域下的研究重点不仅在于该理论的内容繁复交错，更在于该视域所处的研究视角。自然法视域下的法概念注重普世性，试图从规范之外寻求规范的终极价值，可以将其归之为规范的元价值理论。规则法视域下的法概念注重实然法的研究，从注释法学派到理论法学派的发展脉络证实其法条教义学的特质，可以将其归之为规范的形

---

〔1〕 参见［美］罗斯科·庞德：《通过法律的社会控制》，沈宗灵译，商务印书馆2010年版，第24~25页。

〔2〕 参见张文显：《二十世纪西方法哲学思潮研究》，法律出版社2006年版，第313~315页。

〔3〕 参见［丹］丹·扎哈维：《胡塞尔现象学》，李忠伟译，上海译文出版社2007年版，第19页。

式构造理论，上述视角属于规范的本体论视角。值得注意的是，规范的解释论即是对规范形式构造的解释理论，其又以规范的元价值进行立场的选择和理论的建构。而活的法视域下的行动中法的研究，试图从规范的适用层面对规范进行现象学意义上的揭露，属于规范的认定论意义上的存在。详言之，自然法、规则法和活的法三种法规范的概念产生于西方不同的历史时期，且表现出后者对前者的批判和否定，也向我们呈现了法规范研究方法的多维面貌。自然——价值方法，关乎规范作为一种价值形态的研究，表达着法律的合法与非法问题，体现着规范分析的价值之维；规范——分析方法，关乎规范作为一种规范形式的研究，所要解决的是法律中权利与义务的分析方法问题，因此可以把它视为规范分析方法中的技术之维；社会——实证方法，关乎规范作为一种事实状态的研究，关注的是法律的调整与效果问题，它是规范分析方法中的事实之维。[1]

二、裁判规范在不同语境中的规范解读

规范论以规范为研究对象，它所要研究的基本问题可概括为"规范何以可能"，包含两个层次的问题：一是发生学意义上的；二是合理性意义上的。[2]自然法和规则法一定程度上解决的是发生学意义上的规范问题，即关于规范产生基础、发展演变等解释性问题，而活的法关注的则是规范合理性，尤其是合理性论证这一司法适用问题。裁判规范作为规范的一种重要类型，当然也遵循着这一规范论的研究思路或研究方法，既需要正义、理性等自然法意义上价值观的指导，也需要规范形式结构和实质结构的规则法的解读。这一视角注重对规范的形成过程进行价值意义上的探寻，对其规范样态进行形式意义上的解读，是一种关于规范"是什么"的实体论研究路径。与此同时，对于规范的研究更需要在规范与事实在个案中的

---

〔1〕 参见谢晖：《论规范分析方法》，载《中国法学》2009 年第 2 期。转引自张心向：《在遵从与超越之间：社会学视域下刑法裁判规范实践建构研究》，法律出版社2012 年版，第 1~2 页。

〔2〕 参见徐梦秋：《规范论的对象和性质》，载《哲学动态》2000 年第 11 期。

"双向沟通"这一活法的探寻，这一认定论意义上的研究路径注重规范对于法官裁判案件的指引功能和限制功能，是关于规范在适用意义上的动态揭示。裁判规范作为法律规范的一种类型，也正是因为有上述研究视角而存在诸多规范形态，诸形态的集成统合则让我们得以一窥裁判规范的理论研究全貌，揭示了法条文本意义上行为规范相对的裁判规范、文本规范相对的裁判规范以及法条适用意义上的裁判规范这一各具特色但又彼此关联的裁判规范的研究脉络。[1]

（一）行为规范意义上的规范展开

裁判规范，其又被称为法律规则、审判规范（审判规则）、个案规范、裁判规则等，是一种通过法律本体论的视角对法律规范产生、发展和消亡样态的解释过程，研究方法大体上遵循了自然——价值方法和规范——分析方法。其与传统的规范论的研究存在着些许不同，主要表现为在规范的解读过程中加入了"司法裁判"这一法律适用场景，使得对于一些元价值、规范形式的研究更加具象化，但依然是以法律规范为教义的本体论的研究。这一教义学意义上的裁判规范的研究，是在现有实定法的规范基础上，对法律文本进行的规范意义上的划分，即将法律文本划分为描述性规范、制裁性规范等规范结构。描述性规范构成行为规范的概念化表达，制裁规范则是法官进行刑事追责的法律依据，是违反行为规范的刑罚依据。故此，在此意义上的裁判规范，是以裁判者为主要视角的裁判指引性规范，其本质是对法律文本的解释结果，而行为规范、文本规范和制裁规范当然也构成裁判规范研究的要素，是裁判者据以裁判的准绳。

1. 行为规范是裁判规范研究的前提

宾丁在规范论的体系下，对规范进行了结构意义上的细致划分，并建立属于自己的规范研究模型理论。该理论以规范的形式结构为

---

〔1〕　此处所谈行为规范、文本规范和裁判规范，并非当前传统理论的学术定义，笔者也无心参与概念之争，而是试图通过对社会秩序中所昭示的行为规范——实定法所体现的文本规范——现实活法所彰显的裁判规范这一内在逻辑的把握所做的区分。（笔者注）

出发点，将规范内部结构分为描述性规范和指示性规范，进而将描述性规范转化后的命令作为研究的重点，确立其行为规范的属性，某种程度上强调的是法律文本在行为规范意义上对人们的"义务性"规定，进而将可推导出行为规范的描述性规定称为禁止、命令。宾丁将行为人所违反的法律规定称为规范，其认为，行为人只能违反那些确立其行为准则的规定——命令，和法律条文有着根本的不同。以刑法条文为例，刑法条文由描述性和指示性两部分组成，其中描述性部分属于前提，而规范实质上是由描述性规定转化得出的命令，是"纯粹的无需根据的命令"。[1]该规范作为一种指令，并不依赖刑罚存在。[2]宾丁认为规范并不存在于成文法中，所以需要对规范的法本质进行论证。宾丁在法领域内为规范确立了特殊的存在空间，即规范是立法者通过默示行为表达出来的法意志，不是直接用文字表述的法意志，其在存在论上和实证刑法规定是相对立的。[3]从其论证的思路来看，宾丁并没有以实证法的规定为逻辑起点，而是直接提出法律规定以外的以"禁令、命令"等抽象概念存在的规范，进而在实证法的规定中进行验证。这种注重"物本逻辑结构"的方法也说明宾丁不是纯粹的实证主义者，虽然其将规范违反仍然限定在实定法领域内，但因否认刑法条款在定罪中的决定作用，而使规范之范围、规范效力之等级、规范目的等变得漫无边际，刑事定罪也变得没有确定依据，这既不利于司法操作，也无助于自由保障，如此看来他却更像"教义学家"。[4]宾丁认为，规范从概念上来说是先于法律条文而存在的，但可以从法律条文的第一部分

---

〔1〕 参见梁奉壮：《宾丁规范论研究：本体论考察》，载《清华法学》2017 年第 1 期。

〔2〕 参见马克昌主编：《近代西方刑法学说史》，中国人民公安大学出版社 2008 年版，第 255 页。

〔3〕 参见梁奉壮：《宾丁规范论研究：本体论考察》，载《清华法学》2017 年第 1 期。

〔4〕 参见梁奉壮：《宾丁规范论研究：本体论考察》，载《清华法学》2017 年第 1 期。马克昌主编：《近代西方刑法学说史》，中国人民公安大学出版社 2008 年版，第 257~258 页。

推导出来，亦即上文所提的描述性部分推导出来。如此看来，其所谓的命令抑或规范其实就是诸多学者所言的行为规范，是对人们行为的命令性规范，命令人们避免作出有损法秩序的行为，而且该部分的存在与否或者说正当化根据无需归责作为裁判根据。

2. 制裁规范是行为规范归责的结果

行为规范是描述性规范的基础，是归责的规范来源，制裁规范是行为规范违反的非难结果，行为规范与制裁规范一同构成裁判者个案裁判的法律基础，是对裁判者裁判权的一种规范指引和约束，所以更多的时候其被学界称为裁判规范。通过对裁判规范的研究，本质上也是揭示裁判者行为规范的过程，这一过程是一种实然层面的存在，在不同的案件中、不同的法律条文下表现样态均各不相同。就裁判规范是一种法律规范而言，它表现为特殊种类的法律规范，区别于包含一般行为规则的法律规范。[1]规范内部视角下的裁判规范的研究更多的是"制裁规范"层面的研究，即注重在裁判案件过程中文本规范对于裁判者的指导、限权意义，是将文本规范作为裁判依据所进行的裁判行为指引，这一点从当前学界关于规范论的研究可见一斑。

日本学者高桥则夫从实证法入手，在哈特的第一性规则与第二性规则的视角下，提出了"行为规范"与"制裁规范"对置的规范结构。哈特的第一性规则和第二性规则是包含"有义务"和"被强制"两部分，其中第一性规则科以义务，指导法律制度下人们的行为，所以又叫"设定义务的规则"。第二性规则又叫"关于规则的规则"，属于承认的规则、裁决的规则、变更的规则。"法理学科学的关键"，就在于主要的义务规则与次要的承认规则、改变规则和审判规则的结合之中。[2]高桥则夫认为哈特所言的第一性规则属于展望性规范，指向未来，为市民提供行为的方向，与此相对的二次

---

〔1〕　参见［奥］欧根·埃利希：《法社会学原理》，舒国滢译，中国大百科全书出版社 2009 年版，第 127 页。

〔2〕　参见张文显：《二十世纪西方法哲学思潮研究》，法律出版社 2006 年版，第 319 页。

规则属于回顾性规范、制裁性规范。[1]如此，可以将刑法规范理解为是行为规范和制裁规范的统一，行为规范是一种创设人们行动预期的规范存在，以法益保护为核心，其中包括对法益的一般的抽象性的危险，一定程度上其属于犯罪论的范畴。而制裁规范则属于刑罚论的范畴，是国家刑罚权正当化的依据和来源，它使得因犯罪行为而遭受到破坏的"法和平"的状态得以恢复。宾丁的规范论与高桥则夫所提的规范论，亦即行为规范的观点有异曲同工之妙，都主张行为人不是违反现有的法律规定，而是充足了现有规定的条件，其违反的是法律规定所提示的、背后的"规范"，如故意杀人罪中，根据前半部分的描述性规定，行为人违反的是不得随意剥夺他人生命的前置性规范，该规范由故意杀人罪法条的前半部分可以反推出来。高桥则夫在宾丁的基础上，亦即行为规范的基础上延伸出制裁规范的理论意义，进而将犯罪论与刑罚论的问题通过行为规范与制裁规范得以重新解构，具有一定的创新性。

(二) 文本规范意义上的规范展开

伽达默尔将现象学中所要探讨的现象理解为，它试图避免任何一种没有成分根据的理论建构，并试图对以往哲学理论所具有的无可怀疑的统治地位进行批判性的检查。[2]该研究方法试图以现象观察的视角去检验哲学价值的成立与否问题，延伸到法律规范的研究中则是对法律规范在实践中的适用样态、适用效用等的研究，即文本规范的适用样态——裁判规范的研究。行为规范相对意义上的裁判规范是在文本规范下对于行为规范与制裁规范的裁判指引作用和限权性能的研究，是教义学背景下文本规范的本体论研究，而文本规范相对意义上裁判规范的研究属于认定论意义上的思维方式研究，即行动中的法的思维路径。只不过因裁判规范来源于文本规范，

---

〔1〕 参见［日］高桥则夫：《规范论和刑法解释论》，戴波、李世阳译，中国人民大学出版社 2011 年版，第 6 页。

〔2〕 参见［德］加达默尔：《哲学解释学》，夏镇平、宋建平译，上海译文出版社 1994 年版，第 130 页。转引自倪梁康：《现象学运动的基本意义——纪念现象学运动一百周年》，载《中国社会科学》2000 年第 4 期。

对其思考方法的选择上不可避免地需要掺杂进文本中法的思维路径，但因为司法裁判这一动态的适用场景，则不仅仅局限于文本规范的静态解读，更要看到司法裁判主体在文本规范适用的过程中对规范内外要素的解释和选择，规范适用场景中诸多利益的抉择等。规则（规范）的一个主要局限就是在解决纠纷的思维中屏蔽了诸多潜在的关联因素，于是适用规则时必定不考虑具体情境，这经常使规则的基础价值无法完美实现。[1] 而通过对规范适用样态——现象学意义上的裁判规范的研究，可以较为完美地将诸多潜在的关联因素揭露出来，也能够顾及文本规范与裁判之间的关联关系，从而使得我们能够更为接近规范的原貌。

1. 文本规范相对意义上裁判规范的界定

如上所述，文本规范分为行为规范和裁判规范（制裁规范），但此处的裁判规范非规范的适用对象，仅仅是规范的解读对象，而解读只是规范适用的一种方式。除此之外，规范在适用过程中，即在文本规范成为裁判结论生成的大前提的过程中，还融入了许多非文本规范的解读色彩的内容，诸如社会公众的道德需求，刑事政策的时代考量等。在这一观念的支配下，人情、天理等自然观念，自由、平等、公平等法律价值，还有政治优先下的政策对法的干预等，都在和严格法治"较劲"。[2] 那种幻想法官通过一定的规范解释技巧，遵循一定的司法方法论原则，在规范与事实之间能够完美匹配的想法是不可能实现的。因为只要有完整的法律规则体系就会得出针对个案的裁判规范的认识，忽视了事实因素在这一过程中的介入，[3] 亦即忽视了文本规范在个案中的特殊意义，只注重规范的普世性解释，却对个案的裁判意义置若罔闻。

与此同时，从规范产生、适用的角度看，规范试图泯灭时间、

---

〔1〕　参见［美］波斯纳：《法理学问题》，苏力译，中国政法大学出版社 2002 年版，第 56~57 页。

〔2〕　参见陈金钊：《法律人思维中的规范隐退》，载《中国法学》2012 年第 1 期。

〔3〕　参见张心向：《在规范与事实之间：社会学视域下的刑法运作实践研究》，法律出版社 2008 年版，第 63 页。

空间中的百态变化，通过规范模型予以概念化，这是概念发展和规范适用的必然结果，然个案事实却是多样的，适用主体也是多维的，故而规范适用的过程必然是多维视角下的多彩运用。换句话说，现象学意义上的裁判规范应该是多维视角下的规范研究，是一种广义上的裁判现象还原研究。因为规定在法律中的规范（文本规范）并非最终个案裁判基准的规范（裁判规范），前者只是法官形成后者的出发点而已。裁判本身不得抵触规范文本，换言之，规范文本系具体化规范的界限。[1] 在此意义上，裁判规范作为文本规范对应的概念，从法条到裁判案件大前提的过程中表现出来的样态——活法的一种样态，是行动中法的一种样态，法律的司法样态。判决所根据的裁判规范总是表现为更高的力量和智慧的灵感，在较为低级的发展阶段，它甚至是一种来自神性的顿悟。裁判规范像所有的社会规范一样是一种行为规则，但确实只为法院适用，它至少主要不是一种为在日常生活中活动的人设定的规则，而是为他人的行为进行裁判的人设定的规则。[2]

2. 文本规范相对意义上裁判规范的客观性

裁判规范相对于具有法条特征的文本规范而言，虽然不具备"看得见"的外观，但却是一种客观存在物，是文本规范在裁判过程中的建构物，体现在个案裁判大前提的建构过程中，存在于文本规范司法适用后。

一方面，裁判规范是个案判决中的裁判规范。法律规范因普适性、稳定性等要求，其是一种抽象意义上的概念存在，其对人们的指引作用是通过案件事实的个案适用得以呈现的，司法判决的个别规范是抽象的一般规范的必要的个别化和具体化。[3] 因为是个案中

---

〔1〕 参见［德］拉伦茨：《法学方法论》，陈爱娥译，商务印书馆 2003 年版，第 13 页。

〔2〕 参见［奥］欧根·埃利希：《法社会学原理》，舒国滢译，中国大百科全书出版社 2009 年版，第 127 页。

〔3〕 参见［奥］凯尔森：《法与国家的一般理论》，沈宗灵译，中国大百科全书出版社 1995 年版，第 153 页。

的裁判规范，是真正对人们的行为进行规范评价的"法"，所以这个时候的个案规范比任何时候都要接近真正意义上的"法"，这既是欧根·埃利希所言的"活法"——活法不是法条中确定的法，而是支配生活本身的法。[1]也是卡尔·尼克森·卢埃林所言的"现实规则"——适用于具体案件的实际规则是法官在将书面规则适用于所遇到的每个独特的实际纠纷时从书面规则的重构中抽演出来的，[2]是被人们实际遵守了的规则。[3]所以，裁判规范永远是个案裁判过程中所形成的规范，也只有在个案的裁判中其才具有现实的意义。

另一方面，裁判规范是文本适用后的裁判规范。裁判规范作为个案适用意义上的规范，其规范构成不可能来自法官天马行空的主观臆断，而是法官在法条基础上发现法律并适用法律的过程。法官所发现的法律是判案的直接依据，可称其为裁判规范，虽来自成文法规范，但其中又包含着法官发现法律的过程与结果。[4]这一过程是在法官主导下，在规范与事实之间往返比对的过程，是当为与存在之间互相拉近距离的过程。在当为与存在间、规范与生活事实间对应的统一性，就是具体的、真实的法。或者简言之：法是当为与存在的对应。[5]这个地方的法即是裁判规范。米勒认为，当为与实存，规范与规范所指涉的事实，并非处于严格的对立关系。他探讨"针对个案来具体化规范的一般结构"，但"具体化"不仅指既存规范压缩，使它"更具体些"，而且是一种求得——作为该当案裁判

---

〔1〕　参见［奥］欧根·埃利希：《法社会学原理》，舒国滢译，中国大百科全书出版社2009年版，第545页。

〔2〕　参见孙新强：《卢埃林现实主义法理学思想》，载《法制与社会发展》2009年第4期。

〔3〕　Karl N. Llewellyn, " A Realist Jurisprudence: The Next Step ", *Colum. L. Rev.*, Vol. 30, No. 4., 1930, p. 448. 转引自孙新强：《卢埃林现实主义法理学思想》，载《法制与社会发展》2009年第4期。

〔4〕　参见吴庆宝：《法官裁判的规范性——以民事法官裁判为视角》，载《法律适用》2007年第9期。

〔5〕　参见［德］亚图·考夫曼：《类推与"事物本质"——兼论类型理论》，吴从周译，学林文化事业有限公司1999年版，第41~42页。

基准的——规范的努力过程。正如其一再强调的那样，规定在法律中的规范（文本规范）并非最终个案裁判基准的规范（裁判规范），前者只是法官形成后者的出发点而已。[1]

（三）适用规范意义上的规范展开

如上所言，文本规范可以看作是行为规范的概念建构物，而裁判规范则是文本规范的司法建构物。在此意义上，文本规范当然具备了行为规范的属性，只是对于行为规范的习得需要进行规范结构意义上的逻辑推演，如通过文本规范中的描述性规定推定出行为规范。而裁判规范是文本规范适用的当然结果，故而其也具有行为规范的本质特征。以文本规范为核心建构的规范解释路径是一种"语义"层面的逻辑推演，一方面，该层面的研究很容易受制于语词的语义概念纷争而置语词的适用环境于不顾，使得对该问题的研究最终沦为符号之间的纷争。另一方面，仅注重语义内涵的研究会使得对于刑法规范的研究最终沉浸在正义、自由等元价值的理论研讨中，使得最终的理论研究结论抽象性有余而操作性不足。然而，任何文本规范都是在具有时空特性的真实世界里存在、演变和起作用的，都不是什么超时空的抽象实体。[2]以裁判规范为核心建构的规范适用路径则是一种"语用"层面的现象揭示，一定程度上也可以将"语义"层面的规范解释性研究看作"语用"层面的一个方面。[3]也正是在这一意义上，卢曼从"社会维度"——"时间维度"——"事实维度"出发，[4]以法庭为中心，进行各方利益的规范思考，在一定程度上展现了规范适用过程中不同主体的不同形态，故而裁判规范本质上是一种适用意义上的规范，是在司法场域约束下的裁

---

〔1〕 参见［德］拉伦茨：《法学方法论》，陈爱娥译，商务印书馆 2003 年版，第 13 页。

〔2〕 参见刘远：《论刑法规范的司法逻辑结构——以四维论取代二元论的尝试》，载《中外法学》2016 年第 3 期。

〔3〕 参见张心向：《构成要件要素：从文本概念到裁判类型》，载《东方法学》2020 年第 1 期。

〔4〕 参见［德］尼克拉斯·卢曼：《法社会学》，宾凯、赵春燕译，上海人民出版社 2013 年版，第 12~14 页。

判事实与裁判规范双向建构的规范。

1. 裁判事实参与下的裁判规范

当前的文本规范已然是典型类型行为的概念化表达，具有高度的概括性，故而在文本规范与案件事实之间在大部分的案件中并不存在较大的鸿沟。与此同时，在一些案件事实与文本规范匹配度不高的案件中，基于部门法的基本理念、基本原则的要求，对于文本规范的解读必然需要遵循文本规范的当然之意，更多表现为一种文本概念的个案解读。规范以法律条文的形式存在，其是一种文本意义上的抽象概念存在。一方面，因为文本源于过去，但其需要面对未来的诸多事实情状，从而使得确定的法律文字其内涵和外延是不确定的，只有在特定的适用场景下才能固定下来。另一方面，因概念语言的模糊性、抽象性使得规范在解释时具有多义性、流变性。概念作为主观对客观描述的一种符号标签，是一种仁者见仁、智者见智的解释过程，概念与概念之间的交叉重叠性使得概念的意思并非准确，法律概念简洁化、概括化的要求也使得在面对鲜活的个案事实时，不可能是文本概念的直接适用。这一抽象的文本规范在进入案件裁判时，不局限于法条文本规范解释的单一通道，因为这一单一通道并不能符合全面反映社会环境、客观情势、个案事实等对该过去的规范的当代解读要求。

解释学已然成为目前法律学者最主要的知识范式之一，诸多法律理论的建构也围绕着概念的解释而展开。[1]由此知识范式建构起来的是法教义学的研究路径，由此解释路径所得的对文本规范的解释是裁判规范形成的重要法源，[2]但又不是全部，只有在文本规范

---

〔1〕　参见［美］马默主编：《法律与解释》，张卓明等译，法律出版社2006年版，第1页。

〔2〕　法源系法律渊源的简称，按照博登海默的观点，法源可以分为正式法源和非正式法源。前者意指那些可以从体现为权威性法律文件的明确文本形式中得到的渊源。后者意指那些具有法律意义的资料和值得考虑的材料，而这些资料和值得考虑的材料尚未在正式法律文件中得到权威性的至少是明文的阐述与体现。张心向：《在遵从与超越之间：社会学视域下刑法裁判规范实践建构研究》，法律出版社2012年版，第92~95页。

与案件事实高度匹配的情况下，此时对文本规范的解释才是最终的裁判规范，也就是说文本规范与裁判规范是相互统一的。然而，现实中对于案件事实的裁判不可能只是规范与事实之间简单的匹配，现有的文本规范只是形成裁判规范的材料。就此现实意义上而言，法源不应该只是法律规范这种单一的要素，而应是如格雷所言，法源表示原始材料，包括成文的和习惯的，法官从中发展出判决案件的依据。[1]所以，在普遍意义上的文本规范和个案意义上的案件事实匹配对接过程中，必然存在着作为二者桥梁和纽带的中介因素。即在抽象的一般文本规范与具体的个案事实之间，存在一个中介因素，帮助它们完成对接。这个中介因素就是"法条适用意义上"的"裁判规范"。[2]

2. 司法场域约束下的裁判规范

传统观点认为，裁判规范就是裁判或审判规则，[3]针对审判规则是法官审判依据这一特质，有学者进一步将该裁判规范细化为诉讼程序规范和裁判规范两个部分。[4]其中诉讼程序规范对应刑事诉讼法、民事诉讼法中关于诉讼程序的法律规定，即程序法规范，而将刑法规范和民法规范这一实体性规范称为裁判规范。这一提法只具有形式意义上的价值，对于司法实践而言并没有实质的价值。但为我们研究裁判规范的特质提供了基本思路，亦即适用意义上的裁判规范的生成并不是天马行空般的主观建构，而是要在司法场域的程序性要求下进行文理解释和论理解释。

文本规范囿于规范产生之初的滞后性，规范存在漏洞，在面对个案事实时，对于裁判者的指引功能有赖于对文本规范的解释，这

---

〔1〕 参见［美］庞德：《法理学（第三卷）》，廖德宇译，法律出版社 2007 年版，第 285 页。

〔2〕 张心向：《恶势力案件裁判规范之法理探析》，载《中国法律评论》2019 年第 4 期。

〔3〕 参见张文显主编：《马克思主义法理学——理论与方法论》，吉林大学出版社 1993 年版，第 169 页。转引自张心向：《在遵从与超越之间：社会学视域下刑法裁判规范实践建构研究》，法律出版社 2012 年版，第 63 页。

〔4〕 参见陈金钊：《论审判规范》，载《比较法研究》1999 年第 3、4 期。

也是当前法教义学的当然解释路径，其中又因为解释方法的不同，分为形式逻辑意义上的文理解释和辩证逻辑意义上的论理解释，前者显现于司法裁判过程中，注重对文本规范的语义结构进行解释，包括概念、术语、语法结构等，是规范解释中最为基本的实现方式。从法律概念的专业性而言，法律的专业语言，不是一种科学语言，因为它的语法及语意不是建立在一种清楚的规则之上。[1]因此，法律在其产生之初就是需要解释的，这也就是早期西方的法学流派主要是以注释法学派为主的主要原因，寻求法律规范的字面意义以及字面意义背后可能存在的隐含意义就构成了注释法学派的主要任务。[2]但对于形式逻辑无法说明的，则要诉诸辩证逻辑，[3]立足于立法精神，从法规范的内部结构出发探寻规范适用的实质正义，包括当然解释、反对解释、体系解释和目的解释等，从本质上而言，这是一种价值评价意义上的解释逻辑。自然法观念下的规范的思考更多意义上就是关于这一终极价值的思考，只是与自然法观念诞生之初相比，新自然法观念关于法规范的终极价值的思考更具哲理性，从而也为法律哲学的发展奠定了基础。法律哲学的题目是"正当法""正义"。因此，其两项根本问题是：其一，什么是正当法；其二，我们如何认识和实现正当法。两项问题合起来成为法哲学的任务。[4]

第二节　刑法裁判规范

刑法裁判规范作为裁判规范的重要部门法类型，其客观存在于刑法规范与个案事实的裁判过程中，这一点与一般意义上的裁判规

---

〔1〕　参见［德］考夫曼：《法律哲学》，刘幸义等译，法律出版社2003年版，第174页。

〔2〕　参见谢晖：《论规范分析方法》，载《中国法学》2009年第2期。

〔3〕　参见王彬：《体系解释的反思与重构》，载《内蒙古社会科学（汉文版）》2009年第1期。

〔4〕　参见［德］考夫曼：《法律哲学》，刘幸义等译，法律出版社2003年版，第14页。

范是一致的。然而，刑法规范的概念、构成、功能、价值都独立于其他法律规范，自成体系。[1] 故而，刑法裁判规范相对于一般的裁判规范而言，因其特殊的部门法属性使得其在规范生成过程中，有着自成体系的解释规则和适用程序，呈现出既有共性，诸如民法裁判规范、行政法裁判规范等其他部门法裁判规范所共有的个案性、适用性和中介性特点，又含个性的刑法裁判规范品性。作为社会控制手段中的最强法，社会治理的最后一道防线，特定的部门法属性决定了刑法裁判规范的规范品性较之于其他裁判规范类型又具有鲜明的特色，这一规范品性受制于罪刑法定原则的约束，围绕着犯罪构成要素展开。

一、刑法裁判规范的动态性与文本规范的静态性

刑法的文本规范属于一种表达意义上的法，而裁判规范则属于适用意义上的法，存在未适用的法，但不存在未经表达的法。文本规范与裁判规范并不是同一概念，刑法文本规范是一种静态的规范，是刑事立法的当然产物，而刑法裁判规范则是一种动态的规范，是刑事司法的必然结果。刑法的文本规范可以理解为刑法法条，是一种客观意义上的存在，其与制裁规范在司法裁判的视角下是一致的，而刑法的裁判规范是刑法规范司法适用中的样态。正如有的学者所形容的那样，刑法规范并非如庭院式的盆景一样静态存在的东西，而是有其产生发展、解释需求和适用规则等动态机能的东西。把法律理解为一种处置，而不是理解为一种物体。[2] 如此，刑法裁判规范在司法适用的过程中则更加注重实用性或现实性，其与文本规范的关系表现为既遵从又超越的关系。而刑法的文本规范则因为规范用语的模糊性和多义性表现出解释的必然性，而解释结论的合法合理又要求解释过程的逻辑性。

---

〔1〕 参见［日］木村龟二主编：《刑法学词典》，顾肖荣、郑树周译校，上海翻译出版公司1991年版，第5页。

〔2〕 参见［美］波斯纳：《法理学问题》，苏力译，中国政法大学出版社2002年版，第280页。

（一）刑法文本规范的静态性讲求逻辑性

刑法文本规范即是指刑法的法条，是以法律条文的形式存在于刑法中，是"文本中的法"，是法官裁判案件的重要法律依据，也是规范刑法学学术研究的重要素材和对象。刑法规范作为专业性更强的法律语言，是围绕刑体和罪体而形成的一个个抽象化的概念表达，概念又由诸概念要素组成。为了使得刑法规范既有稳定性又未超出一般公众的认知范畴，在对典型犯罪行为类型进行刑法概念的抽象化表达时，概念要素既来源于日常用语又在一定程度上不同于日常用语，日常用语天然自带的语词的多义性和模糊性使得对该语词的解读成为一种必然。因此，作为法律概念不可能直接适用到具体的案件事实中，必须经过规范化的解释才能进行适用，而这一解释的需求既有其语言学意义上的原因，也有其语用学意义上的缘故。前者主要是因为法律语言与生俱来的模糊性和多义性，这决定了适用主体在适用前必须进行语义的含义确定，而不能是模棱两可的存在，这是法律明确性在司法适用中的当然之义。后者则是因为语词在法律这一环境下，尤其是定罪量刑中，涉及人的生命、自由等重大权益的场域，其解释的结论必然是合理的，而法律逻辑则是这一合理性的当然体现。在刑法文本规范中，最具有逻辑性也是鲜明代表的是刑法文本规范中的犯罪构成架构，这也是生成刑法裁判规范的前提和基础。

对于刑法裁判规范中概念要素的解读和事实类型的匹配也是围绕犯罪构成进行的，犯罪构成的论证成为每个案件的必备要素。犯罪构成既是我国刑法中的一个规范概念类型，又是我国刑法中的一个理论建构模型。[1]其作为规范概念类型，就是规定在我国刑法中的犯罪成立条件，或者可以说是犯罪成立的诸概念要素群。作为理论建构模型则是在刑法规范概念解读过程中衍化出的理论分析工具，是对于诸概念要素之间组成结构的模型化分析工具，亦即犯罪

---

〔1〕 参见张心向：《在遵从与超越之间：社会学视域下刑法裁判规范实践建构研究》，法律出版社2012年版，第13页。

构成理论。关于犯罪构成的理论模型，首先是英美法系的双层次模型。英美犯罪构成理论结构是由犯罪本体要件（即刑事责任基础）和法律辩护事由（即责任充足条件）对合而成的双层次的结构体系。[1]其次是大陆法系的三阶层理论，亦即将犯罪构成划分为构成要件符合性、违法性和有责性三个层次，是一种递进式的犯罪构成理论。最后是我国现行的犯罪客体、犯罪客观方面、犯罪主体和犯罪主观方面这样的四要件构成理论。从犯罪构成的总体架构这一宏观视角去看，存在着上述三种不同的犯罪构成模型，但如果从犯罪构成要件要素这一微观视角剖析的话，三种犯罪构成理论的组成要素却基本相同，故而只是构成要件要素的不同组合形式。如此看来，犯罪构成理论实际上就是通过对刑法规范规定的犯罪成立条件进行解构，并在此基础上建构的有关如何解读刑法规范关于描述犯罪成立条件的一种模型理论。[2]当前刑法规范的研究更多意义上是在犯罪构成模型理论下展开的刑法文本规范要素的模型建构理论，刑法裁判规范作为刑法文本规范的适用规范，必然也需要遵循这一模型的约束，其本质是在这一模型下进行的规范与事实、规范性因素与非规范性因素等的价值判断和取舍。

（二）刑法裁判规范的动态性注重现实性

单纯的文本概念的静态解读是不存在的，文本概念在未适用前只是文本意义上的存在，并不存在解释的需求和空间，亦即因为没有"用"的需求故而其只是法条意义上的客观存在。法条只有在适用的过程中才有了内在的解释需求，单纯的刑法规范概念不可能直接适用到司法裁判中，而是需要经过一定的概念解读。法条有尽，事情无穷，立法机关为每一种详细的事态制定精确的法规是不可能的。[3]

---

〔1〕 参见储槐植、高维俭：《犯罪构成理论结构比较论略》，载《现代法学》2009年第6期。

〔2〕 参见张心向：《在遵从与超越之间：社会学视域下刑法裁判规范实践建构研究》，法律出版社2012年版，第14页。

〔3〕 参见［美］罗斯科·庞德：《通过法律的社会控制 法律的任务》，沈宗灵、董世忠译，商务印书馆1984年版，第97页。

立法机关在刑事立法的过程中，不可能针对所有的犯罪行为进行犯罪论意义上的立法，而只能根据类型化的典型犯罪行为进行概念表达，这一概念化的表达在面对个案事实时，必然面临着被重新解读的适用过程，这也是刑法裁判规范的当然之义。其作为刑法文本规范在司法适用中的实际样态，必然遵循着文本规范的规范逻辑，文本规范的解释构成裁判规范生成的重要侧面，尤其在文本规范与案件事实之间存在高度匹配的情况下，此时裁判规范对于文本规范的遵从表现为二者的同一性，即二者之间不存在形式和实质上的差别。也就是说，刑法文本规范的司法适用是刑法裁判规范存在的现实基础，刑法裁判规范是刑法文本规范司法适用的结果，在罪体上符合犯罪构成四要件的认定逻辑，尽管符合逻辑的不一定是合理的，但合理的一定是符合逻辑的，[1]在实践中表现为真正意义上的逻辑适用大前提。至此，对于规范与事实双重视角下刑法文本规范适用样态的现象揭露就是刑法裁判规范的生成过程，其在罪刑法定原则的指引下，以文本规范为出发点，在构成要件下围绕着罪体和刑体进行规范研究，是在刑事案件裁判程序下的裁判逻辑推演和犯罪构造检视。

　　具体而言，在长期的司法实践中，人类总结了大量的逻辑思维模型，亚里士多德的三段论逻辑成为实践中运用较多的推理方式，除此之外，还存在命题推理逻辑、谓词推理逻辑和规范推理逻辑等推理思维。其中三段论逻辑、命题逻辑和谓词逻辑构成对法律论证过程的形式判断，用于论证法律论述的真实性问题。而法律论述的真实性问题是通过对文本规范的规范解释得出的，而解释的需求来源于新生的案件事实，如此必然导致对文本规范进行案件事实意义上的再解释、再理解。因为文本规范的制定来源于社会不法行为刑法规制的必要性，进而通过将该不法行为类型化，以规范化的概念形式表达出来，该概念在形成之初就具有了抽象化的特征，其在进

---

〔1〕　参见张心向：《刑法裁判规范之品性——基于司法实践建构的视野》，载《天津法学》2011 年第 2 期。

行个案审判时，需要完成从抽象概念到不法类型的具象化过程。在这一过程中个案事实的加入是必然存在的，刑法规范的概念因个案事实的涌现而具有了客观性的外貌，也使得该规范即使历经多年依然能够保证一定的稳定性和与时俱进的生命力。事实上，法律之规范内容经法院该解释适用而具体化、生活化，因此，法院的裁判不论是仅为法律解释，还是进一步涉及法律补充，最后皆赋予法律以与时推移的生命。[1]抽象概念是普适的，然其对具体案件的指导和适用具有个案性，在个案中适用的文本规范必然是该个案事实解构后的个案裁判规范。作为大前提的刑法裁判规范必须是经过案件事实解构之后能够适用于案件事实的规范，而作为小前提的案件事实也必须经过刑法裁判规范解构之后符合裁判规范涵摄范围的事实。[2]

二、刑法裁判规范的实然性与行为规范的应然性

行为规范和制裁规范的范式是来自英国著名法学家哈特的分析主义法学理论。[3]现在明确主张行为规范和制裁规范区别的是弗里西及其弟弟弗洛因特。弗里西认为，所谓的行为规范按照其内容是指示了一定的行为样态正当或不正当（的规范）；按照其目的，是提供了规制人们行为的一定方向的规范，比如"禁止杀人""禁止偷盗他人财物"这样的命令。与此相对，所谓的制裁规范，是指示如果具备了怎样的要件是否发生一定的制裁的东西。[4]如此，还是在刑法规范的实体范畴内进行规范模式的讨论，行为规范作为非法条意义上的实体，并非可以通过观察获得，但通过刑法条文的实体规定可以推导出行为规范的命令形式，而制裁规范则是紧随其后的

---

〔1〕 参见黄茂荣：《法学方法与现代民法》，法律出版社 2007 年版，第 7 页。

〔2〕 参见王强军：《刑法裁判规范的开放性研究》，载《政治与法律》2014 年第 7 期。

〔3〕 参见［日］高桥则夫：《规范论和刑法解释论》，戴波、李世阳译，中国人民大学出版社 2011 年版，第 1 页。

〔4〕 参见［日］高桥则夫：《规范论和刑法解释论》，戴波、李世阳译，中国人民大学出版社 2011 年版，第 3 页。

法律后果抑或是法官据以定罪量刑的依据和标尺。然裁判规范作为刑法规范的司法实践适用样态，其又需要以行为规范为指引。因为裁判机关在进行裁判时，必须以行为规范为其判断标准，故行为规范在规范逻辑上同时为裁判规范。[1]但此处的规范逻辑事实上是确实存在且可以进行现象还原的，是刑法规范适用的实然样态，之前那种将审判规范视为一种静态的规范，进而进行如制裁规范、裁决规范意义上的研究是有局限性的。

（一）刑法裁判规范是实然层面的结果

法律不只是一整套规则，它是人们进行立法、裁判、执法和谈判的活动。它是分配权利与义务、并据以解决纷争、创造合作关系的活生生的程序。[2]在这一程序中，司法场域内外的利益主体通过各自的方式参与到案件裁判结论的形成过程中，是在法官主导下的利益各方一起"共舞"的过程。只是这一过程最终通过判决书的形式被掩饰起来，从表面上看只是法官机械适用法律的过程，文本规范构成三段论的大前提、案件事实构成适用的小前提，在文本规范与案件事实之间形成最终的判决结果。从形式上来讲，三段论推导出来的结论是无懈可击的。并且在司法推论中，人们也比较偏好运用三段论推理模式，之所以如此，是因为三段论的形式逻辑是作为平等、公正执法的重要工具而起作用的。[3]然而，从司法实践来看，三段论中的大、小前提不仅仅是文本规范与案件事实的简单比对，文本规范只是大前提形成的法源，其在成为大前提前需要法官进行规范转换，即从文本规范到裁判规范的转换。这一规范转化的过程，是一种遵从文本规范又超越文本规范的转化，在此过程中，行为规范的违反构成转化的标尺，使得裁判规范的超越在法律允许的范围之内，不至于游离于罪刑法定原则之外。也就是说，罪体与

---

〔1〕 参见黄茂荣：《法学方法与现代民法》，法律出版社2007年版，第141页。

〔2〕 参见［美］伯尔曼：《法律与宗教》，梁治平译，中国政法大学出版社2003年版，第11页。

〔3〕 参见［美］博登海默：《法理学：法律哲学与法律方法》，邓正来译，中国政法大学出版社1998年版，第518页。

刑体的概念模型在面对具体的案件事实时，所需要的不仅仅是规范语词的解读，更重要的是对行为进行刑法规范下的定罪量刑，是定罪概念要素与量刑概念要素围绕着罪体与刑体所进行的类型性建构。

故而，从基于刑法文本规范语词的概念分析到基于这种概念分析而进行罪体与刑体的类型性建构，刑法规范的研究必然要经历从注释规范到分析规范的转型，从规范的概念类型分析到规范的理论模型建构。[1]亦即在遵循罪体和刑体的犯罪构成要件的前提下，在刑法文本规范基础上基于个案事实进行规范建构，裁判规范在文本规范与个案事实这一二元结构中得以重构，这是一个在裁判者主持下进行的裁判事实与裁判规范之间的往返比对的过程。这一比对过程，不仅仅是文本规范的机械适用，更是在危害衡量意义下的刑法非难过程，而这种危害衡量不是刑法规范意义上的有关定罪量刑的逻辑证明，而是在一般社会生活意义上对行为是否危害社会以及危害程度的基本价值判断，[2]这就使得最终被作为三段论大前提的刑法裁判规范不仅仅是躺在刑法典中的那个文本规范。如对于"金融机构"这一语词的理解，在概念规定之初，仅限于银行等具有储蓄性质的实体机构，但当出现许霆盗取 ATM 机存款时，[3]就出现了 ATM 机是否属于金融机构这一现实的语词解释需求。此外，对于因社会发展而出现的新生事物，如支付宝、零钱通等所属的具有储蓄性质的机构是否属于金融机构的涵摄范围也会因为特定案件的出现而使得对该概念语词进行重新的理解。

（二）刑法行为规范是应然层面的追求

行为规范作为社会秩序存在的底层逻辑，其形成和演变是社会成员间自发的、复杂的互动过程，如强奸、抢劫、绑架等传统意义

---

〔1〕 参见张心向：《在遵从与超越之间：社会学视域下刑法裁判规范实践建构研究》，法律出版社 2012 年版，第 11 页。

〔2〕 参见赵秉志、张心向：《刑事裁判功利性现象研究——兼论刑法规范的司法适用》，载《刑法论丛》2012 年第 3 卷。

〔3〕 参见广东省广州市人民法院 2018 穗中法刑二重字第 2 号刑事判决书。

上的犯罪行为，其在社会早期发展过程中就已自发形成。这种自发的力量可以被我们慢慢理解，也可以被我们修正和发展，但不可以被我们无视或以人为规定取代。[1]所以，一直到现在都将此些人类共同体进行否定性评价的行为规定为犯罪，而进入刑法视域进而成为刑法规范意义上的行为规范，必然是侵犯法益而其他规范难以"应付"的情况，从而使得一些行为规范具有了文本规范的合法外衣，并配有刑法所独有的制裁措施予以保障实施。然而，行为规范的违反是通过充足文本规范所实现的，从严格意义上而言，行为人所实施的行为并没有违反刑法法规，毋宁说是充足了刑法法规，真正被违反的是隐藏于构成要件背后的行为规范。所以，行为规范构成文本规范应然层面的追求，即文本规范的存在是为了保证行为规范能够被全体国民所接受并遵守，这也是法益保障的必然要求，构成刑法规范的法的本质，即罪质。

宾丁认为，在刑法领域，规范通过刑法条文得以表达，但它不是刑法条文的组成部分，而是独立于刑法条文的不成文法律规定。因此无论立法者以书面形式明文表述规范或者以默示的行为表达规范，都不影响规范的法本质。[2]此种行为规范潜行于文本规范的解释过程和裁判规范的适用过程中。换句话说，文本规范是行为规范的外化形式，故而具有行为规范的应然侧面，这一点毋庸置疑。但裁判规范的行为规范侧面则需要进行社会一般人与裁判者的角色划分。一方面，裁判规范对于社会一般人而言也具有行为规范的属性，因为文本规范是行为规范的概念表达，而裁判规范是文本规范的司法建构物，来源于文本规范又高于文本规范，其内核仍是行为规范。另一方面，裁判规范是裁判者的行为规范，其与对

---

〔1〕　参见［英］哈耶克：《科学的反革命：理性滥用之研究》，冯克利译，译林出版社 2012 年版，第 83 页。

〔2〕　Vgl. Daniela Westphalen, Karl Binding（1841−1920）：Materialien zur Biographie eines Strafrechtsgelehrten, Frankfurt am Main u. a. 1989, S. 161 f.；Armin Kaufmann, Lebendiges und Totes in Bindings Normentheorie：Normlogik und moderne Strafrechtsdogmatik, Göttingen 1954, S. 9. 转引自梁奉壮：《宾丁规范论研究：本体论考察》，载《清华法学》2017 年第 1 期。

社会公众而言的行为规范在内容上是一致的，只是指引的对象不同。法条或法律规定之意旨，若在要求受规范之人取向于它们而为行为，则它们便是行为规范；法条或法律规定之意旨，若在要求裁判法律之争端之人或机关，以它们为裁判之标准进行裁判则它们便是裁判规范。[1]但裁判规范不是目的，只是教育感化行为人的手段，是进行一般预防的刑法手段，其目的还在于为社会一般人设定行为规范。

三、刑法裁判规范的交往理性与制裁规范的认知理性

当前对于制裁规范与裁判规范用法基本上是通用的，由此也代表二者在适用上的混乱，而混乱的基础必然是对于二者的本质存在理解误区。无论是高桥则夫教授、铃木茂嗣教授、大塚仁教授还是野村稔教授，对于制裁规范或者说裁判规范的理解都是在刑法规范或者说文本规范这一实体意义上的规范解读，虽丰富了刑法规范对于裁判者的规范适用价值，对于行为规范与制裁规范之间的关系也进行了理性的分析，是一种对刑法规范的认知理性。但该种研究范式认为行为规范属于"立法前"意义上的价值理性探寻，制裁规范则属于"立法后"意义上的规范理性解读。可以看出，其对制裁规范的解读缺乏对"司法中"意义上的现象揭露，因为当制裁规范被启动或者说行为规范被破坏时，如何恢复或者说如何维护规范的有效性就成为刑法规范存在的必然选择，故而对于"司法中"刑法规范样态的把握不可或缺。因为规范被损伤而采取一个程序时，刑法完全在交往的层面不断支撑被搅乱的规范有效性。[2]而这一规范的有效性，不是法官单方机械适用法律规范的结果，而是加入了案件参与人以及案外因素等多种因素后的结果，其中控方和辩方对于案件事实的提炼，对于规范适用的理解等都参与其中，如此才有了卢

---

〔1〕 参见黄茂荣：《法学方法与现代民法》，中国政法大学出版社 2001 年版，第 141 页。

〔2〕 参见 [德] 雅科布斯：《行为 责任 刑法》，冯军译，中国政法大学出版社 1997 年版，第 69~71、103、104 页。

曼以法庭为中心展开的"社会维度"——"时间维度"——"事实维度"的规范研究。只是在罪刑法定原则的要求下，表现为法官单方进行规范适用的表象。换句话说，各诉讼主体以及试图争夺场域话语权的主体通过彼此之间的博弈，最终由裁判规范的形式表现出来。

（一）刑法裁判规范的交往理性强调主体间性

维特根斯坦后期的语言哲学主张语言的意义全在于它的用途。哈贝马斯进而认为，"独白式"语用学是不够的，交往行为的合理化还需要一种相互性或交往性的语用学，即"普遍语用学"。他断言普遍语用学是一种分析说话行为，研究语言的交往功能，说话者与听话者之间相互关系以及如何达到理解一致的学问。[1]他提出，法律存在于规范与事实之间但又不完全是其中任何之一，只有通过理性对话并进而获得共识支持的法律才是真正意义上的法律，而裁判规范就是这一规范理性对话后的产物。从表面上来看，裁判规范的形成只是法官单方面适用刑法规范的结果，法官在裁判规范形成过程中具有独占地位。然而，规范适用从来不是"售卖机式"的规范适用，而是司法场域内外对于案件事实与规范适用进行"沟通"的结果，只是在大部分案件中，刑法规范与案件事实高度匹配，此种"沟通"通过较为平和的方式悄无声息地进行，但在一些刑法规范存在漏洞或者说案件事实较为新颖的案件中，刑法规范与案件事实之间存在着规范适用的"缝隙"。在此类案件中，此种"沟通"则表现为诉讼各方、甚至是社会群体的争论，亦即影响性诉讼案件。如此，就需要对刑法规范的实践适用样态进行一般意义上的、主体各方"沟通"意义上的解读，而这一解读必然是规范意义上的现象展示。

在具体的刑事案件审理过程中，往往是针对个案事实进行的刑法规范的概念要素群所进行的解读，而这一解读不仅仅是法官一人

─────────────

〔1〕 参见夏基松：《现代西方哲学教程新编》，高等教育出版社1998年版，第208~211、582页。

单纯的适法过程，还表现为诉讼各方，社会群体对案件的"沟通"过程。其中有的案件中因个别构成要件要素适用的分歧可能会引发来自法律圈甚至是社会大众对朴素法正义的拷问。如在赵春华案中对"枪支"的认定，陆勇案中对"假药"的认定，等等，因为特殊的规范构造，使得这些概念要素起着最终的定罪量刑功能。故而，在这些案件中，显现于人们面前的是这些核心概念要素的解释问题。在这一类型的案件中，对于其他构成要件要素基本上不存在争议，符合法律意义上的形式正义，这一点无论是从行政法规范还是从刑法规范，都能够实现法条意义上的裁判正义，然而最终司法意义上的"假药"和"枪支"却给社会公众带来了极大纠结。当个体国民在法律与规则之下陷入伦理困境的时候，便是我们检视法律规定和司法运作是否正当的时候，[1]规范应有其创设者，也必须有接受者，规范必须在各种不同的接受者之间进行心理交流才能获得生命。不仅审判是一种活动，而且规范也处在活动之中，[2]这也是裁判规范交往理性的应有之义。因为刑法裁判规范与刑法裁判事实作为客体性存在，其自身难以自发完成彼此的建构，其也不可能只是刑事法官单方建构的产物，而是在多方主体的交互式"沟通"过程中得以形成的，亦即刑法裁判规范与刑法裁判事实的彼此建构中加入了诸多的主体或者说利益冲突。其形式上来源于正式法源与非正式法源的彼此博弈，而实质上则具有行为规范的内核，在个案裁判事实的往返比对中被不断地释义和重构。而这一特点往往是规范刑法学或者刑法教义学所忽视的，但在"活的法"视角下裁判规范的研究看来却是至关重要的。

（二）刑法制裁规范的认知理性强调主体性

通过行为规范的设定，为国民的自由行为提供事前预期，当这种规范预期被打破时，发动制裁规范对违反行为规范的行为人施加相应的刑罚，据此宣告行为规范的有效性，维持国民对法规范的信

---

〔1〕 参见杜小丽：《抽象危险犯形态法定犯的出罪机制——以生产销售假药罪和生产销售有毒有害食品罪为切入》，载《政治与法律》2016 年第 12 期。

〔2〕 参见陈金钊：《法律解释的哲理》，山东人民出版社 1999 年版，第 236 页。

仰与忠诚。[1]由此出发所进行的研究是关于制裁规范的研究，上述宾丁的缓和的行为规范一元模式中有些许涉及该问题的研究，高桥则夫教授的行为规范与制裁规范的二元模式则明确指出了制裁规范的存在意义。关于制裁规范的划分，最早可以追溯至罗马法时期。美国有学者就曾指出，《圣经》中对于每一种犯罪都作了两种不同的规定，一种是禁止性规定，另一种则是规定制裁措施的规定。[2]而近代意义上的行为规范与制裁规范的划分则要回溯到边沁关于该问题的研究，其在《道德与立法原理导论》一书中提到，裁判规范是被用来设立犯罪的，而行为规范则是用来为触犯这项犯罪的行为人实施处罚的，二者是不同的规范。[3]而此处其所言的裁判规范其实是附随于行为规范后，或者说是对违反行为规范的行为人的制裁规范。故而，在论述裁判规范、制裁规范时，有必要梳理行为规范与制裁规范、制裁规范与裁判规范的联系与区别。

行为规范、制裁规范和裁判规范非刑法专有的概念，行为规范所保护的法益正是刑法所要求的法益时就具有了刑法规范的内在属性。然而这只是形式意义上的要件，因为刑法作为法益保护的最后一道防线，作为第二性法律规范，是在其他部门法难以保障合法利益时的补救性规范。故而区别在于制裁规范的不同，此处的制裁规范既可以作广义理解也可以作狭义理解，前者侧重刑法中不法行为的特殊性和制裁措施的严厉性，而后者则侧重行为规范的一致性和制裁措施的指引性。但无论哪种理解对于刑法制裁规范特殊性的理解都是首要的，其不同于民法和行政法中的制裁措施。如民法上的制裁注重强制违法行为人恢复原状或弥补损害，行政法上的制裁多数是在取缔违反行政法令的事件，强制人民在未来遵守法令，至于

---

〔1〕　参见李世阳：《规范论视角下共犯理论的新建构》，载《法学》2017年第11期。

〔2〕　See Meir Dan-Cohen, "Decision Rules and Conduct Rules: On Acoustic Separation in Criminal Law", *Harvard Law Review*, Vol. 97, No. 3., 1984, pp. 626-630.

〔3〕　参见［英］边沁：《道德与立法原理导论》，时殷弘译，商务印书馆2000年版，第313页。

刑法上的制裁，则除了实施强制，预防将来的犯罪，对于犯罪人兼有谴责非难的作用，借以申明规范的伦理价值。[1]是故，由该特性所决定的裁判规范的研究不能仅仅是对文本规范的规范内视角，而是应注意制裁规范作为法律规范的常规后果的不同，从而进行制裁规范与刑法裁判规范之间的功能性研究。

第三节　法定犯裁判规范

不同于自然犯，法定犯由于构成要件类型化程度低，故其构成要件具有需补充性、规范性的特征，评价性内涵更加丰富，也必然与政治、管理、目的产生一定的牵连。[2]法定犯是国家治理过程中效率与公平、国家主义与个人主义等综合作用下的产物，由此去套用道德性或伦理性明显的自然犯理论，必然会出现"水土不服"的理论适用困境。有的学者所主张的改变现有行政犯大一统的立法体例不具有现实性，如何使司法的效能达到"帕累托最优"才是当前需要解决的现实问题。而司法效能的最优状态有赖于对法定犯理论研究现状、研究路径的反思，更有赖于对当前司法现状的实证分析。与其在应然层面进行价值博弈，不如注重司法实践的实然状态，反思法定犯的裁判过程，聚焦法定犯规范的开放性结构。而法定犯规范的开放性结构主要表现在诸多空白罪状的刑事司法建构中，这一建构过程一方面只能体现在刑事司法的裁判过程中。行政法律规范对空白刑法的补充、辅助、说明、论证，不是在立法的环节，而是在裁判的过程。[3]另一方面，在这一裁判过程中，才能将法定犯规范的"原貌"还原出来，即真正意义上对人们的行为起指引作用，对法官的裁判起指引作用的规范样态。如此，以一种动态化的研究

---

〔1〕　参见韩忠谟：《法学绪论》，中国政法大学出版社 2002 年版，第 77 页。

〔2〕　参见杜小丽：《抽象危险犯形态法定犯的出罪机制——以生产、销售假药罪和生产销售有毒有害食品罪为切入》，载《政治与法律》2016 年第 12 期。

〔3〕　参见张心向：《在遵从与超越之间：社会学视域下刑法裁判规范实践建构研究》，法律出版社 2012 年版，第 130 页。

思路提炼中国本土的法定犯裁判思路和经验，关注法定犯的正当性基础、法定犯与自然犯在不法内涵、罪过形式和罪责结构等方面的差异，从而为法定犯裁判思路的形成奠定规范刑法学的基础。

一、法定犯的渊源和界分

任何概念的提出都有其特别的视角和特定的语境，而视角往往具有单一性，语境也具有局限性，并不存在放之四海而皆准的概念。单纯从"语义"的视角去看概念是浅层次的，也是没有意义的，重要的是"语用"意义上的界定。即通过对概念不同视角的解读、不同语境下的梳理，发现概念的多维属性，进而为分析该概念提供专属的视角和语境。面对他人的学说时应当审视其背后的根基，[1]所以，对于法定犯问题的思考，必然需要追本溯源，从该概念产生的土壤中探析该制度存在的社会意义，进而反思该概念产生的时代意义和规范价值。

（一）法定犯与自然犯界分的渊源

法定犯最早可以追溯到 18 世纪的德国立法关于"警察犯"的规定。当时由于警察职权的扩大，出现了许多行政违法行为处以刑事制裁措施的情况，并可由行政机关直接作出该决定，这是国家行政管理范围扩大、行政职能增强的必然后果。在此影响下，19 世纪德国法学界形成了"警察刑法"的概念，在德国的部分地区还制定有《警察刑法典》，直到 1871 年《德意志帝国刑法典》出台，这些《警察刑法典》才得以失效，但却直接导致了更为严重的局面，即该部刑法典直接将警察刑法中的违警行为规定于刑法典中。由此也带来了如德国法学家拉德布鲁赫所说的"刑事法规的肥大症"，[2]使得诸多的秩序违反行为被处以刑罚的不利后果，一定程度上也加重了法院的审理压力。而这一立法现状，与当时刑事古典学派的主张密不可分，由此也造成了刑事立法的泛罪化、泛犯罪人化。该理论以社会契约论、自然法理论为理论基础，否定封建刑法的干涉性、

---

〔1〕　参见张明楷：《刑法的基本立场》，中国法制出版社 2002 年版，第 3 页。

〔2〕　参见林山田：《经济犯罪与经济刑法》，兴业印刷厂有限公司 1982 年版，第 109 页。

恣意性、身份性和残酷性，[1] 为了克服国家权力的集中性、庞大性和绝对性所造成的上述封建刑法，以贝卡里亚（C·Beccaria）和费尔巴哈（A·Feuerbach）等为代表的刑事古典学派的学者分别提出了自己的理论观点，如贝卡里亚在《论犯罪与刑罚》中首倡罪刑法定原则，认为只有法律才能为犯罪规定刑罚。超越法律限度的刑罚就不再是一种正义的刑罚。[2] 费尔巴哈作为罪刑法定原则的支持者，他提出了心理强制说，该说认为人作为自然的存在者，无不生活在感性世界，并受自然规律的支配而没有自由，所以犯罪的原因不是自由，而是感性的冲动。[3] 为了防止犯罪的再次发生，需要对犯罪行为处以必要的刑罚以使人们可以预知自己的恶害行为可能招致的对己不利的后果，从而达到抑制其感性冲动的目的。这一时期的理论学说具有鲜明的反封建刑法的色彩，主张罪刑法定原则作为刑法的基本原则，进而探求刑法处罚的正当化基础，作为刑事古典学派的经典理论，其代表了该学派的一贯主张，即人都是具有自由意志的，对于基于自由意志所实施的违法行为需要处以必要的刑罚。刑罚是对恶行的恶果。这些主张，尤其是罪刑法定原则的确立，对于摧毁封建刑法起到了重要的理论意义，但使得刑法的触角开始逐渐延伸至社会生活的方方面面。

19 世纪后，随着自然科学理论和工业技术的发展，资本主义得到更大程度的发展，尤其是德国，由原来的农业国一跃成为工业大国，并随着自由竞争联合体的解体开始进入垄断主义、帝国主义阶段。[4] 一方面，随着工人阶级与资产阶级矛盾的不断激化，犯罪率开始逐年攀升，累犯增多，犯罪人的年龄也出现低龄化的趋势。并且随着帝国主义战争的爆发而愈演愈烈，不仅给社会治理带来了诸

---

〔1〕 参见张明楷：《刑法的基本立场》，中国法制出版社 2002 年版，第 1 页。

〔2〕 参见［意］贝卡里亚：《论犯罪与刑罚》（增编本），黄风译，北京大学出版社 2014 年版，第 10 页。

〔3〕 参见马克昌主编：《近代西方刑法学说史》，中国人民公安大学出版社 2008 年版，第 98 页。

〔4〕 参见张明楷：《刑法的基本立场》，中国法制出版社 2002 年版，第 10 页。

多的新问题，也给法院审判工作带来各种挑战，因为大量的秩序违反行为挤占了法院大部分的工作，使得审判工作苦不堪言。但随着学界反对将秩序违反行为规定于刑法典的呼声越发高涨，并多次在刑法修改草案中主张按照行为对法益的侵害和威胁这一标准将秩序违反行为进行区别处置。对于有法益侵害和威胁的秩序违反行为归入重罪和轻罪中，而对于没有法益侵害和威胁的秩序违反行为则剥离出刑法典，行政刑法由此被多次提及。另一方面，随着帝国主义统治的需要，法律成为其推行帝国主义政策和思想的重要工具，尤其是刑法因其严厉性更是成为社会控制的重要手段，从而使得当时的刑事立法出现了泛罪化、泛犯罪人化的现象。这从 1919 年德意志帝国颁布的《帝国租税通则》可见一斑，该条例既有为了缓解法院审理秩序违反行为的司法压力的意味，也有利用法律手段推行经济管制的现实需要，而后者具有更强的现实意义，该条例赋予行政机关直接处置经济违法行为以秩序罚的法律地位，无需经由司法程序或行政程序，并且随着希特勒建立第三帝国，行政机关的秩序罚的范围逐渐扩大，行政权僭越司法权的现象屡见不鲜。

正是在这样的理论背景和时代环境下，使得加罗法洛开始从犯罪学角度，反思犯罪治理问题，探寻真正意义上的犯罪。加罗法洛在某种意义上是想寻求一种在所有文明国家都容易界定的犯罪行为。他认为，通过对现存法律中规定的处罚事实来看，不存在在任何地方任何时期都成立的犯罪，故此我们需要寻找行之有效的标准以将真正的犯罪人与非真正的犯罪人区分开。任何对法律的违反事实上也就是对法律秩序的不服从，都是犯罪，这样我们便又回到了我们的出发点。这种议论显然是恶性循环。[1]所以，他主张跳出法律规定定义真正意义上的犯罪和犯罪人。而以自然犯与法定犯的区分所表达出来的真正犯罪人的识别与对非真正犯罪人的非犯罪人化的犯罪应对策略，正是加

---

〔1〕　参见［意］加罗法洛：《犯罪学》，耿伟、王新译，中国大百科全书出版社1995 年版，第 65 页。

罗法洛犯罪学思想的精髓。[1]其区分的标准就是进行情感分析的方法，即对怜悯和正直这两种基本利他情感的伤害。犯罪一直是一种有害行为，但它同时又是一种伤害某种被某个聚居体共同承认的道德情感的行为。[2]所以，在加罗法洛看来，怜悯和正直构成社会共同承认的道德情感的行为，且二者构成个人适应社会生活最基本的也是必不可少的情感，伤害这二者的才构成加罗法洛所言的"自然犯罪"，而自然犯只是自然犯罪的简称。"自然"一词在加罗法洛看来，其存在于所有社会中，并不会因为时代的环境、事件或立法者的特点观点而有所改变，其对于指明那些被所有文明国家都确定为犯罪并用刑罚加以惩罚的行为，具有最清楚的成分和内涵。[3]在加罗法洛看来，未对怜悯情感和正直情感造成侵害的行为与特定国家特定环境有关，对这些行为进行处罚并不说明行为人的异常，只是特定国家特定环境下对侵害一定偏见或者只是违反特定法律行为的处罚。

加罗法洛作为社会防卫理论的主要倡导者之一，受到达尔文的自然进化理论和斯宾塞的赔偿释放学说的影响，强调从犯罪人个人原因的角度研究犯罪从而有效保卫社会。如此看来，加罗法洛对于自然犯罪的定义是站在社会预防的角度，基于犯罪人的可改造性进行的主观意义上的划分，进而将那些对怜悯感和正直感均未造成伤害的违法行为作非罪化划分。加罗法洛认为，犯罪并不完全是一种法律概念，刑法的犯罪定义是一种形式主义的定义，按照该种定义，犯罪仅仅是对刑法规范的违反。[4]旧派（刑事古典学派）学者并不把罪犯看作是一个心理异常的人，而是视为仅仅因为实施了法律所禁止且受刑罚处罚的行为而不同于他人的人；旧派学者只是从外部

---

〔1〕 参见米传勇：《加罗法洛的自然犯与法定犯理论研究》，法律出版社 2017 年版，第 17 页。

〔2〕 参见［意］加罗法洛：《犯罪学》，耿伟、王新译，中国大百科全书出版社 1995 年版，第 21 页。

〔3〕 参见［意］加罗法洛：《犯罪学》，耿伟、王新译，中国大百科全书出版社 1995 年版，第 20 页。

〔4〕 参见马克昌主编：《近代西方刑法学说史》，中国人民公安大学出版社 2008 年版，第 183 页。

形式上研究犯罪，却不从心理实验的角度进行分析。[1]如此概念划分，只会使得对犯罪的研究与各国的立法实践相脱节，因为法律规定因时因地都会存在千差万别，故而主张从情感的角度而不是事实的角度进行社会学意义上的自然犯与法定犯的划分，在我国的立法例中并不能得出当然为对的解释结论。

（二）法定犯的概念及与自然犯的界分

法定犯与行政犯的概念基本上是相同的，刑事犯与自然犯的概念也大体相当。[2]刑法法规在理论上可以分为两种，即固有的刑罚法规与行政刑罚法规。与它们的区别相对应，犯罪可以分为刑事犯和行政犯。自然犯与法定犯的区别也几乎完全一致。[3]与此同时，国内的不少学者也赞同该主张，即认为法定犯与行政犯完全或大体上是一样的。[4]法定犯与行政犯、自然犯和刑事犯在本质上是相同的，只是在不同的历史时期，学界对其称呼不同而已。只是代表一种犯罪类型的符号，没有必要将过多的学术精力放在二者的含义界分上，而是应该将当前的学术研究放在二者本质的标准划分上，亦即法定犯与自然犯的界分中，因为对于法定犯与自然犯的本质界分直接决定了法定犯的概念内涵和外延。

1. 英美法系视域下的法定犯与自然犯

根据《布莱克法律词典》，自然犯（malum in se）来源于拉丁语"evil in itself"（自身恶），是指本质上就是不道德的犯罪或犯罪行为，如杀人、抢劫或强奸。法定犯（malum prohibitum）来源于拉丁语"prohibited evil"（禁止恶），是指一个行为之所以被处罚是因为违反现行的法律规范，尽管有的情况下该行为并非不道德的，如闯红

---

〔1〕　参见张明楷：《刑法的基本立场》，中国法制出版社 2002 年版，第 14 页。

〔2〕　参见张明楷主编：《行政刑法概论》，中国政法大学出版社 1991 年版，第 96 页。

〔3〕　参见黄明儒：《论行政犯与刑事犯的区分对刑事立法的影响》，载《刑法论丛》2008 年第 1 期。

〔4〕　参见黎宏：《刑法学》，法律出版社 2012 年版，第 50 页。陈家林：《外国刑法通论》，中国人民公安大学出版社 2009 年版，第 111 页。马克昌：《比较刑法原理：外国刑法学总论》，武汉大学出版社 2002 年版，第 89 页。

灯、乱穿马路等。而自然犯与法定犯在英美法系的激烈讨论，最早可以追溯到 15 世纪教规法：实施了本身邪恶的罪错的牧师应当被免去圣职；实施了法规禁止的罪错的牧师可以不免除圣职。[1]自然犯与法定犯最主要的区别在于前者对于社会一般人而言该行为是不道德的，因而是一种犯罪行为，而后者作为一般意义上的违法行为，至少是一种不轨行为。[2]这种观点也只是在自然犯与法定犯最原始的概念界定下所提出的，其认为对于二者的概念划分也应该给予一定的现代化处理，亦即对于二者应该作时代意义下的解读。从语义上来看，"自身恶"先于制定法而存在，与其是否被制定法所禁止无关；它在制定法上的犯罪化，仅仅是对其已经先于制定法而存在的"恶"的认可和宣告。与此相反，法定犯的"恶"依赖于它在实定法上被禁止这一事实。[3]当前学术界有一种错误的观点认为，违反普通法的即为"法定犯"，这样的划分是完全没有意义的。一种行为即使在现行法律没有规定处罚措施也有可能构成自然犯。由此可以看出，英美法系学者对于法定犯与自然犯的理论分类依然是从自然法的角度所作的加罗法洛式的理论分类。对此，国内学者总结认为，英美法系刑法理论一般认为，犯罪行为可分为本质恶与禁止恶。前者是指某种行为就其自身性质而言，便是不法的，在普通法上必须给予处罚，它基本等同于大陆法系国家的自然犯。后者则指违反制定法的作为与不作为，它基本等同于大陆法系国家的法定犯。[4]在美国，随着《模范刑法典》的出台，[5]对犯罪进行法定犯与自然

---

〔1〕 参见储槐植：《美国刑法》，北京大学出版社 2005 年版，第 7 页。

〔2〕 See Bastable J. D. , "The Enforcement of Morals", *Philosophical Studies*, 1965.

〔3〕 See Dimock, S. , "The Malum prohibitum—Malum in se Distinction and the Wrongfulness Constraint on Criminalization", *Dialogue*, Vol. 55, No. 1. , 2016, pp. 9-32.

〔4〕 参见张明楷：《外国刑法纲要》，清华大学出版社 1999 年版，第 58 页。

〔5〕 《模范刑法典》在第 1.04 条中规定了实质犯罪与非实质犯罪两类犯罪。首先是重罪、轻罪和微罪三种实质犯罪，并规定了死刑或监禁刑的刑罚措施，与此同时，本条还规定了只能被处以罚金或其他民事制裁措施的违警罪，主要包括基于严格责任的管制性犯罪亦即某些轻微犯罪，如违反交通秩序的行为。参见美国法学会编：《美国模范刑法典及其评注》，刘仁文等译，法律出版社 2005 年版，第 8~9 页。

犯意义上的划分已经没有多大意义，只在某些案件中判定是否是过失杀人或者伤害有一定作用。[1]

2. 大陆法系视域下的法定犯与自然犯

国内当前对于法定犯与自然犯的论述受大陆法系的影响较多，其中德国因为较早研究法定犯问题成为大家争相研究的理论来源。值得注意的是，德国习惯性地将法定犯称为行政犯（Verwaltungsstrafdelikt），内涵与行政不法（Verwaltungsunrecht）相当，故而其与法定犯并无本质不同，行政犯一定程度上是法定犯这一概念在德国法下的衍生概念。德国的通说认为，行政犯是指违反秩序违反法与普通刑法、辅助刑法以外的形式上处以罚锾（罚金）这一行政罚的行为，而刑事犯则是指普通刑法与辅助刑法中形式上处以无期徒刑、有期徒刑与罚金的行为。[2]而这一学说主张与德国刑法关于犯罪的分类密切相关，据此可以梳理出以下脉络。

第一，在1871年《德意志帝国刑法典》之前，违警罪独立规定在《警察刑法典》中。违警罪即上文提及的警察犯，亦即法定犯的前身。然而，在统一刑法典未公布前，违警罪大多规定在《警察刑法典》这一独立的法典中，这也就是后来的行政刑法或秩序违反法的前身，当时德国各邦基本均采用此种立法例。其中，费尔巴哈起草的《拜耶邦刑法》即采此主张，他认为应就行为的实质内容分为"法律破坏"（Rechtsverletzung）与"警察违反"（Polizeiuebertretung）；前者分重罪与轻罪规定于刑法中，后者为违警罪宜规定于警察刑法之中。[3]而此时的警察犯则由立法确定为：其自身确未侵害国家的权力或国民的权利，但因对法秩序与公共安全有危险性，故以刑罚命令或禁止其作为或不作为，并依特别法律委诸警察官署搜

---

〔1〕 参见储槐植：《美国刑法》，北京大学出版社2005年版，第7页。

〔2〕 参见黄明儒：《行政犯比较研究——以行政犯的立法与性质为视点》，法律出版社2004年版，第95~96页。

〔3〕 参见林山田：《经济犯罪与经济刑法》，兴业印刷厂有限公司1982年版，第125页。

索及处罚的轻微法侵害。[1]在此时期，对于警察犯（法定犯）与重罪、轻罪的理论区分标准，存在规范违反说和法益侵害危险说两种区分观点，费尔巴哈坚持认为警察犯的成立仅是因国家目的的需要，其第一要义为法规侵害。而李斯特作为法益理论的倡导者，其认为警察犯作为抽象危险犯，本质上是对法益产生的抽象危险，外在表现为单纯违反命令的行为，持此观点的还有科斯特林（K. Stlin）等。[2]与此同时，李斯特提出，当时的立法将警察犯与刑事犯联系在一起的是刑罚处罚，因为同在一部刑法典中，故而其处罚条件（构成要件的适当性、违法性和罪责）也是一致的，然而违警罪系纯正的秩序违反行为，与重罪与轻罪明显存在不同的实质内涵，并主张将警察犯从刑法典中独立出来，而由一个专门的法典加以规定。[3]

　　第二，1871年至1919年之间，《德意志帝国刑法典》承袭法国刑法对于犯罪的划分方法，即按照犯罪因受刑罚的严厉程度划分为重罪（crime）、轻罪（delits）和违警罪（contraventions），将违警行为当作一种最轻微的罪行，规定于刑法分则中，并适用自由刑、罚金刑与拘役等刑罚措施。这一规定使得许多在伦理上并不具有非难可能性的违警行为也被纳入刑事不法的领域，从而带来了学术界的广泛声讨。声讨的中心是寻求将违警罪与重罪、轻罪区别开，适用不同的刑罚甚至是诉讼程序，其中以郭特希密特为代表所主张的行政刑法是为要。他认为，行政犯并非可见的法益侵害，而仅为行政规定的违反，对之加以刑罚，仅为形式表征，不过是秩序罚这种行

---

　　[1]　参见［日］黄明儒：《行政犯比较研究——以行政犯的立法与性质为视点》，法律出版社2004年版，第97页。

　　[2]　转引自黄明儒：《行政犯比较研究——以行政犯的立法与行政为视点》，法律出版社2004年版，第97页。

　　[3]　参见［德］弗兰茨·冯·李斯特：《德国刑法教科书》，徐久生译，法律出版社2000年版，第171~172页。林山田：《经济犯罪与经济刑法》，兴业印刷厂有限公司1982年版，第125~126页。

政效果而已，仅有行政上自力救济之意义。[1]郭氏被誉为行政刑法之父，他的观点得到了众多学者的支持。如沃尔夫（Wolf）认为，行政犯仅侵害行政法益，不含伦理价值，对之加以刑罚，仅含依刑罚法规予以威吓、警告、唤起义务意识的意义，而并不含赎罪与报应，也不含保安与教育的意义。[2]可见，在此时期，学界对于法定犯（警察犯）的界定基本达成共识，即其只是一定行政秩序的违反行为，其在刑法典中的立法地位并不代表其具有如重罪与轻罪一样的违法内涵。此时的论证更多意义上是法律技术层面的讨论，亦即关于警察犯在法律体系中的地位之争，对于法定犯与自然犯的观点交锋较少。

第三，1919年后行政刑法的立法时代，受郭氏行政刑法理论的影响以及众多学者的努力，德国于1919年制定了《帝国租税通则》，规定对租税违反行为处以秩序罚，并由租税主管部门依法处理。然而该立法权的来源则饱受诟病，也使得这一制度产生之初就充满了争议。[3]但正如上文所言，这一强有力的手段为希特勒推行纳粹的经济政策大开方便之门，直到1945年行政机关的权力一度膨胀，拥有直接处置经济违法行为的权力，而无须经由司法程序抑或行政程序。二战后，该理论得到沃尔夫和希密特的发展和完善，并主张将经济违法行为进行实质意义上的区分，即进行刑事不法与行政不法的区分，这一思想为1949年《经济刑法》和1952年《违反秩序法》所实现。后者系自犯罪行为中区分出"秩序违反行为"（Ordnungswidrigkeit），并赋予此等行为"罚锾"（Geldbusse）的法律效果，同时还规定实体法上与程序法上的问题，以作为行政官署执

---

〔1〕 参见［日］伊藤荣树等：《注释特别刑法（第一卷总论编）》，立花书房1985年版，第12页。转引自黄明儒：《行政犯比较研究——以行政犯的立法与性质为视点》，法律出版社2004年版，第98页。

〔2〕 参见［日］福田平：《行政刑法》，有斐阁1978年版，第24页。转引自黄明儒：《行政犯比较研究——以行政犯的立法与性质为视点》，法律出版社2004年版，第99页。

〔3〕 1919年4月17日之后，德国颁布法律授权政府在帝国参议院和国民议会的一个委员会的批准下发布刑法。参见王世洲：《德国经济犯罪与经济刑法研究》，北京大学出版社1999年版，第36页。

法的依据。[1]在此之后，奥地利、捷克斯洛伐克、匈牙利陆续制定本国的《行政刑法典》，这被认为是战后行政刑法立法的第一次高潮。[2]《违反秩序法》被视为广义上的刑法的一个组成部分，属于《基本法》第74条规定的联邦的立法权限（联邦宪法法院判决27,18），[3]这一立法例使得德国在1945年以后，除重罪、轻罪和违法外，还有第四种被科处强制性国家制裁的违反秩序的行为（Ordnungswidrigkeiten），[4]从而使得违警罪完全从德国刑法中被排除。随着违警罪的废除，其刑事犯与行政犯的区别，指的是刑事不法与行政不法的区别，而非普通刑法与行政刑法的区分问题。[5]由此，法定犯与自然犯的区分转向行政不法与刑事不法的区分，进而衍生出质的区别说、量的区别说和质量的区别说三种标准，其中之前对于法定犯与自然犯的传统标准，包含于质的区别说的多重标准中。[6]

3. 我国关于法定犯与自然犯的划分

我国对于法定犯与自然犯的研究可谓是成果斐然，其中关于二者的界分标准划定更是异彩纷呈，都在寻求一个确定性的概念。然而生命和物质在这个世界里沿时间方向不断演化，确定性本身才是错觉。[7]概念作为物质或现实的抽象化表达，自然也是在这一流动

---

〔1〕 参见林山田：《经济犯罪与经济刑法》，兴业印刷厂有限公司1982年版，第127页。

〔2〕 参见卢建平：《论行政刑法的性质》，载《浙江大学学报（社会科学版）》1993年第3期。

〔3〕 参见［德］汉斯·海因里希·耶塞克、托马斯·魏根特：《德国刑法教科书（上册）》，徐久生译，中国法制出版社2017年版，第84页。

〔4〕 参见［德］汉斯·海因里希·耶赛克、托马斯·魏根特：《德国刑法教科书（上册）》，徐久生译，中国法制出版社2017年版，第83页。

〔5〕 参见黄明儒：《行政犯比较研究——以行政犯的立法与行政为视点》，法律出版社2004年版，第100页。

〔6〕 具体参见林山田：《经济犯罪与经济刑法》，兴业印刷厂有限公司1982年版，第110~121页。［德］汉斯·海因里希·耶赛克、托马斯·魏根特：《德国刑法教科书（上册）》，徐久生译，中国法制出版社2017年版，第86~87页。

〔7〕 参见［比］伊利亚·普里戈金：《确定性的终结：时间、混沌与新自然法则》，湛敏译，上海科技教育出版社2009年版，第2页。

变化的过程中，尤其是法定犯与自然犯存在相互转换的过程，使得二者之间的界定更加困难。

（1）法定犯与自然犯的区分标准争议

当前对于法定犯的概念研究，总是在与自然犯的区分中被提出，仍然带有加罗法洛提出概念之初的方法论影子，但其内涵较那时要丰富了许多。从最原始关于自然犯与法定犯的界分角度出发，违反怜悯和正直的利他情感的为自然犯，单纯违反规范的为法定犯。再到法律与道德之间的视角，违反伦理道德的为自然犯，仅仅出于行政管理秩序违反、伦理道德无涉的为法定犯。再到形式解释与实质解释的论证，认为对法益造成侵害或威胁的为自然犯，对公共秩序违反的为法定犯。诸如此类的界分标准还有很多。此外，还有从法益类型的视域下作的划分，即认为违反基本生活秩序的为自然犯，违反派生生活秩序的为法定犯等。[1]但仔细看，均没有逃出1982年林山田教授在《经济犯罪与经济刑法》一书中对于行政不法与刑事不法区分标准的总结，仅根据法益类型的进行划分的观点较有新意。法定犯作为一种立法现象存在，自然存在诸多的形态，从不同的角度看会有不同的"视觉"感受，进而得出不同的概念界分，无所谓对与错。但试图由一个侧面去概括全貌势必是一种徒然，故而当前对于法定犯与自然犯的界分都有意义，均对法定犯的一个特点作了规范意义上的概括，但就此去把握法定犯的所有形态则是不现实的，也是没有意义的。我们完全可以在不同的场合根据不同需要以不同标准区分二者。[2]

（2）法定犯与自然犯之间的转化关系

刑事犯与行政犯的区别是相对的、经常变动的。[3]也就是说，法定犯与自然犯之间存在着转化关系，而且是一种双向转化的关系。如以伦理道德标准为例，违反伦理道德的为自然犯。伦理道德作为在实定法出现之前就已然存在的概念，构成社会规范的基石，因实

---

〔1〕 参见张明楷：《刑法学（上）》，法律出版社2016年版，第93页。
〔2〕 参见张明楷：《刑法学（上）》，法律出版社2016年版，第93页。
〔3〕 参见张明楷：《行政刑法概论》，中国政法大学出版社1991年版，第97页。

定法而获得了法律规范的外衣，从而通过制裁措施的不利后果维持其对社会成员的约束机能。然此分析进路只构成道德与法律的单一管径，亦即只注意到了道德进入法律、道德影响法律的单向路径。然法律对道德的影响也是有目共睹，这种影响不是法律制裁意义上的影响，而是法律对道德的重塑性，亦即法律规范的权威一定程度上导致了规范的伦理化，从而使得一些法律规范逐渐内化为社会成员的伦理道德，从这个视角，也就存在着法定犯自然化的路径。日本学者田中二郎认为，随着福利国家理念的确立，尽管原先许多诸如经济行政不法方面的行为就传统的观点而言不具有伦理的可谴责性，但是由于其行为直接造成的后果与国民全体性的福祉是密不可分的，所以基于一定的规范的形成，其逐渐内化为公众的伦理感情。[1]所以，行政犯和刑事犯的区别并非绝对的、永久的，具体社会中人们的认识存在差别，在某个时代被看成行政犯的行为，随着社会的变化会成为刑事犯，逆向现象也是同样存在着的。[2]

（3）法定犯与自然犯界分之我见

综观上述对于法定犯与自然犯问题的研究，有着严重的域外理论嫁接的痕迹，一方面，出于对行政刑法理论体系建构的要求，需要对行政不法与刑事不法作实质意义上的划分。另一方面，也带有不顾本国实际，照搬国外理论的研究通病，使得对该问题的思考集中在对行政不法与刑事不法界限的厘定中，最终指向立法层面的制度性思考。法定犯或行政犯所指代的犯罪群，[3]处在典型的刑事不法与行政不法之间。它们既可能侵入典型的刑事不法的领域，让刑

---

〔1〕 参见孙万怀：《法定犯拓展与刑法理论取代》，载《政治与法律》2008 年第12 期。

〔2〕 参见游伟、肖晚祥：《论行政犯的相对性及其立法问题》，载《法学家》2008年第6 期。

〔3〕 当前通说认为，法定犯与自然犯相对，其缘起于加罗法洛对犯罪的分类，侧重于强调此类犯罪没有伤害怜悯和正直这两种基本的利他情感，在于道德非难。而行政犯与刑事犯相对，来源于德国的"警察犯"的概念，侧重于强调行为的秩序违反性。从这个角度看，自然犯包含行政犯，本书所指法定犯是一种侧重于强调秩序违反性，且不具有伦理非难性或较小伦理非难性的犯罪行为。

罚权受不必要的限制；也可能扩张到行政不法领域，成为行政违法行为犯罪化的通道。[1]这是一种应然层面的理论研究，最终将对该问题的思考引向行政法与刑法的界限划分中。笔者无感于这种学科体系的建构，亦无能力驾驭这么宏大的理论建构工程，故转而从实然层面开展对我国法定犯司法适用样态这一实践问题的微观研究。详言之，对于法定犯的研究应当是一种立足于我国立法实际和司法实践的实然层面的规范研究，主张对于法定犯与自然犯的界分，一方面从形式上注重对法定犯与自然犯规范构造的实践逻辑研究，另一方面从内容上注重对法定犯与自然犯不法内涵的规范内涵研究。就此笔者将法定犯理解为以违反行政法规为前提，严重危害行政管理秩序，并配以刑事制裁措施的犯罪类型，其中"违反行政法规"则是以空白罪状的形式呈现，而严重危害行政管理秩序则表现在"情节加重"、"结果加重"或"无结果要求"等刑法文本规范表述中。

二、法定犯裁判规范的特质

从文本规范这一文本意义上进行法定犯与自然犯的研究，更多的是立法技术层面的探讨，使得对法定犯的规范研究停留在"文本中的法"的规范研究中，忽视了法定犯规范作为"行动中的法"的规范研究价值。即法定犯与自然犯相比的特殊意义只有在其文本规范的司法适用过程中方能呈现，这是由法定犯特殊的犯罪构造所决定的。详言之，法定犯空白罪状的特殊规范构造只有在文本规范的司法适用过程中方能揭露，空白罪状的规范构造使得法定犯呈现出不同于自然犯的双重违法性，对于双重违法性的认知和解读的差异导致最终裁判规范的形成与自然犯存在本质区别。开放性犯罪构造下规范性因素与非规范性因素对案件裁判的影响在司法裁判中得到集中的解读，一味运用自然犯的犯罪论、罪责论体系去解释法定犯的适用问题，难免会出现"水土不服"的情况。与其"头痛医头、

---

〔1〕　参见陈金林：《法定犯与行政犯的源流、体系地位与行刑界分》，载《中国刑事法杂志》2018 年第 5 期。

脚痛医脚"式的单点"治疗"，不如将该问题的研究放在裁判规范这一动态的司法适用视角下进行全景式的动态观察。通过法定犯裁判规范开放性程度更强、不确定程度更高和伦理性色彩更弱等特质，反思法定犯与自然犯在文本规范乃至行为规范之间的不同形式和价值侧面，进而为我们研究法定犯裁判规范在个案裁判过程中的解构及其建构奠定基础。

（一）法定犯裁判规范开放性程度更强

事物的类别，是为了区分一事物与他事物；对事物分类的目的，是通过把握事物的本质而将同质事物归为一类，以便类型化地思考事物的特性。[1]刑法文本规范形成的过程即是类型化思维的必然结果。简言之，刑法法条即是社会中已然存在且需要刑法规制的不法行为类型的概念表达。故而，在文本规范的司法适用状态即裁判规范中也存在这样的不法行为类型，只是在新生的案件事实中，需要对二者之间进行类型意义上的规范比对。即一方面要将案件事实向文本规范拉近，另一方面要将文本规范向案件事实拉近，而法定犯空白罪状的犯罪构造，使得其与自然犯相比，在裁判规范的生成过程中开放性程度更强。也就是说，法定犯裁判规范作为文本规范的适用结果，虽然以文本规范的犯罪构造为基础，但需要利用法律、法规和规章等规范性文件对这一犯罪构造进行刑法规范意义上的规范漏洞填补和规范续造，是一种开放的构造结构下对"违反行政法规"的补足。

1. 法定犯裁判规范构成要件空白罪状明显且隐蔽

德国学者威尔哲尔将构成要件按照构成要件对违法性征表的不同分为封闭的构成要件要素和开放的构成要件要素，前者是指构成要件的规定较为完备，具有违法性征表机能，当行为满足构成要件该当性且无违法阻却事由就可以认定该行为的违法性。后者则是指构成要件要素并不完备，构成要件无违法性征表机能，对其违法性

---

〔1〕 参见刘艳红：《行政犯罪分类理论反思与重构》，载《法律科学（西北政法大学学报）》2008年第4期。

的探寻还需要裁判者基于个案进行规范意义上的规范选择和识别，进而确定行为的违法性，当前对于不作为犯、过失犯等的理论探讨基本上都属于此种开放的构成要件要素类型。法定犯构成要件要素在与个案事实进行匹配过程中所呈现出来的开放性结构，展示了法定犯与自然犯在规范与事实匹配过程中不同的开放性。我国学者在较早时期就提出了开放的构成要件的论断，认为开放与封闭的构成要件在构成要件的规定是否完整、违法性的判断是否自足、是否需要法官的补充等方面均存差异，[1]张明楷教授将法定犯的犯罪构造简化为法定犯＝行政违法＋结果加重（情节加重），[2]此时的行政违法就充当了开放构成要件的角色，在规范表述上表现为"违反国家规定""违反枪支管理规定""违反交通运输管理法规""违反规章制度"等行政违法的规范表述。

在法定犯的罪状表述中，对于行政违法的判断通过对行政法等前置法的查明可以进行规范漏洞的填补，从而充足犯罪构成。在大部分的法定犯类型中并不存在规范适用上的争议，最后的裁判结论也在社会大众的认知射程范围内，但这一补足的过程并不会像封闭的构成要件那样，以文本规范的形式呈现给人以指引，而是一种司法意义上的漏洞填补和规范续造，不同于自然犯裁判规范的生成过程。以往自然犯裁判规范生成主要以刑法中对于该罪的法条规定为主，故而仅涉及来自刑法规范唯一的价值评判，这虽然是一种潜行于司法裁判过程的逻辑思维过程，但人们通过朴素的法感情依然能够体察到该裁判规范的存在。但在法定犯的场合下，对于违反相关行政法规的规范发现和规范解释则往往更为隐蔽，是一种刑事审判程序之前的前置性存在。详言之，相关行政法规是独立于刑事立法而单独存在的，对相关行为进行解释和认定也不完全依赖于刑事审判者，而且存在诸多需要专业领域的专业知识方能认定的问题，比如在生产、销售不符合安全标准的食品罪中，对于"安全标准"的

---

[1]　参见刘艳红：《开放的构成要件范畴三论》，载《江海学刊》2005 年第 2 期。

[2]　参见孙树光：《行政犯裁判结构的功能性研究——以法律结构与社会结构互动机制为视角》，载《政治与法律》2019 年第 6 期。

把握。再比如，在《中华人民共和国刑法修正案（十一）》中新增的对于"幌骗交易""蛊惑交易""抢帽子"等新型操纵证券、期货市场行为的认定，均需要借助刑事法以外的其他部门法予以认定。刑事审判者不一定具备相应的专业知识，这也使得对相应规范的发现、解释是依赖于刑事审判体系之外的规范体系，从而使得法定犯裁判规范在形成过程中更为复杂，但裁判规范的判决书表达却较为简单，如此使得其隐蔽性更强。

2. 法定犯裁判规范在行为规范意义上的指引性较弱

法定犯裁判规范生成过程的隐蔽性，也使得这一规范相对于自然犯而言，无论是对于行为人、裁判者还是社会公众，在行为规范的指引上更弱一些。具体而言，自然犯的行为规范来源于人们社会习惯生活中所自发形成的行为约束，进而通过文本规范的形式进行法条化规定，最后通过裁判规范的适用一方面宣示文本规范的权威性，另一方面也显示出行为规范的规范指导意义，这一过程行为规范因为与社会规范或者说与人们朴素的法感情有着与生俱来的重合性而表现出较强的规范性。然而，法定犯的行为规范来源于行政管理秩序的需要，是针对特定行业、特定群体所进行的行政管束，进而通过行政法规这一文本规范的形式规定在行政法中，当出现较为严重的结果或者情节时，配以刑事制裁的措施从而进入刑法的视域下。如在违规披露重要信息罪中，违规披露重要信息的禁止性规定，一般规定在《中华人民共和国公司法》以及证券监督管理部门相应的行政性规定中，对于情节较为严重，造成严重后果的行为才配备了刑事制裁的处罚措施。如此规范补足的过程，惩罚意味或者说特殊预防的意味更浓，而对社会公众或者说行为人以外的人的行为指引性较弱。

自然犯一般以封闭的犯罪构成形式存在，是围绕着罪体和刑体所进行的抽象化概念表达，其是典型的伦理不法类型的文本表达。也就是说，自然犯意义上的罪体和刑体因为具有自然法意义上的反价值性而使得在司法裁判中能够在最大程度上满足社会一般人的心理预期，且不法行为类型表现出较强的稳定性从而规范指导意义更浓。但是在法定犯中，由于行政不法行为的千差万别性，行政不法行为判断依据即行政法规的复杂性、多变性和交叉性，使得行为规范在进入刑法的文本规范中，仅能作一种空白罪状的叙述，在法定犯裁判规范的建构过程中，对于裁判类型的把握相对于自然犯裁判类型而言，就具有了更多的类型，而对于类型的判断主要依赖于行政法规。所以从刑法角度来看，法定犯裁判规范对于行为规范的表现力要弱于行政法规中对行为规范的表现力，最起码在规范指导意义上是如此。这是由法定犯的特点所决定的，因为行政不法类型相对于刑事不法类型而言，具有更多的行为类型，且随着社会发展，行政管理秩序的多元化需求而越发多样。故而，相对于刑事不法类型而言，其类型化的程度较低，进入刑事不法领域的法定犯不法类型也就具有了这种特点，如此看来，作为现实生活中新生的法定犯不法类型也就具有了这一特征。

（二）法定犯裁判规范不确定程度更高

无论是规范刑法学对刑法规范进行教义学意义上的解释，还是刑法社会学（司法社会学）对刑法规范进行法社会学意义上的解构，都试图寻求刑法规范适用上的确定性、稳定性，最终实现裁判结果形成的确定性。当然，绝对的确定性是一种徒然，但通过诸些研究能够保证最终裁判结论在最大程度上的确定性还是可能的。自然犯的裁判规范因为仅存单一的刑法价值评价从而显示出较好的稳定性，法定犯因其行为的双重违法性使得该类型文本规范到裁判规范的生成过程中表现出与自然犯不同的规范适用情况。即相对于自然犯而言，法定犯裁判规范生成过程对于不法行为类型的把握、犯罪构成要件要素的标准判定等需要援引行政法等前置法中的规定。如此，使得在法定犯裁判过程中，裁判规范的法源结构就更加丰富，从而使得该规范在生成过程中表现出较高的开放性和更加多元的价值评价。如何在法定犯裁判规范生成过程中处理好各利益主体间的"沟通"，而不让法定犯裁判规范的建构成为法官一人的"独舞"，需要我们透过法定犯的犯罪构造去观察法定犯裁判规范与裁判事实互相建构过程中、正式法源与非正式法源彼此博弈背后所反映的深层问题。

1. 法定犯裁判规范双重违法性下界限模糊

法定犯中前置法即行政不法行为判断的多变性导致文本规范开放性的规范特质，空白刑法规范既有法的安定性又有一定程度的开放性、弹性，两者可以在一定范围内相互联系，借助构成要件的开放性保障刑法的安定性，[1]这也是由行政法的易变性所决定的。因为行政管理的范围需要随着社会的发展进行适时地范围调整，而刑法的稳定又决定了刑法文本规范的稳定性，故而法定犯采用这一空白刑法规范的罪状模式。然而，法定犯裁判规范的生成过程就是空白罪状的揭示过程，通过行政法规范的渗入、行政不法行为的刑事违法性判断等补足空白罪状。这一补足的过程仍然是行政法规这一正式法源在参与个案中裁判规范的生成过程，只不过与自然犯相比，行政权在此一定程度上分享了司法裁判权，虽然司法权具备天然的中立性和终局性，但从法定犯裁判规范这一生成逻辑来看，行政机关与司法机关、行政不法与刑事不法等在法定犯裁判中的价值冲突开始凸显。

具体而言，行政法的价值取向是侧重效率，刑事法的价值取向是侧重公正。[2]所以，在行政不法向刑事不法的转化过程中必然带有刑法规范价值对行政违法的二次评价。从另一方面，也体现了行政不法对刑事不法的制约性，即行政法规范与行政违法事实对于法定犯裁判规范生成的约束性，而这一约束性在二者中并不存在效率和公正之间不可调和的矛盾和冲突，更多的是一种程序意义上的效率和公正的取舍。但对于行政法规范、行政违法事实的法律评价等涉及实体内容的确证时，依然是以刑法的规范目的为导向，这一点与自然犯相对具有一致性，只是在法定犯犯罪构造视域下，对于法定犯的"不法"判断表现出行政违法与刑事违法的双重违法性特

---

〔1〕 参见刘艳红：《空白刑法规范的罪刑法定机能——以现代法治国家为背景的分析》，载《中国法学》2004 年第 4 期。

〔2〕 参见杜小丽：《抽象危险形态法定犯的出罪机制——以生产、销售假药罪和生产销售有毒有害食品罪为切入》，载《政治与法律》2016 年第 12 期。

征，从而使得对于法定犯违法性的规范判断和价值考量，都表现出与自然犯截然不同的特征。一方面，在违法性的判断方面，因为构成要件中对于行政违法的判断完全依赖于其他法律、法规，故而行政违法的判断构成刑事违法的重要组成部分，或者说刑事违法的判断一定程度上只是行政违法判断的附庸品，行政法规范此时扮演着构成要件要素的角色。另一方面，行政法规范中的构罪要素在进入刑事裁判过程中，是一种行政不法向刑事不法的转化过程，故而需要完成行政法价值向刑事法价值的转化，而这一判断则有赖于法官的主观能动性，是基于刑法这一部门法属性下规范目的所作的补充性判断。上述行政违法的客观性与价值转化的主观性，在司法裁判过程中，往往基于特殊的社会需要而表现出客观性明显而主观性不足的境况，从而使得行政不法与刑事不法之间的界限更加模糊。

2. 法定犯裁判规范不同法源结构内冲突明显

在案件裁判中，非正式法源是附随正式法源而存在的，不能直接引用裁判案件。[1]按照博登海默的观点，非正式法源包括了正义标准、公共政策、道德信念、社会倾向和习惯法等；[2]除此之外，还有诸如庞德所言的道德和哲学观点、以及宗教信仰等；[3]魏德士所列举的自然法、法官法以及法学家法等。[4]理想的规范适用模式应当是仅依靠正式法源所进行的定罪量刑，但法律作为社会控制的手段，必然需要面对来自社会中诸如刑事政策、社会习惯等非正式法源的影响，只不过在当前的裁判规范形成过程中，正式法源依然是主要的、直接的法源依据，这是刑事法治的必然要求。也就是说，

---

〔1〕　参见张心向：《恶势力案件裁判规范之法理探析》，载《中国法律评论》2019年第4期。

〔2〕　参见［美］博登海默：《法理学：法律哲学与法律方法》，邓正来译，中国政法大学出版社1998年版，第457~493页。

〔3〕　参见［美］庞德：《法理学（第三卷）》，廖德宇译，法律出版社2007年版，第384~386页。

〔4〕　参见［德］魏德士：《法理学》，丁晓春、吴越译，法律出版社2005年版，第98~99页。

非正式法源并未规定在现有法律文件中，是不具有法律强制力的法律渊源，属于用于解释规范性法源的价值、意义、蕴含等非援引性的补充说理法源。反观法定犯裁判规范的生成过程，由于行政不法与刑事不法之间的模糊边界，使得非正式法源进入裁判流程的潜在通道开始出现拓宽的趋势。换句话说，对于行政不法与刑事不法的界限划定中，不是单纯的行政法或刑法的价值判断问题，而是将二者作为社会控制手段进行统筹判断的法律体系问题，在这一体系思考安排中，国家政策、大政方针等必然成为界限判断的要素，从而指引着法定犯裁判规范的生成，而这一非规范性的法源并不会当然体现在判决书中。也就是说相对于自然犯而言，是因为多了更多的"政策考虑"、"价值衡量"和"利益均衡"使得最终的裁判结论有时会与人们朴素的法感情相冲突。

与此同时，随着法定犯裁判规范开放性结构判断中诸多判断标准层级的不断下沉，诸多的行政法规范甚至是部门规章通过这一开放性结构开始进入刑事审判程序，一定程度上充当着构成要件要素的角色，也使得裁判规范在生成建构过程中行政法规范与刑事法规范以及二者背后的部门法价值在这一法定犯裁判过程中矛盾和冲突更甚。比如，在非法吸收公众存款罪中，最高人民法院在 2022 年新修订的《关于审理非法集资刑事案件具体应用法律若干问题的解释》（以下简称《非法集资解释》）[1]中对于"非法吸收公众存款或者变相吸收公众存款"的行为规定了四个特点，其中之一即为未经有关部门依法批准或者借用合法经营的形式吸收资金，亦即"非法性"，如此非法性的认定当然构成非法吸收公众存款行为的判断

---

〔1〕《非法集资解释》第 1 条：违反国家金融管理法律规定，向社会公众（包括单位和个人）吸收资金的行为，同时具备下列四个条件的，除刑法另有规定的以外，应当认定为《刑法》第 176 条规定的非法吸收公众存款或者变相吸收公众存款：（1）未经有关部门依法许可或者借用合法经营的形式吸收资金；（2）通过网络、媒体、推介会、传单、手机信息等途径向社会公开宣传；（3）承诺在一定期限内以货币、实物、股权等方式还本付息或者给付回报；（4）向社会公众即社会不特定对象吸收资金。未向社会公开宣传，在亲友或者单位内部针对特定对象吸收资金的，不属于非法吸收或者变相吸收公众存款。

要素。然而，根据最高人民法院、最高人民检察院、公安部《关于办理非法集资刑事案件若干问题的意见》中对"非法性"认定依据的规定，[1]无形中将这一构成要件要素的判断依据下放到行政主管部门制定的部门规章等规范性文件中，从而使得不同部门法之间的价值立场在这一裁判过程中产生一定程度的矛盾和冲突，也使得公众对这一标准认定的合法性产生一定的怀疑。

（三）　法定犯裁判规范伦理性色彩更淡

自然犯的历史底蕴和文化内涵决定了其伦理性色彩的浓厚性，也使得自然犯裁判规范在生成过程中，能够在最大程度上与自然犯文本规范保持一致性，裁判者依据历史沿袭下来的刑法价值非难就能够在最大程度上满足社会公众朴素的法感情，这一点是不言自明的，这也造就了传统意义上刑法规范的伦理特性。刑事不法乃具有社会伦理的非价内容的不法行为，而刑法则是具有社会伦理特性的法规范。[2]然而，随着社会管理的不断延伸，国家行政管理秩序的维护成为刑事法治的重要组成部分，这也是法定犯大量产生的时代背景，大量的行政违法行为通过刑事立法的方式被配以刑事制裁的刑罚措施。然而，法定犯作为一种刑事违法行为，必然遵循主客观相一致原则的要求，既要强调客观不法的价值否定，也要进行主观不法的价值非难。但法定犯脱胎于行政不法或者说受制于行政不法的判断，使得其在裁判规范的生成过程中更加注重客观不法，相对于自然犯裁判规范的生成具有较弱的伦理性，故而在进行刑法评价

---

〔1〕　参见最高人民法院、最高人民检察院、公安部《关于办理非法集资刑事案件若干问题的意见》关于非法集资的"非法性"认定依据问题：人民法院、人民检察院、公安机关认定非法集资的"非法性"，应当以国家金融管理法律法规作为依据。对于国家金融管理法律法规仅作原则性规定的，可以根据法律规定的精神并参考中国人民银行、中国银行保险监督管理委员会、中国证券监督管理委员会等行政主管部门依照国家金融管理法律法规制定的部门规章或者国家有关金融管理的规定、办法、实施细则等规范性文件的规定予以认定。

〔2〕　参见杜小丽：《抽象危险犯形态法定犯的出罪机制——以生产、销售假药罪和生产销售有毒有害食品罪为切入》，载《政治与法律》2016 年第 12 期。

时，存在较少的刑法价值评价的色彩。[1]

1. 法定犯裁判规范生成更依赖客观不法

国家行政管理秩序作为法定犯的保护法益，注定了法定犯裁判规范的生成必然依托于行政法规范以及相应的行政违法事实的判断，这也是法定犯裁判规范生成过程中必然要面对的问题。而行政违法是一种严格责任意义上的违法判断，其并不存在行为人主观上的故意或过失等罪过的要求，而这一客观行政违法的判断直接影响着刑事不法的判断，法官在此过程中并不存在过多的价值判断的空间，这一点与自然犯中刑事判断显然存在着较大的区别。也就是说，法定犯的本质是单纯的规范不服从，往往重视的是行为无价值，在有的法定犯文本规范中，并无侵害法益或威胁法益的规范要求，仅仅因为违反了法规范，就可以被认定为犯罪。[2]而此处的法规范，不仅仅是文本意义上的刑法规范，在裁判规范的视角下，还包括对刑法文本规范进行漏洞补充的行政法规范甚至是部门规章等。

毋庸置疑，刑事裁判中的常识性判断带有鲜明的伦理批判的色彩，这一点是由自然犯由来已久的反伦理性所决定的，也是刑法规范属性的必然要求。然而，法定犯是历史发展过程中其他部门法领域的舶来品，故其存在较少的伦理评价色彩，从而也就需要较少的法律常识的判断。刑事违法行为在质上显然具有较多的伦理非价内容与较深的社会伦理非难性，而且在量上具有较高的损害性与社会危险性；相对地，行政违法行为在质上具有较低的伦理可责性，或者不具有社会伦理的非价内容，而且其在量上亦不具有重大的损害性与社会危险性。[3]依此分类，可以将法定犯分为不具有社会伦理非价内容的法定犯和具有较低伦理非价内容的法定犯。前者缺乏伦理

---

〔1〕 参见孙树光：《论法定犯裁判事实证成中人机协同系统的建构》，载《当代法学》2020 年第 2 期。

〔2〕 参见刘艳红：《论法定犯的不成文构成要件要素》，载《中外法学》2019 年第 5 期。

〔3〕 参见林山田：《论刑事不法与行政不法》，载《刑事法杂志》1976 年第 20 期。

基础尤其是缺乏绝对的社会伦理基础，[1]如上文所提及的非法持有枪支罪，在此类犯罪中并不存在社会伦理的非价内容，只是基于《中华人民共和国枪支管理法》（以下简称《枪支管理法》）等行政管理目的的需要。后者由于其行为直接造成的后果与国民的整体幸福感密不可分，所以基于一定规范的形成，其逐渐内化为公众的伦理情感。如在交通肇事罪中，因违反交通运输管理法规造成相应的财产损失或者人员伤亡的，这一类犯罪在规范制定早期已存在于行政法规中，而后随着社会管理的需要才将其纳入刑事犯罪体系中，进而逐渐为社会伦理所吸纳，对于此类行为需要进行一定的伦理判断，但与传统自然犯相比，伦理谴责性较低。

2. 客观不法的实质判断更强调行为不法

行为规范对文本规范和裁判规范而言具有前提性的地位，文本规范只是行为规范的概念化表达，只是对违反不同程度的行为在不同部门法域中基于不同部门法的规范目的和规范功能配以不同的制裁措施，对应不同的责任承担方式。如民事领域的停止侵害、排除妨碍、消除危险等责任承担方式，行政领域的惩罚性行政责任、强制性行政责任和补救性行政责任，虽然责任表现不同，但二者的责任承担都是指向未来的。而刑事责任的承担除了对行为人进行刑罚责难从而达到特殊预防的目的外，还存在着向社会一般人申明行为规范的伦理价值这一一般预防的目的。也正是在这个意义上，刑法中行为规范的规范意味才最浓，这一点在法定犯中表现得尤为明显。刑法规范是社会治理的最后一道防线，是最低限度的社会规范，与一般社会公众的现实生活有种较远的距离，社会公众对于大多数的条文并不了解，对诸多的刑法条文是陌生的。但对于社会公众而言，却明白自己所从事的领域的诸多行政法规范，因为基于行政管理的需要，行政部门按照职能的不同进行了较为细致的专业划分，并制定了详尽的行政法规，对于违反行政法规的行为配以相应的行政处

----

〔1〕　参见孙万怀：《法定犯拓展与刑法理论取代》，载《政治与法律》2008 年第12 期。

罚，故而存在诸多行政法意义上的行为规范，这也就使得社会公众对行政法规范的认知程度要高于对刑法规范的认知。但也需要注意的是，社会公众认知的局限性决定了其对于行为规范也不可能完全熟知。但在自然犯领域，由于自然犯背后社会规范的历史底蕴已然融入到社会生活中，法定犯领域，行政违法背后所违背的行为规范也融入到了该领域的生成、生活中，故而在这一点上，法定犯与自然犯的行为规范与文本规范的关系是相似的，只是存在约束范围上的差距。

如上所述，行为规范具有行为指引的功能，文本规范又构成行为规范的概念化表达，裁判规范则是文本规范在司法适用中的建构形态，如此行为规范构成裁判规范生成的来源和基础，这一客观不法的判断是行政违法的判断基础，因为并不存在主观罪过的判断要求。在法定犯裁判规范的生成过程中，因法定犯的犯罪构造使得行政不法的判断对刑事不法判断形成约束，使得更加重视行为人的行为不法，而忽视了刑事法本身对于刑事定罪的主客观要求。犯罪构成的充足构成不法的前提，也就是说犯罪构成以文本规范的形式规定在实定法中，不法行为是实现了文本规范，而违反了文本规范背后的行为规范，行为规范构成违法性的基础，行为规范具有普世性，有着深厚的伦理基础，文本规范只是立法者所构造的理想状态。人们对刑法之"行为规范"一知半解的理解和墨守习俗的所谓遵从，体现着世俗生活自然而然的真实现状；而司法者对刑法之"裁判规范（文本规范，笔者注）"苦心孤诣的研习和引经据典的所谓裁判，表达着管理者对未然秩序的某种理想（就良好状态的司法而言）。[1]符合构成要件不是一种行为规范的符合而是行为规范的违反，而行为规范的概念化表达则彰显对法益的保护。法定犯的文本规范在制定之初，在法秩序统一原则的要求下，诸多不法行为类型的描述来源于行政法规中，且均属于概括性较强的特征性描述。也就是说，法定犯中行政违法行为背后的行为规范通过法定犯的规范

---

〔1〕 冯亚东：《违法性认识与刑法认同》，载《法学研究》2006 年第 3 期。

构造进入刑事法规范中，从而成为刑法规范中的行为规范。如《中华人民共和国刑法》（以下简称《刑法》）第 176 条中对于非法吸收公众存款罪中非法集资行为的规定就是来源于相应行政法规的概括性规定。具体而言，非法集资行为的概括性特征取决于《非法集资解释》中对于该行为非法性、公开性、社会性和利诱性这四个特征的判断（以下简称"四性"）。其中，公开性、社会性和利诱性这三个特征与《中华人民共和国证券投资基金法》（以下简称《证券投资基金法》）中关于非法集资行政违法行为的规定是一致的，如该法第 135 条和第 136 条的规定，违反本法规定，向合格投资者之外的单位或者个人非公开募集资金或者转让基金份额的；擅自从事公开募集基金的基金服务业务的；均属于公开性的规定，违反这一公开性规定的，没收违法所得，并处一定的罚款。

第二章 | 法定犯裁判规范的结构

第一节　法定犯裁判规范的犯罪构造基础

　　法定犯文本规范中规范构造一般以空白罪状的形式规定，这一点有别于自然犯，更是以自然犯为背景建立起来的传统规范刑法学理论所不能完全合理解释的。因为空白罪状在立法层面，出于社会管理秩序的多样性和易变性，对于法定犯的规范构造，并没有进行如自然犯一样的完备的构成要件要素的规定，这一立法例昭示着法定犯的规范构造是一种开放性的规范结构，对其解读并不完全依赖于刑法规范的规范属性，还需要融入其他法律、法规等规范性文件予以构成要件的补充。而这些补充性的要素非一般意义上的存在，而是需要通过个案不同的案件事实等现实情状进行基于个案的规范构造的补足，这一点单纯依靠规范刑法学下刑法哲学的思考或者规范逻辑的解释是难以呈现的，故而裁判规范对于规范适用样态的解释性在呈现这一开放性结构方面具有重要的价值。也正是在这一开放性结构的基础上，对法定犯犯罪构造展开结构划分，才能使得我们对不同法定犯类型下的不法内涵、罪责结构进行规范意义上的探讨，从而为我们认识法定犯犯罪构造中的强法定性、弱伦理性特质，进而为法定犯裁判规范生成过程中存在的显性解释结构和隐性解释结构的理论研究奠定基础。

一、法定犯犯罪构造意义上的分类

学界当前对于法定犯的定义，可谓众说纷纭，但大体上是一种基于立法层面的分类，如根据犯罪主体所作的法定犯类型划分，包括国家工作人员在行政管理活动中的行政犯罪和一般公民妨害行政管理活动的行政犯罪。[1]根据犯罪客体的不同，分为妨害一般行政管理秩序的法定犯、妨害司法管理秩序的法定犯和妨害环境保护行政管理秩序的法定犯等。[2]根据法定犯犯罪所违反的罪刑规范性质，分为直接违反刑法罪刑规范的法定犯和违反行政法律中罪刑规范的法定犯。[3]如此等等，不胜枚举。基于我国立法例所作的法定犯分类，对于以后可能采用双轨制立法模式的行政刑法有其存在的必要性，但对于司法实践而言，并无显著益处。故而，应该在立足于刑法分则中关于法定犯刑法规范的特点的基础上，从司法实践的操作层面出发，以司法适用的需求性为分类导向，进行刑法规范适用意义上的法定犯分类。

与此同时，我们也能够看到当前对于法定犯的分类，在违反行政法规这一前置规范违反性上，学界的观点基本上是一致的，这一点在刑法分则规范表述上基本上是以"违反国家规定"的直接规定模式、间接规定模式和没有规定模式所体现的，[4]这也是张明楷教授对法定犯问题进行分类的切入点。但如果以行政法规范对行政犯的种类进行划分的话，容易淹没在变化繁多、法源多样的行政法规范中，不具有操作的可能性，也较难体现法定犯双重违法性的核心特点。所以，笔者主张以法定犯的犯罪构造为切入点，以刑事不法犯罪构造是否存在相对应的行政违法+行政罚这一前置化的行政追

---

〔1〕　参见刘艳红、周佑勇：《行政刑法的一般理论》，北京大学出版社2008年版，第55页。

〔2〕　参见黄河：《行政刑法比较研究》，中国方正出版社2001年版，第102~105页。

〔3〕　参见张明楷主编：《行政刑法概论》，中国政法大学出版社1991年版，第108~109页。

〔4〕　参见刘艳红：《论法定犯的不成文构成要件要素》，载《中外法学》2019年第5期。

责规范构造为分类标准，将法定犯的犯罪构造分为纯正的法定犯犯罪构造和不纯正的法定犯犯罪构造，因为从某种程度而言，这一行政追责可以被认为是行政机关实施的作为第一审的略式程序。[1]

（一）纯正的法定犯犯罪构造

纯正的法定犯犯罪构造，是指犯罪构成要件所表征的刑事不法类型在行政法等前置法中存在着相对应的行政追责的规范构造，当该违法类型造成一定的危害后果或者具备加重情节时，则需要进行刑事追责的法定犯类型，规范构造从规范形式上可以表述为法定犯=行政违法+加重犯（结果加重或情节加重）。[2]在此类犯罪中，交通管理法规、职工规章制度等均成为进行构成要件判断的直接法律来源。也就是说，从立法上看，补充规范作为一种独立性存在，构成要件的判断完全依赖于这一法规、规章。一方面，其犯罪行为等犯罪事实由这些行政部门的处罚、处理决定所充足。另一方面，对于该些行为的非难评价依据来源于这些法规和规章的规定。然而，此处需要注意的是，由于国家规定的制定主体仅限于全国人民代表大会及其常务委员会以及国务院，所以，部委及下属单位制定的部门规章并不属于此处的补充规范的范畴。[3]

1. 行政违法的规范表述

在纯正的法定犯中，因犯罪构造中"行政违法"的规范表征明显与否划分为以下两种类型：一种是有明确的规范表述的纯正法定犯犯罪构造类型，该类型下多以"违反……规定""依法""非法""依照国家规定"等规范形式存在。如《刑法》第 137 条工程重大安全事故罪规定，建设单位、设计单位、施工单位、工程监理单位

---

〔1〕参见［日］平野龙一：《經濟活動と刑事制裁——ドイツにおける過料制度》，载竹内昭夫主编：《現代商法学の課題・鈴木竹雄先生古稀記念（下）》，有斐阁 1975 年版，第 1951 页。转引自［日］佐伯仁志：《制裁论》，丁胜明译，北京大学出版社 2018 年版，第 13 页。

〔2〕参见张心向：《在遵从与超越之间：社会学视域下刑法裁判规范实践建构研究》，法律出版社 2012 年版，第 127~129 页。

〔3〕参见张明楷：《正确适用空白刑法的补充规范》，载《人民法院报》2019 年 8 月 8 日，第 5 版。

违反国家规定，降低工程质量标准，造成重大安全事故的，等等。再如第 131 条重大飞行事故罪规定，航空人员违反规章制度，致使发生重大飞行事故，造成严重后果的；第 132 条铁路运营安全事故罪规定，铁路职工违反规章制度，致使发生铁路运营安全事故，造成严重后果的；第 133 条交通肇事罪规定，违反交通运输管理法规，因而发生重大事故，致人重伤、死亡或者使公私财产遭受重大损失的等。

另一种是不存在上述法条意义上"行政违法"的规范表征，而是基于法秩序的统一性，行政法与刑法在社会控制机能发挥中的位阶性等法理，确定的违反刑法这一最后法的行为当然也具有了行政违法的属性，所以将违反行政法进而实施了刑法意义上的实行行为规定为法定犯的危害行为，而此时行政违法则构成法定犯中构成要件要素判断的隐性前提。如《刑法》第 213 条假冒注册商标罪规定，未经注册商标所有人许可，在同一种商品、服务上使用与其注册商标相同的商标，情节严重的；第 217 条侵犯著作权罪规定，以营利为目的，有下列侵犯著作权情形之一，违法所得数额较大或者有其他严重情节的；第 219 条侵犯商业秘密罪规定，有下列侵犯商业秘密行为之一，情节严重的等。

2. "加重犯"的行为类型

在纯正的法定犯类型中，包括行政违法+结果加重、行政违法+情节加重和行政违法+情节加重+结果加重三种类型。故而，加重后果和加重情节对于行政违法与刑事不法的区分意义既具有文本规范上的规范基础，也具有社会控制理论上的理论根源，是一种多元意义上的区分标准。其一，关于纯正法定犯中的结果加重。之所以叫结果加重，是因为在行政法规范中，也存在相对应的行政违法和危害后果，只是该危害后果的严重性程度不高，属于行政法的范畴，故而配以相应的行政处罚。但当行政不法行为造成刑事立法所要求的加重后果时，则进入到纯正法定犯的范畴，需要在罪责体系下进行刑事追责。比如《刑法》第 223 条串通投标罪规定，投标人相互串通投标报价，损害招标人或者其他投标人利益，情节严重的构成犯罪，需要进行刑事追责。这里的加重结果，是相对于《中华人民共和国招标投标法》而言的，该法第 53 条规定了相同的串通投标行为，该类行为被该法定义为中标无效的情形，并配以相应的行政处罚，如取消其一年至二年内参加依法必须进行招标的项目的投标资格并予以公告，甚至由工商行政管理机关吊销营业执照。再如《刑法》第 133 条规定的交通肇事罪中，当违反交通运输管理法规的行为导致了重大事故，致人重伤、死亡或者使公私财物遭受重大损失时，才具备了该罪的刑事不法，这一点在对加害后果的要求上有别于相对应的交通运输管理法规中的要求，在《中华人民共和国道路交通安全法》（以下简称《道路交通安全法》）中对于未造成严重后果的轻微违法行为，仅配以罚款、吊销机动车驾驶证等行政罚。

其二，关于纯正法定犯中的情节加重。在该类型中，行为人在违反行政法律规范的同时，在犯罪情节上还需满足一定的要求，根据行政行为性质的不同，可以分为抽象行政行为型情节加重和具体行政行为型情节加重。所谓抽象行政行为型情节加重，在法定犯的立法中，多表述为"有下列情节之一的""有下列行为之一的""情节严重的"等，比如在《刑法》第 322 条偷越国（边）境罪规定，违反国（边）境管理法规，偷越国（边）境，情节严重的方才构罪。对于一般情节的偷越行为，最高人民法院曾在对广西省司法厅的复函中，对偷越国境的处理界限问题作出答复，其中指出为了探亲、访友、赶墟、过境耕种或出国谋生，因不明法令或贪图省事而偷越国境者，原则上应从宽处理，不必处刑。[1]再如《刑法》第143 条生产、销售不符合安全标准的食品罪中，规定了当该行为"足以造成严重食物中毒事故或者其他严重食源性疾病"时，方能构罪。所谓具体行政行为型情节加重，一般表现为在对相应的行政违法行为进行刑事追责时，需要行为人曾因同样的行为被行政机关处理过，也就是在构罪前进行了相应的具体行政行为前置程序。比如《刑法》第 276 条之一拒不支付劳动报酬罪规定，经政府有关部

---

[1] 参见法研字第 12318 号。

门责令支付仍不支付；第139条消防责任事故罪规定，经消防监督机构通知采取改正措施而拒绝执行；第153条走私普通货物、物品罪规定，一年内曾因走私被给予二次行政处罚后又走私。

（二）不纯正的法定犯犯罪构造

不纯正的法定犯犯罪构造，是指犯罪构成要件所表征的刑事不法类型在行政法等前置法中没有存在着相对应的行政追责类型，但属于秩序违反行为，被规定在相对应的行政法规范中，当该类不法行为造成相应的危害后果（也存在不需要危害后果的范例），则需承担刑事责任的法定犯类型。其规范构造从规范形式上可以表述为法定犯＝行政违法＋刑事违法＋危害结果或无结果。此种类型的法定犯类型，可以借用"超越承担罪责"理论予以阐释。该理论认为，基于特殊形势的需要，如果行为人明知其缺乏预见或回避结果发生的能力，仍然实施特定危险行为，从而导致结果发生，则尽管其在实施实行行为之时并没有注意能力，则仍可认为其违反了注意义务。[1]而这一特殊形势往往是基于国家刑事政策的考量，对于一些社会危害性较大、危害性后果发生后不可控等情况所作的规定。这地方需要说明两点，第一，之所以将其称之为法定犯，是相对于自然犯而言，该不法类型属于秩序违反行为，而非伦理色彩很浓厚的故意杀人、抢劫和强奸等行为。第二，相对于纯正的法定犯类型，该类型的法定犯的刑事不法行为类型并不能在行政法中找到相对应的行政不法＋行政罚的行政追责规范构造。换句话说，出于该不法行为类型所造成后果的不可控性，直接将该类的不法行为配以刑事制裁的处罚措施，只是考虑到行政立法的严密性和宣示性，将有些刑事犯罪的规范表述放置在行政法律规范中或者直接以刑事立法的形式规定在刑法中。毋庸置疑，法定犯本质上属于一种秩序违反行为，故而在行政管理法的立法过程中，往往在法律责任一章，按照制裁措施的强弱程度，配以危害程度相当的行政处罚措施和刑事责

---

〔1〕　转引自车浩：《法定犯时代的违法性认识错误》，载《清华法学》2015年第4期。

任的提示性规定。当基于特殊情况需要，行政处罚措施不足以达到制裁该秩序违反行为的目的时，则直接将该行为通过刑法修正案的形式配以刑罚，主要包括法定犯立法中的提示性规范和行为犯问题。

关于不纯正法定犯中的提示性规范类型，主要表现为行政法规中的一些提示性规范以及刑法中配套的完备的刑事立法规范。如《刑法》第128条非法持有、私藏枪支、弹药罪规定，违反枪支管理规定，非法持有、私藏枪支、弹药的，即构成犯罪。虽然最高人民法院在《关于审理非法制造、买卖、运输枪支、弹药、爆炸物等刑事案件具体应用法律若干问题的解释》中规定了成立犯罪的诸情形，但更多的是行为类型的列举，比如非法持有、私藏军用枪支1支的、手榴弹1枚的等。在《枪支管理法》中，并不存在公民非法持有、私藏枪支、弹药的行政处罚类型，而是在第41条中规定，违反本法规定，非法持有、私藏枪支的，依照刑法有关规定追究刑事责任。《刑法》第125条规定的非法制造、买卖、运输、邮寄、储存枪支、弹药、爆炸物罪也是此种类型。此外，还存在一类不纯正的法定犯类型，该刑事不法类型在行政法中也难以查询相对应的行政不法类型，对于该行为的制裁，仅存在于相应的行业协会等非行政法律、法规中，如《刑法》第180条规定的内幕交易、泄露内幕信息罪，关于不符合犯罪情节要求的，并不存在相应的行政处罚，仅存在相应的行业协会的章程中，并不具有强制力。

关于不纯正法定犯中行为犯的类型。基于特定的社会情势，在不纯正法定犯的文本规范构造设计时，将加重结果或情节加重等加重犯的要求予以排除，仅保留违反行政法律规范的客观违法部分，也就是将原本由行政法规范规制的不法行为类型升格为由刑法进行规范，比如生产、销售、提供假药罪中，在《中华人民共和国刑法修正案（八）》第23条修订前，对于该罪的成立，要求足以严重危害人体健康的具体危险的结果，属于纯正法定犯的犯罪构造，又比如危险驾驶罪中的醉酒驾车行为，是由《中华人民共和国刑法修正案（八）》第22条所增设，以及《中华人民共和国刑法修正案（九）》第8条所增设的严重超载、严重超速的校车或者客车属于危险驾驶罪的类型，都取消了对于加重犯的实害结果甚至是具体危险结果的要求。此种情况下，因为构成要件中的客观违法部分，也就是不法的判断完全由法律、法规所形塑，在司法实践中属于行政执法机关直接移送的案件。

二、不同犯罪构造罪责结构的差异

责任的概念可以分为理念层面和立法技术层面，刑法总则中对于刑事责任的规定即属于立法技术层面的讨论，而规范刑法学所探讨的则更多的是一种理念层面的责任，即大陆法系所说的罪责。而"不法"与"责任"之间的逻辑关系则属于罪责结构的问题，即"定罪—归责"、确立归责要素与归责体系等问题。[1]罪责结构的争议向来已有，然更多的是结合阶层理论对我国传统罪责结构的创新式探索，如陈兴良教授的"罪体—罪责—罪量"的犯罪论体系，张明楷教授的"不法—责任"的两阶层犯罪论体系，周光权教授的犯罪客观要件、犯罪主观要件和犯罪排除要件的体系，虽然罪责形式存在差异，但都能看出位阶性明显的不法与责任的阶层体系。也就是说，关于罪责结构的讨论只有放在不法阶层和责任阶层的递进式犯罪论体系中，方才具有实践意义，是一种从犯罪论体系之外的刑事责任转向犯罪论体系之内的责任阶层，[2]而关于责任的内部要素及其要素之间的结构性差异，则先后出现了心理责任论和规范责任论。纯正的法定犯类型因为存在着行政追责的前置违法类型，而该类型中对行政不法的把握是一种行政法视域下的严格责任适用，是一种行政违法事实下对于主观罪过的事实推定。在主客观相统一原则下，也就压缩了司法裁判过程中对行为人不法认识判断的空间和可能。如此，基于伦理归责理论建构起来的心理责任理论则必然面对以下诘问：一方面，在纯正的法定犯类型中，基于心理事实进行

---

〔1〕 参见高铭暄：《论四要件犯罪构成理论的合理性暨对中国刑法学体系的坚持》，载《中国法学》2009 年第 2 期。

〔2〕 参见车浩：《责任理论的中国蜕变——一个学术史视角的考察》，载《政法论坛》2018 年第 3 期。

的非难在行政不法与刑事不法之间不具有区分意义。另一方面，在不纯正的法定犯类型中，法定犯的弱伦理理性或者说无伦理性特征，对以伦理归责论为基础的心理责任论提出挑战。故而，有必要根据不同的规范构造，阐释不同法定犯类型中罪责结构的归责基础，并根据不同的罪责构造，阐释不同类型下的违法性认识可能性问题。

（一）不同法定犯类型下的罪责结构

毋庸置疑，无论是我国当前耦合式的四要件犯罪论体系，还是不法与责任的阶层式犯罪论体系，在罪责结构的划分中，都离不开事实与价值的判断逻辑，其中既包括事实判断、价值判断，也包括事实判断与价值判断二者之间的逻辑关系。事实判断包括行为事实与心理事实，而价值判断主要是指客观上的不法判断与主观上的责任判断。[1]客观上的不法判断主要是指对故意与过失等心理事实、责任能力等的判断，而关于主观上的责任判断，则主要基于刑法的规范目的，所作的"量"上的把握，包括适法行为的可能性、责任的程度（行为人自身情况）[2]，而这一判断思路会因不同的法定犯类型而呈现出不同的构罪逻辑。在纯正的法定犯类型下，因存在着行政追责的前置程序，行政不法与刑事不法之间"量"的递进式规定，使得对于法定犯成立要件中的行政违法的判断更多的是一种客观不法的判断，更准确地说是一种基于行政违法事实所作的不法判断。对于主观罪过是基于行政不法事实的心理事实推定，最后使得责难的原因归咎于犯罪情节或危害后果，运用心理责任论难以区分行政不法与刑事不法在主观罪过上的非难程度，这一点在不同的法定犯类型中又表现出不一样的解释逻辑，亟需针对法定犯的时代背景，重新审视罪责的理论基础。

1. 基于伦理非难的心理责任论的失灵

古典学派的犯罪论体系是在心理责任论基础上建构的罪责体

---

〔1〕 参见陈兴良：《期待可能性的体系性地位——以罪责构造的变动为线索的考察》，载《中国法学》2008年第5期。

〔2〕 参见［日］大塚仁：《刑法概说：总论》，冯军译，中国人民大学出版社2002年版，第381页。

系，不法是在故意与过失等心理事实支配下的不法，而可谴责性则是基于这一心理事实的伦理追责，法定犯的弱伦理性决定了在这一伦理追责上与自然犯存在着本质上的不同。具体而言，在自然犯中，对其进行伦理意义上的非难无论对于行为人还是社会一般人，都具有惩罚意义和警戒作用，其更多的是基于人类社会发展过程中的道德自觉所形成的行为规范，是一种伦理性色彩较浓的刑法规范。所以，以此为背景类型化的犯罪行为类型属于人们道德直觉规则的涵摄范围。也就是说，自然犯的强伦理性决定了其背后是以人类社会共同实践所积累的道德规范基础。从某种程度上说，刑法规范是在表述这一行为规范而不是立法创设。即使没有刑法规定的形式，人们（社会上的一般人）根据前法性意识（实定法生成之前的自然法）认识到行为的"反伦理性"，进而认识到行为的违法性。[1]但在法定犯场合下，法定犯作为一种秩序罚，是基于超个人法益保护的规范保护，相对于自然犯而言具有较淡或者没有伦理色彩，严格意义上属于一种秩序违反行为的加重处罚，虽然也存在着不法行为的主观罪过，但该主观罪过是对于法律规范，尤其是行政法律规范的违抗，基于此罪过形式进行责任非难，从实质上看也就没有什么伦理基础，这一点无论是在纯正的法定犯类型还是不纯正的法定犯类型中，都是一致的，只是程度要求有所不同。

与此同时，在心理责任论看来，行为人的意志与事实之间的联系构成责任的全部内容。[2]如此，在纯正的法定犯的犯罪构造中，单纯的行政不法与行政不法+加重犯之间，由于全部要件由行政法规范所形塑，其中故意与过失属于基于刑法违法行为推定的心理事实。行为人对于不法行为的理解往往停留在行政不法上，也就是行政法行为规范的违反，而对于危害后果的把握，往往因为存在相应的行政违法+行政罚的存在，模糊认知的可能性较大。如果依据心

---

〔1〕　参见孙国祥：《违法性认识错误的不可避免性及其认定》，载《中外法学》2016 年第 3 期。

〔2〕　参见劳东燕：《罪责的客观化与期待可能性理论的命运》，载《现代法学》2008 年第 5 期。

理责任论的观点，根据这一心理事实——行为人的意思形成进行刑法非难，很难将行政不法下的心理事实与刑事不法下的心理事实的主观罪过程度作司法意义上的区分，也就使得刑法非难的严厉性、最后性的地位值得重新考虑。在不纯正的法定犯中，由于并不当然存在与刑事不法中相对应的行政追责类型，行为人对于不法的主观罪过其本质就是对刑事不法的认识，这也是不知法不免责的当然之意。相较于纯正的法定犯类型，其更加强调对规范的绝对尊崇性，这一点在新增的如醉酒驾驶型危险驾驶罪，生产、销售、提供假药罪等行为犯（也有观点称之为抽象危险犯）等不纯正法定犯类型可见一斑。所以，其伦理性色彩更弱，基于此进行基于伦理性所作的心理责任论，则必然带来解释的悖论。也就是说，自然犯基于较强的伦理谴责性，是心理责任论产生的规范来源，其更强调行为人在自由意志的情况下是否存在作出合法行为的可能性，基于强伦理性或者说较强的伦理违反性，对于行为人主观心理的谴责才显得更有意义。但在不纯正的法定犯场合，虽然也存在行为人对不法行为和危害后果的故意或者过失，但由于该规范更弱的伦理性，基于该罪过的伦理谴责性的效用就显得不那么明显。所以对法定犯非难的基础也就变成了对行为人全部主观条件的综合考量，即对行为人所处的工作环境、专业能力、知识水平等方面进行考察后，综合评判行为人的控制能力，即作出符合法定犯文本规范要求的适法行为。

2. 基于义务违反的规范责任论的新解

心理责任论的解释短板，最早是在讨论故意与过失的罪过基础时被提出来的，但在法定犯这一特殊的犯罪类型下讨论这一问题，既有必要也有价值。在新康德主义的影响下，德国刑法学家弗朗克从对人的主观进行价值评价出发，提出了规范责任。[1]该理论相对于心理责任论而言，认为责任的本质除了行为人的主观罪过，还

---

〔1〕 参见冯军：《刑法中的责任原则——兼与张明楷教授商榷》，载《中外法学》2012 年第 1 期。

包含意思活动的可非难性，亦即责任应该包括罪过以及对罪过的评价。施密特在修订李斯特的刑法教科书时指出：罪责是由以下两个部分内容构成的：一是心理事实，二是评价特征。[1]如此，在规范责任论看来，责任结构中除了故意与过失，还存在着期待可能性、违法性认识错误等评价要素。也就是说，故意与过失等仅是后者的评价对象。而且，在法定犯双重违法性的特殊背景下，此处的故意与过失应该是针对刑事不法行为和刑事危害后果的故意和过失，如此，才能成为罪责要求中的评价对象。如上文所言，在纯正的法定犯类型下，对于行为人主观罪过的把握是一种基于行政不法事实所作的心理事实的推定，是一种行政法规范中心理事实在刑法视域下的"重复"，并不能体现刑法作为最后法的部门法属性。例如，在具体行政行为型纯正法定犯中，行为人在作出行政违法行为后，受到了行政机关有瑕疵的行政命令和行政处罚。比如《刑法》第286条之一拒不履行信息网络安全管理义务罪规定了"经监管部门责令采取改正措施而拒不改正"的行政前置程序，如果行政机关在处理相应行政违法行为时，仅作了口头上的责令改正，对于整改的效果等并未提出实质性的解释和要求，行为人就此未作改正而发生进一步严重危害后果的，则并不必然推出行为人具有刑法意义上的主观罪过。也就是说，行为人基于对行政机关等公权力机关的"合理信赖"，实施其认为是一般行政违法行为，其在主观罪过层面并不能当然具备刑事不法的故意或者过失，进而不具备评价要素中的评价对象，也就当然排除刑事责任的成立。

所以，规范责任论中评价的对象应该是行为人对刑事违法行为的故意或过失的意思形成，而不是行政法中针对行政违法所要求的心理态度，虽然在大部分的法定犯类型中存在着重合，但仍有必要根据不同的法定犯类型进行必要的区分。在此基础上，解决规范责任论中所要求的评价标准的问题，亦即对于心理事实如何进行规范

---

[1]　[德]李斯特：《德国刑法教科书》，徐久生译，法律出版社2006年版，第252页。

评价的问题，这一定程度上决定着刑罚的处罚范围，而这一标准的建构，应该从法定犯的犯罪构造中寻找答案。总体而言，将"义务违反"作为法定犯责任构造的评价要素，进而对违反义务的行为进行义务违反意义上的谴责，符合法定犯的基本犯罪构造。详言之，行政追责中行政罚的义务违反行为，其本质并非单纯的行政上的义务违反，而是具有法益侵害的危险，只不过这种危险相对于法定犯而言较为一般和抽象。[1]也正是这样的一般和抽象，才使得对于这一行政违法行为，配置了相较于刑罚措施较为缓和的行政罚。故而，法定犯作为秩序违反行为，在行政违法性这一一般违法性上是一致的，只是针对不同程度的社会危害性行为配以不同的制裁措施，从形式上看行为人的不法行为是一种规范违反行为，其本质上是基于行政法规范所要求的义务违反行为，这一点在纯正的法定犯类型下表现得较为明显。比如《刑法》第 201 条逃税罪规定，纳税人采取欺骗、隐瞒手段进行虚假纳税申报或者不申报，逃避缴纳税款数额较大并且占应纳税额 10% 以上构成犯罪。也就是说，在进入刑事犯罪门槛之前，已然为行政管理相对人规定了一定的行政法义务，即如实纳税申报的义务。第 286 条之一拒不履行信息网络安全管理义务罪规定，网络服务提供者拒不履行法律、行政法规规定的信息网络安全管理义务，经监管部门责令采取改正措施而拒不改正，有致使违法信息大量传播的等情形之一的构成犯罪，其中规定了信息网络安全管理义务。诸如此类，不胜枚举，这一义务违反与传统刑法理论或者规范责任论中所谈及的义务违反不同之处在于，规范责任论将形式意义上的文本规范作为义务违反的对象，这一点自然犯与法定犯无异，但因刑法文本规范的开放性决定了这一义务违反性，是一种实质意义上的义务违反，也就是行政法规范义务的违反。尤其是在纯正法定犯类型中，因存在行政追责的前置规范构造而得以强化。也就是说，对于符合法定犯构成要件的不法行为，只是具备

---

〔1〕 参见 [日] 佐伯仁志：《制裁论》，丁胜明译，北京大学出版社 2018 年版，第 16 页。

了刑事违法性，当行为人有为了遵循行政法规义务作出了合规等意义上的规范努力时，则在责任认定上，可以减轻或者免除该类型下的刑事罪责，其背后的法理与纯正法定犯类型下情节加重中的具体行政行为基本一致。

（二）不同罪责结构下的违法性认识

对自然犯的违法性认识，应该建立在道德直觉的"知法推定"基础上，[1]只要行为人认识到了构成要件的事实即推定其具有违法性认识可能性。随着法定犯时代的到来，法定犯犯罪构成的不断开放，行政不法与刑事不法之间的界限开始模糊，如果一味推崇"不知法不免责"的原则，似有强人所难的嫌疑。各国的立法例也存在着违法性认识错误的例外归责体系，[2]从责任主义的角度来看，对于不知法者发动刑罚缺乏正当性。[3]而且，把人们对于法律的尊重提高到一个法律意识如影随形、随时随地参考法律的地步，这是一种过于理想化的要求。[4]正如有的学者所言，违法性认识作为责任减免事由，其研究重心从理念层面的必要性之争，进入到错误可避免性的具体技术层面，[5]具体到法定犯中，就是在法定犯的犯罪构造下探讨违法性认识错误的免责和减责机制问题。对于纯正法定犯犯罪构成要件违法性的判断，需要裁判者在面对个案事实进行刑法文本规范意义上的裁判规范建构，从行政法等前置法中去寻找能够说明违法性的构成要件要素，这一点在情节加重型纯正法定犯中表现得最为明显，其中关于抽象行政行为和具体行政行为的把握，一

---

〔1〕　参见孙国祥：《违法性认识错误的不可避免性及其认定》，载《中外法学》2016年第3期。

〔2〕　如《德国刑法》第17条关于"不可避免错误"的责任认定，《法国刑法典》第122条关于"无力避免法律误解"的责任认定，意大利宪法法院关于"尽最大努力后仍产生的法律误解"的判例等。

〔3〕　参见车浩：《责任理论的中国蜕变——一个学术史视角的考察》，载《政法论坛》2018年第3期。

〔4〕　参见车浩：《法定犯时代的违法性认识错误》，载《清华法学》2015年第4期。

〔5〕　参见车浩：《责任理论的中国蜕变——一个学术史视角的考察》，载《政法论坛》2018年第3期。

定程度决定着法定犯刑事不法的判断。而关于纯正法定犯犯罪构造中对于行政不法的判断，则在更多意义上是一种客观的违法性判断，该判断并不考虑行为人的主观罪过，故而在纯正法定犯裁判规范的生成过程中，对行政法等前置法的依赖性较大，表现出较强的开放性结构。在此种类型下，因为违法性判断的客观性、法定性和前置性，有责性的判断则显得尤为重要，亦即是否存在责任追究上的连贯性，在刑事追责之前是否存在着行政不法+行政罚的前置责任类型成为不法判断的犯罪构造基础。按照主客观相统一或者说行为与故意同时存在原则，刑法只能谴责一个在行为当时有能力和机会选择其他合法行为但却仍然实施犯罪行为的人。[1]然而，根据法定犯双重违法性的特征，基于自然犯建立起来的对"合法行为"的考虑，此时均需要进行双重违法性的考量。

1. 一般违法性对区分法定犯诸类型的基础意义

违法性认识的体系地位，将违法性认识放在罪责层面进行考虑，此时需要对违法性认识中的"法"进行不同法定犯类型下的区分。当前对于违法性的认识，存在违法一元论与违法相对论的对立。前者在一般违法性的基础上，区分可罚的违法性和不可罚的违法性，对于同时具有一般违法性和可罚违法性的，当然推出刑事违法性，进而进行刑事责任的非难，而对于其他情形，只涉及民事责任和行政责任的承担与否。其中违法相对论对于区分民事责任与刑事责任具有参考价值，因为民事责任的基础是发生损害，故而其重在"调整"，在于恢复原状。而刑事责任的基础是违法行为，重在"非难"，在于对不法行为和不法行为人的责难。而这一特点，和行政法中的行政违法和行政责任的内在逻辑一致，所以违法一元论在这一领域的解释力更强。相同的行为事实，因与不同的效果事实结合并经过不同意义的评价，便成为性质不同的行为事实，[2]这也是行政违法向刑事不法的转化过程。从行政违法到刑事不法，显示了行

---

〔1〕 参见车浩：《法定犯时代的违法性认识错误》，载《清华法学》2015 年第 4 期。

〔2〕 参见夏勇：《刑法与民法——截然不同的法律类型》，载《法治研究》2013 年第 10 期。

为从一般违法行为到犯罪行为这样由量变到质变的过程，其所涉及的行政法与刑法之间不同程度的违法性相互衔接，从而维持了法秩序整体的秩序性。如此，刑事违法并不是对行政违法的否定或者取代，而是在行政违法基础上的二次违法。故此，对于法定犯不法的判断，行政法规范中的一般违法性是基础，如果脱离"行政"一词的意义和范围而单纯界定法定犯的刑法属性，就失去了法定犯自身的特点，使得对该问题的探讨变得毫无存在的价值。[1]而其中对于一般违法性的判断，多是基于自然法意义上的价值探寻，专注于公平、正义等元价值的宣扬。虽然法学无法具备"客观可验证"的特质，法学研究或法律思考的结论，只能做到"互为主观"，终极的、最值得玩味、最契合人心、最经得起分析的这种"究竟的道理"应该有但不可得。[2]但对于刑事司法实践而言，涉及人身自由、生命等重大权益，如果一味地在终极价值探寻中迷失了方向，很可能带来对罪刑法定原则的叨扰。脱离实定法将自然法这种作为"法"的法引入，只会导致判断准则的模糊与暧昧。[3]而违法相对论着眼不同部门法的目的和内容的差异，对于违法性进行了利益程度不同的划分，将刑法目的解释为在于维护最低限度的利益总量的衡平。[4]

换句话说，将违法性的判断委任于刑法目的的考量，而这在终极价值这一点上与一般违法性的落脚点是不谋而合的，从而也就使得最终的违法性研究并不具有实定法的意义，也就使得最终的研究结论对司法裁判的指导意义有限。因此，对于一般违法性的判断，应该从法定犯的规范目的出发，立足于法定犯的立法例，剖析法定

---

〔1〕 参见刘艳红、周佑勇：《行政刑法的一般理论》，北京大学出版社 2008 年版，第 8 页。

〔2〕 转引自姜涛：《刑法溯及力应全面坚持从旧兼从轻原则》，载《东方法学》2019 年第 4 期。

〔3〕 参见王骏：《不同法域之间违法性判断的关系》，载《法学论坛》2019 年第 5 期。

〔4〕 参见王骏：《不同法域之间违法性判断的关系》，载《法学论坛》2019 年第 5 期。

犯所要求的刑事不法与行政不法之间、不同法定犯类型规范构造之间的逻辑关联。对于人们在以独立的人格进行社会生活的过程中必要的而且是重要的生活利益予以保护,[1]保护的方式则因部门法属性的不同,配置的保护手段有所区别。也就是说,行政不法与刑事不法只是在法益侵害非难程度上存在差异,这种差异只是量上的,而不是本质的。[2]在行政不法与纯正法定犯的规范构造对比中,我们可以看到行政法与刑法在对法益保护上的强弱对比,表现为对不法行为在"情节"和"结果"等"量"的区分上。根据这一"量"的不同,配以不同的制裁措施,也为行政不法与刑事不法划定了界限,这也体现了刑法规范对法益保护的补充性,也是为了法益保护的彻底性,这也符合法秩序统一性的法体系要求。但需要注意的是,此处的法秩序统一性,并不是各个法域形式上的一致或逻辑学上演绎的一致,而应该是评价上、实质上一致性的要求,[3]而这样的要求,只有在承认一般违法性作为刑事违法性判断的基础地位时方具有实际意义。

2. 一般违法性对法定犯违法性认识的不同影响

在纯正的法定犯犯罪构造中,对于行政不法的判断是一种一般违法性的判断,即行政违法的判断。理想意义上要进行刑事不法的判断既不现实也没有必要,因为在立法之初,规范构造就对于行政不法与刑事不法作了"量"上的区分,当达到了相应的"情节加重"和"结果加重"时,也就充足了纯正法定犯的构成要件,从而具备了刑事违法性,至于是否需要追责则是责任论的问题。如此可以看出,在纯正的法定犯罪责构造中,一般违法性的判断是作为构成要件要素存在的,当充足了刑事不法构成要件时,当然推定该行

---

〔1〕 参见 [日] 大塚仁:《刑法概说:总论》,冯军译,中国人民大学出版社2002年版,第157~158页。

〔2〕 参见 [日] 佐伯仁志:《制裁论》,丁胜明译,北京大学出版社2018年版,第16页。

〔3〕 参见 [德] 拉伦茨:《法学方法论》,陈爱娥译,商务印书馆2003年版,第46页。

为的主观罪过。也就是说，该类型下的规范设计中推定了行为人的主观罪过，而是否存在违法性认识的可能，则因不同的纯正法定犯类型而有所不同。在仅涉及结果加重型的纯正法定犯类型和情节加重型下的抽象行政行为的纯正法定犯类型，因为均存在着明确的刑事法规范中的标准，是一种主观罪过的推定或者说主观罪过的排除，所以，也就不存在违法性认识错误的适用空间。但在情节加重型下的具体行政行为的纯正法定犯类型中，若是基于对行政命令、行政处罚等具体行政行为的认识错误，则有存在违法性认识错误的可能。如在《刑法》第 139 条消防责任事故罪中，在违反消防管理法规的同时，有"经消防监督机构通知采取改正措施而拒绝执行"的前置行政行为，若行政机关仅以口头改正的方式予以告知，对于这一行政管理工作中日常行为，行为人包括社会公众并不能据此得出下一次的行政违法行为就升格为刑事不法行为的结论，也就缺乏对下一次行政违法行为升格为刑事不法的主观罪过。这是一种基于对行政机关具体行政行为信任所作的判断，故必须在行政机关出具责令改正通知书后仍不改正的，方能当然推出行为人的主观罪过，这一点在相关的司法案例中有所体现，[1]当然也存在着反例。[2]诸如此类的还有《刑法》第 196 条信用卡诈骗罪中的"催收"以及第 286 条之一拒不履行信息网络安全管理义务罪中的"责令采取改正措施"等。

在不纯正的法定犯罪责构造中，行政法中的规范在两个方面起作用。一方面是一种提示性规范，但这一提示性规范并无详细的犯罪构成要件，比如前文提及的非法持有、私藏枪支、弹药罪和非法制造、买卖、运输、邮寄、储存枪支弹药、爆炸物罪，详细的犯罪构成要件的规定完全由刑法所规定。另一方面，相关构成要件要素的认定因为涉及行政管理领域的专业知识，故而需要依据行政法等前置法予以认定，但这两方面均不涉及一般违法性与刑事违法性的

---

〔1〕 参见河南省郑州市中级人民法院（2019）豫 01 刑终 611 号刑事判决书；湖南省临湘市人民法院（2017）湘 0682 刑初 272 号刑事判决书。

〔2〕 参见北京市海淀区人民法院（2013）海刑初字第 2639 号刑事判决书；山东省临沂市兰山区人民法院（2019）鲁 1302 刑初 102 号刑事判决书。

认识问题。在这里，一般违法性仅构成不纯正法定犯刑事违法性判断的材料，这一法源材料在进入刑事法领域之前，因为并不存在行政追责的前置规范和程序，故而从行为人行为时的节点考虑，行为人是存在违法性认识错误可能的。只是与纯正法定犯类型下的违法性判断不同在于，该违法性认识错误是通过对构成要件核心要素的认知差异导致的。具体而言，对于不纯正的法定犯类型，该类型犯罪的成立，在实然法已然存在的当下，在司法适用过程中，并不存在行政不法与刑事不法交叉规范的适用冲突，只能算是在立法形式上存在着行政法与刑法之间的互相呼应。但刑事不法类型秩序违反的本质属性，以及刑事不法行为所涉及领域的行政色彩，依然使得在文本规范上表现出要求"违反……规定""违反国家规定"等的客观表述，如上所言，只能算是一种呼应式的提示规范，并不影响刑事立法的判断。相反，影响刑事违法性判断的，往往是构成要件中的一些核心要素的主观认识，比如上文提及的生产、销售、提供假药罪中关于"假药"的认定，非法持有枪支罪中关于"枪支"的认定等。而关于这些要素的认定，并不涉及行政不法与刑事不法的判断核心问题，更不是一个司法适用问题，完全是一个立法的周延性问题，故而在相应的社会热点案件发生后，相对滞后的行政法即受到了相应的修改，比如《中华人民共和国药品管理法》（以下简称《药品管理法》）中对于"假药"的重新界定等，所以此种类型下的违法性认识更多的只是传统刑法理论中的法律认识错误，是"不知法不免责"的典型适用领域。

第二节　法定犯裁判规范的内在结构

法定犯的犯罪构造决定了其法定的开放结构，而这一开放性结构只是一种文本规范层面的静态说明，但这样的特别构造有别于自然犯的犯罪构造，是由于法定犯犯罪构造内部的强法定性和弱伦理性这一核心特质所决定的。故而，针对法定犯裁判规范的研究，一方面应当解决的是强法定性和弱伦理性下违法性的合理性判断问题，这涉及法定犯裁判规范的内在结构特质。另一方面则是法定犯裁判规范生成过程中涉及的解释方法、立场选择等刑法教义学问题，这涉及法定犯裁判规范的外在结构表征。强法定性和弱伦理性的强与弱，是相对于自然犯而言的。强法定性讲求的是从形式上对法定犯与自然犯规范构造的实践逻辑研究，弱伦理性讲求的是从内容上对法定犯与自然犯不法内涵的规范内涵研究。基于罪刑法定原则的要求，法定犯裁判规范的生成必然只能是文本规范意义上的遵从与超越，法定犯裁判规范的结构自然也就承继了文本规范的结构性特征，是对文本规范犯罪构造的遵从与超越，而这种遵从与超越不仅仅是规范解释意义上的，更是规范结构意义上的，即行政违法对于违法性判断的强约束性，由此也必然会带来行政违法判断的弱伦理性判断或者说无伦理性判断对传统刑法理论的冲击，从而带来对违法性判断的质疑。

一、法定犯裁判规范结构中的强法定性

强法定性本质上是一种结构意义上的强约束性。结构主义作为社会学理论中的重要理论，被看作是分析社会行为的重要理论工具，其在涂尔干"整体论"的影响下，发展出帕森斯的结构功能主义、布尔迪厄的生成结构主义、吉登斯的结构化理论和哈贝马斯的商谈理论等诸多结构理论流派。结构主义理论所共同主张的结构制约和决定人的行动和思想这一主张对于研究犯罪结构具有重要的理论诠释价值，在构成要件要素结构特征的把握上表现出了较强的解释力。按照结构主义的观点，基本的结构制约和决定着人们的行动和思想，弱结构基本上是方法论宣言，在该结构下，行动者有较大的自由选择空间。而强结构是具有深远后果的哲学陈述。它不是简单地说结构有约束力，而且该约束力能够达到足以排除个人能动作用的可能，[1]此是从宏观角度进行的结构特征认定，法律规定领域因其自身的规范性成为该理论的重要适用领域，刑法规范的强弱结构决定

---

〔1〕　参见［英］贝尔特：《二十世纪的社会理论》，瞿铁鹏译，上海译文出版社2005年版，第3页。

了刑法规范在司法适用中法官的自由度。

强结构（强形式）与弱结构（弱形式）的划分是社会学中结构主义者所共同的主张，用以区分社会结构对于个人行动和思想约束力的强弱。[1]刑法规范作为强制性法律规范，在罪刑法定原则的要求下，相较于其他法律规范而言，具有更强的约束力，法官在定罪量刑时须严格遵照执行，在此意义上而言，刑法规范自带强形式。但这只是立法意义上的强形式，是刑事法治的当然之意，本书所论述的法定犯的强形式是一种司法建构意义上的强形式，亦即犯罪构造上的强法定性。所谓法定犯裁判规范结构的强法定性，指的是在法定犯裁判规范的生成过程中，足以排除法官能动作用的情形，主要是行政不法的判断对于刑事不法判断的影响，体现在行政法文本规范、行政不法事实等对裁判者裁判案件的约束性，也带来了行政法评价与刑事法评价之间的价值冲突，自然对法定犯的违法性判断产生重要影响。依据自然犯而建立起来的犯罪论解释体系在对该问题进行反思时有点捉襟见肘，尤其是在强法定性下要求的法律形式正义的过度解释，使得在一些行政法规范存在认知错误或者与社会民众的朴素认知有偏差时，这种在强约束性建构下的裁判规范的精准度量与社会危害意义上的模糊评估之间，显现出较大的矛盾和冲突，也不符合强法定性——强逻辑的法律论证的当然要求，一定程度上有损司法的公信力。

（一）法定犯裁判规范强法定性中违法判断的精准量度

对于法定犯裁判规范的解读必然依托于文本规范的构造，而文本规范是由不法类型与非难后果两部分组成，这也就是高桥则夫等学者所主张的描述性规范与制裁性规范的组合，其中不法类型这一描述性规范其实是构成要件的核心部分，从这一层面来看，构成要件作为不法类型的概念化表达，由此可以派生出行为规范，亦即法定犯违法证成的核心问题。而正是这一派生规范，支撑着行政违法

---

〔1〕 孙树光：《论法定犯裁判事实证成中人机协同系统的建构》，载《当代法学》2020年第2期。

能够进入刑事违法的领域，进而成为法定犯违法性判断的重要要素，在法定犯开放结构下，这也是行政法领域中对不法事实的认定、行为主体的资格把握、相关构成要件要素标准的掌控等能够顺利成为刑事犯罪认定标准的最有利证据。

1. 法定犯裁判规范的强法定性体现刑行互动关系的柔性

如上所言，当前关于行政不法与刑事不法的区分，主要存在着"质"与"量"的区分，进而衍生出质的区别说、量的区别说和质量的区别说三种区分标准，不同的区分标准都试图在二者之间寻求一种静态的界限。然而，作为社会治理过程中的两大公法——行政法与刑法，在社会功能分工过程中，其规制范围必然是随着社会情势的变化而变化，行政法与刑法之间并不存在非此即彼、明确的楚河汉界，在法益保护这一点上是一致的，这一点同行为规范的同源性是一致的。只是在法定犯视域下，对于行为的判断具有了双重违法性的规范特征。也就是说，行政法与刑法之间的界限一直处于一种动态的变化，而这一动态的变化过程并不是一蹴而就的，而是在社会管理过程中，在刑事政策的引导下，基于法益保障的迫切需求对行政违法行为的犯罪化处理。而这一过程，通过法定犯裁判规范生成过程下正式法源与非正式法源在犯罪构造中的博弈结构展现出来，是一种社会治理手段在法定犯案件审理过程中的集中表达。

一方面，行政不法与刑事不法是动态变化的，这决定了法定犯与自然犯之间的转化关系。行政不法与刑事不法都是一种行为规范违反行为，只是所违反的法的界域不同，分属行政法与刑事法的规制范畴。然二者在作为社会控制手段这一功能上是一致的，即对于行政法规范与刑事法规范的违反的处罚都属于社会控制行动，只是一种社会控制"量"上的划分，而"量"的多少则取决于当时的社会控制的需要程度。由社会政策、刑事政策进行宏观调控，并不存在泾渭分明的楚河汉界，故而行政不法与刑事不法之间并不是一成不变的，二者处于一种流动的状态。法定犯或行政犯所指代的犯罪群，处在典型的刑事不法与行政违法之间。它们既可能侵入典型的刑事不法的领域，让刑罚权受不必要的限制；也可能扩张到行政不法领域，成为行政违法行为犯罪化的通道。[1]行政不法在刑事政策的调控下进入刑事不法的范畴，具备了刑事不法的文本范式，从而具有了刑事犯罪非难的规范基础，随着规范的刑事法适用开始逐渐融入社会公众的生活中，成为社会伦理的一部分，从而成为自然犯，这一点从交通肇事罪的立法例中可见一斑。

另一方面，法定犯与自然犯的转化关系通过行为规范建立联系，通过犯罪构造的裁判建构体现出来。行为在刑法上自始就是行为规范意义上的，或者说进入刑法判断范围的行为自始就是规范论意义上的，而不是存在论意义上的。[2]刑法意义上的行为规范是指将一部分具有普世意义上的社会规范纳入刑法价值评价的规范，是一种抽象意义上的存在。在此之前其可能属于行政法规范的范畴，也可能是社会一般意义上的规范，但并不需要配以刑罚这一最严厉的强制措施作为保障。随着社会的发展需要，市场经济秩序的规范要求等，行政法规范或者社会规范所配套的制裁措施和保护力度并不能满足社会的现实需求。故而将此些行为规范纳入刑法非难评价中，进而进行相应的刑事立法，使得诸些行为规范具有了刑法条文这一文本意义上的规范存在的形式，即文本规范。在此意义上，规范（法律规范）作为行为规范、文本规范和裁判规范的源概念，三者是规范在不同阶段的不同样态，如果用横轴进行划分的话，三者分别对应立法前、立法后和司法中。

2. 法定犯裁判规范的强法定性彰显刑行规范评价的刚性

刑法规范是最低限度的行为规范，随着社会的发展，法益保护的迫切需要使得行政法等其他部门法中的行为规范因刑法价值的非难评价得以进入刑法规范，具有了刑法规范的性质。而法定犯的行为规范即遵循了上述路径，从行政法的行为规范进入刑法视域下，从而披上了刑法文本规范的外衣，也就具备了刑法行为规范的属性。

---

〔1〕 参见陈金林：《法定犯与行政犯的源流、体系地位与行刑界分》，载《中国刑事法杂志》2018年第5期。

〔2〕 参见刘远：《论刑法规范的司法逻辑结构——以四维论取代二元论的尝试》，载《中外法学》2016年第3期。

而这一行为规范作为一种观念存在，其不可能通过任何的科学仪器进行精准测量和现实再现，只能通过文本规范的形式进行逻辑意义上的概念推演，所以，文本规范就成为我们研究的行为规范，成为行为规范到裁判规范之间的桥梁和纽带。也正是因为如此，法定犯中行政法规范和刑法规范一同成为法官裁判案件定罪量刑的法定依据，行政法规范到刑法规范，行政违法事实到刑事违法事实等成为法定犯裁判规范的重要侧面。

一方面，法定犯裁判规范生成中行政法规范的约束性。法定犯裁判规范在文本规范的基础上，在司法适用的过程中完成个案大前提的生成，由于法定犯犯罪构造中行政违法判断的前置性，使得行政法规范等规范性文件对"行政违法"等判断的前置性，这一点从刑事立法的"违反国家规定""依法""非法"等文本规范可进行逻辑意义上的推理。在纯正的法定犯类型下，法定犯裁判规范的生成受行政法规范等规范性文件的约束性较大，法定犯构成要件的主要客观违法要素由行政法等规范性文件所提前形塑，裁判者在此过程中需要去此些法律文件中找寻该行为的违法性本质，并通过形式逻辑进行法定犯规范目的意义上的价值评判。而在不纯正的法定犯类型下，法定犯裁判规范的生成主体还是在刑法内部完成，行政法规范对刑事违法的判断起着辅助性的作用，此时行政法规范对裁判规范的生成约束性并不强，但仍需要通过刑法规范进行刑法价值意义下的逻辑证成，从而完成行政违法到刑事违法的判断过渡。

另一方面，法定犯裁判规范生成中行政违法事实的约束性。行政违法行为制约刑事违法行为，刑事违法行为依赖行政违法行为。在规范结构上，刑事违法实行行为的内容需要由行政违法行为予以型构和填充；在法益侵害的量上，刑事违法的成立需要以行政违法的法益侵害为依托和标准，以此形成应罚的违法性，实现刑法的二次保护功能。故而法定犯裁判规范在生成过程中，行政违法事实对刑事违法事实的判断起着较强的约束作用，相对于自然犯中刑事违法判断的一元性而言，该前置性判断因为行政法与刑事法之间的价值位阶的差异性往往会带来判断时的冲突，需要进行刑法规范价值意义上的价值统合。然而，对于已然存在的行政违法事实，比如生产、销售假药罪中对"生产、销售行为""假药"等的行政处置措施和行政认定，在交通肇事罪中对"违反交通运输管理法规"等的行政法认定等行政违法客观事实，在后续的刑事违法事实的判断中，起着重要的约束作用。

（二）法定犯裁判规范强法定性中社会危害的模糊评估

社会危害性是我国现有犯罪论体系下衡量犯罪与否的当然标准，其不是刑法规范意义上的精准量度，而是社会生活意义上的模糊评估。法定犯裁判规范虽然存在着裁判规范方面的强法定性，亦即行政违法对于刑事违法在文本规范与裁判事实方面的约束性，法官在这一强法定性下并不存在主观释法的空间。在罪刑法定原则的要求下，法官不能也不可以对前置法中已然标准化、流程化的规范评价作出超出现有法律体系框架的解释，法官也不可能自陷风险。从而使得法官将自己的自由裁量权或者说在诸多利益衡量的诉求放之于情节加重或结果加重这一约束性不强的弹性标准中，从而使得该结构成为社会危害性进行模糊评估的主要突破口。当然，在自然犯中，也存在着情节加重、结果加重的自由裁量的空间，只不过在法定犯中，这一社会危害性的判断难以得到社会公众的理解。因为这一社会危害性的判断往往以社会管理秩序这一法益侵害为主，是一种侵害超个人法益的危害衡量，也就自然带有对"秩序"的维护，从而带来对"自由"的侵害或者威胁，因为在刑事诉讼中，"自由"与"秩序"之间寻求平衡，达致共赢一直是诉讼的目标和归宿。

一方面，法定犯裁判规范的构造使得社会危害性成为非正式法源的弹性判断标准。法定犯裁判规范的构造是对文本规范构造的遵从与超越，即其需要受到来自行政违法的前置规范性判断的约束。而作为社会控制手段的一环，行政法的否定评价自然带有来自行政法规范的社会危害评价，只是相对于刑法规范的社会危害评价而言，在严厉程度上还不太强。但无论是行政法规范还是刑法规范，均构成法定犯裁判规范生成过程中规范性的社会危害评价基础，是一种正式法源的存在，具有规范天然的刚性，此正式法源当然构成行政违法判断的主要依据。只不过由于这一约束性规范的存在，法官并不存在过多的自由裁量权，故而在遇到社会关注度较高的法定犯案件时，法定犯犯罪构成中加重犯（情节加重或结果加重）的判断就被赋予了最终定罪量刑的重要裁量权参考，也当然构成非规范性的社会危害评价的通道或者出口。如果规范性的社会危害评价超越了非规范性的社会危害的事实评价，案件的裁决结果就必然会脱离社会公众对刑法可预测性的预期；如果非规范性的社会危害事实评价左右了规范性的社会危害法律评价，案件的裁决结果就必然会背离社会公众对刑法的安全性的期待。[1]

另一方面，裁判者在法定犯中社会危害性的弹性判断标准难以被社会公众所认知。法定犯犯罪构造的开放性结构必然带来社会危害性判断的模糊评估，而社会危害性的判断是主观建构的范畴，受制于裁判者自己的价值判断，也是时代的产物，是随着时代的需求"吐故纳新""与时俱进"的概念范畴。故而，其很容易受到来自刑事政策甚至是社会政策的影响，而成为该政策因素进入裁判规范生成的便捷通道。而且，法定犯视域下的刑事政策或社会政策，其本质上是一种公权力对"秩序"维护的强化，在这一强化过程中，必然会招致来自私权利主体对"自由"空间的追求。故而在这一社会危害性的弹性判断过程中，表面上是正式法源与非正式法源彼此之间的博弈，其本质上仍然是公权力与私权利在秩序与自由之间的对垒博弈，这也是法定犯的裁判结论有时并不能为社会公众所认知的原因之一。

（三）强法定性下精准量度与模糊评估之间的规范冲突

对于行政违法的判断因前置法的存在而表现出较强的约束性，无论是行政法规范还是行政法事实均是如此。故而一定程度上呈现的是强法定性下对行为不法的精准量度，排除刑事法官的主观能动性，是一种严格意义上的规范违反说，某种意义上使得最终的裁判

---

〔1〕　参见张心向：《在遵从与超越之间：社会学视域下刑法裁判规范实践建构研究》，法律出版社 2012 年版，第 6 页。

结论沦为文本规范的机械适用。然而，此种文本规范意义上的精准度量在正式法源与非规范法源冲突激烈的案件中却存在着解释结论、裁判结论方面的模糊评估。亦即在一定程度上将行政违法作为严格意义上的刑事违法进行规范适用，从而使得加重犯（情节加重与结果加重）这一情节性的判断成为最终的结论依据，也就使得最终的情节把握是裁判者主观意志下的模糊评估。如此，在法定犯裁判规范的生成过程中，必然受制于法定犯犯罪构造的特殊性，在强法定性下表现出对行政违法判断的精准量度与对加重犯判断的模糊评估之间的矛盾与冲突。

具体而言，法定犯裁判规范强法定性下的强约束性，使得行政违法对于刑事违法的制约性通过规范的形式呈现出来，这一点在一定程度上排除了裁判者在法定犯案件裁判过程中刑法价值的非难评价性。这在功利主义的背景下使得有些裁判者仅依靠行政法等前置法进行违法性判断，从而使得该犯罪类型缺乏刑事评价的可能，进而在加重犯（情节加重或结果加重）的判断时，往往被社会管理背景下刑事政策或者社会政策所裹胁，使得最终裁判结论的生成更多是在行政管理的需求下所作的模糊评估，使得公权力以刑法这一最后法为后盾，增加了公权力侵犯社会公众自由的危险。是故，法定犯裁判规范生成过程中的强法定性带来了对其违法性判断的精准量度更依赖于行政法等前置法的判断，从而无形中使得该类型案件中对犯罪行为的刑法评价完全依赖于刑事政策或社会政策，从而存在"风险刑法"的隐忧。

二、法定犯裁判规范结构中的弱伦理性

自然犯由来已久的反伦理性决定了对其进行违法性判断必定带有鲜明的伦理批判的色彩，然法定犯是行政法领域的舶来品，是一种秩序违反型犯罪，故其存在较少的伦理评价色彩。刑事不法行为在质上显然具有较强的伦理非价内容与社会伦理的非难性，而且在量上具有较高的损害性与社会危险性；相对地，行政不法行为在质上具有较弱的伦理可责性，或者不具有社会伦理的非价内容，而且

其在量上亦不具有重大的损害性与社会危险性。[1]这也就使得对于行政违法的判断仅需要注重其客观违法性，即对于行政法规范的违反性，而对于行为人的主观罪过形式，并不需要进行刑法意义上的主观罪过非难，这一点与自然犯下对主观罪过的非难，存在较大的不同。然而，刑法规范本身的伦理非难性使得法定犯在立法之初就具有了伦理性的评价色彩，只是这一色彩相对于自然犯而言，相对较弱，这一弱伦理性的判断有其规范意义上的正当性，在进入刑事诉讼程序时，也需要面对裁判结论生成的合理性的检视。

（一）法定犯裁判规范弱伦理性下刑法非难的正当性

相对于实践中行政法与刑法的界限、衔接等问题，法定犯在弱伦理性下违法判断的正当性问题更具基础意义，其产生某些法律适用的疑难、混乱问题，原因之一可能就是法定犯入刑的正当性根据不甚明确。[2]对于这一正当性根据的考量，首先需要明确正当性的找寻应避免自然法意义上公平、正义等元价值的抽象探寻，将对正当性的理解诉诸当前的实定法，在此背景下进行的正当性基础探寻方是可靠的。其次，以法益侵害这一刑法规范目的为基础，在刑法典这一实定法中确定行为规范与法益侵害之间的联系。即行为规范的违反构成法益的侵害，行政违法行为与刑事违法行为在法益侵害的本质上是一致的，只是后者相对于前者而言，具有更重的法益侵害性。最后，通过行政违法对行为规范的形塑这一实然层面的揭示证成从行政法规范到刑事规范的正当性规范基础，从而说明在纯正法定犯类型下，行政违法+加重犯当然具备违法性的内在逻辑。

1. 实定法中行为规范是违法性的基础

对于违法性的探寻，自然法意义上的公平、正义等抽象化的概念探寻和规范对象的不同法域界分并未能对司法实践起到多少指导意义，从文本规范出发，通过其描述性规范推导出的行为规范可以为此提供较好的解释论路径。亦即对行为规范的违反招致法律责任

---

〔1〕　参见林山田：《论刑事不法与行政不法》，载《刑事法杂志》1976年第20期。

〔2〕　参见白建军：《法定犯正当性研究——从自然犯与法定犯比较的角度展开》，载《政治与法律》2018年第6期。

的谴责，包括民事责任、行政责任和刑事责任，其谴责的程度因各部门法的目的和手段的不同而表现出差异性，尤其是行政不法与纯正法定犯之间的内在勾连，成为我们认识这一差异性的有效突破口。在法定犯中，行政违法的前置判断构成了刑事违法判断的基础，而对于行政违法判断，需要援引相应的行政法规等规范性法律文件，行政法规中对于违法性的判断，仅是依据行政管理需要，对客观存在的违反行政法规范行为的否定，故而法定犯中行为规范自然也就构成了违法性的基础。而文本规范作为行为规范的概念化表达，也就当然构成了违法性判断的规范来源，这一点与从实定法中进行违法性判断的逻辑思路是一致的。从规范这一实定法出发，避免对自然法价值"空中楼阁"式的探寻，而是从文本规范的描述性+制裁性结构出发，从描述性的概念中推出行为规范，而对于行为规范而言，越简单其指示性越强，延展性越大，持续性越久，这一点从"不能杀人""不能伤人"等自然犯的行为规范中可见一斑。这一点也是法定犯与自然犯在行为规范中的较大的差异，这是从社会一般人的视角出发进行的规范思考，而法定犯中最大的问题也是最有理论研究价值的从司法裁判者的角度进行的思考，即法定犯裁判规范的思考，其涵盖了行为规范的层面，包含了对文本规范的司法再解构，无论是对行为人还是法官裁判模式的探寻都具有积极的意义。

日本学者大塚仁认为，刑法的规范，是裁判规范，同时也是强制规范，即在发生了具体的、充足抽象的、假言的规定的刑法的法律要件的事态时，通过裁判，现实地发动与之相对的刑法，拘束犯人。作为这些规范的前提，就预定着诸如"不得杀人"这种要求行为人实施一定合法行为的行为规范。这种行为规范是内在于刑法法规本身的禁止规范或者命令规范。[1]此处大塚仁教授所言的裁判规范指的是文本规范的法源性质，即作为裁判的依据，可以将其理解

---

〔1〕 参见［日］大塚仁：《刑法概说：总论》，冯军译，中国人民大学出版社2002年版，第21~22页。

为具有裁判功能的文本规范，而行为规范则是该文本规范所要保护的内容，这也是大部分学者所主张的，也正是在此意义上，行为规范的违反也就昭示着法益的侵害。如此看来，在法益保护这一层面上，无论是文本规范的解释还是裁判规范的生成，其只是保障行为规范得以有效延续的手段，行为规范的保障才是解释和生成的目的，其内在逻辑是对于刑法法益的保护。如此，可以将法益侵害这一违法性建立在对行为规范的违反上，加之行为规范与文本规范之间的关系，将法益保障在不同阶段的规范解读统一到行为规范、文本规范、裁判规范的这一刑事规范模式中。从而使得对于违法性的判断在法定犯行为规范、文本规范和裁判规范这一规范模式中的理论判断有了更为深刻的规范诠释。与此同时，从行为规范而不是从文本规范寻找违法性的基础，也有着一般意义上充足的现实理由。从违法性认识的层面去思考行为规范，仅要求行为人知晓行为的违法性，即在社会一般意义上的，该行为是违法的即可，而并不要求其对于违法性的认识达到了较为准确的程度，比如违反的具体部门法，违法的具体程度。

2. 行政违法对法定犯行为规范的形塑

在自然犯中，由于客观违法事实具有刑法非难的可能，故而其在刑法价值内具有刑法行为规范的违法性，客观违法事实中所提炼的违法行为类型是对现有刑法行为规范的违反，这在一定程度上是对该行为规范的外延进行重构。但因为伦理非难性较重等传统犯罪类型的束缚，该客观违法事实并不纯粹是客观的毫无主观价值的违法行为判断，所以使得该事实对现有自然犯文本规范中行为规范的重塑性程度较低，只能说是一种刑法规范内部的行为类型的丰富。但在法定犯中，因为刑事违法的判断来源于行政违法，而行政违法行为的类型来源于众多的行政法中的行政违法事实。因行政违法事实判断的纯客观性，即对行政违法行为的处罚并不要求考虑行为人的主观罪过形式，是一种行政法意义上的严格责任，故而存在诸多行政违法行为类型，该行政违法类型在行政执法过程中因为行政管理行为的多样性、管理领域的多样性，使得这一行政违法事实不仅仅表现为行政法规范中对该行为类型的规定。换句话说，行政违法事实的多样性和易变性在解读、延伸行为类型的同时，也导致行为规范的不稳定性，而这一不稳定性又通过法定犯的犯罪构造导入法定犯的行为规范中，从而在一定程度上对法定犯的行为规范进行司法意义上的重塑，而这一重塑相对于自然犯而言波动性就较大。

这一过程，可以从以下生产、销售、提供假药罪的数据统计结果中得到证实。对于生产、销售、提供假药罪中的生产行为，最高人民法院、最高人民检察院结合行政执法活动，对当前较为多发的行政违法行为进行提炼、总结，归纳了常见的"生产"假药、劣药行为。[1]从此司法解释可以看出，此处的规定已然将"生产"这一单一行为解释为"生产链"，即处于生产假药这一流水链上的任何一个环节均属于生产假药罪中的"生产"行为。这一解释如果按照自然犯意义上的当然解释，很难对其进行如此详细的精细化解读。如此看来，正是因为行政违法行为的复杂化、多样化丰富了先前文本规范中构成要件要素的语义维度，进而以司法解释的形式成为裁判规范建构的正式法源。按此逻辑，必然存在尚未进入司法解释但确属"生产"行为的类型，因为行政违法行为的不确定性，也就存在对该司法解释进行再解释的必要，而这一再解释必然来源于新生的行政违法事实。

（二）法定犯裁判规范弱伦理性下社会评价的合理性

法定犯裁判结论的形成需要面对来自社会的合理性和合法性的评价，这一点也是由裁判规范中行为规范的特质所决定的。法定犯的犯罪构造中不仅仅有来自法律结构层面的正当性的规范追求，也需要来自社会公众对其合理性的诘问。而且相对于司法机关先合法后合理的评价思路来看，社会公众更先寻求合理而后考虑合法的问

---

〔1〕 参见最高人民法院、最高人民检察院发布的《关于办理危害药品安全刑事案件适用法律若干问题的解释》第 6 条第 1 款规定：以生产、销售、提供假药、劣药为目的，合成、精制、提取、储存、加工炮制药品原料，或者在将药品原料、辅料、包装材料制成成品过程中，进行配料、混合、制剂、储存、包装的，应当认定为刑法第一百四十一条、第一百四十二条规定的"生产"。

题，而这一点，在更为注重合理性的行政违法判断中就存在着判断次序上的冲突。因为行政违法不仅仅是一种合法性的判断，更多的是一种合理性的判断，这一方面是由于法定犯裁判规范生成过程中犯罪构造的开放性结构使得这一判断面临拷问，另一方面也受行政法这一部门法的基本原则所影响而出现冲突。

1. 法定犯裁判规范的开放性丰富了评价主体

法定犯裁判规范的规范结构决定了其补充性、开放性的特征，由此决定了其评价主体的多元性，从而使得评价性内涵相较于自然犯而言更为丰富。而且伴随着法定犯裁判规范生成过程中秩序与自由之间矛盾的不断加剧，使得社会公众或者其他权力主体参与到这一裁判规范生成过程中的诉求更加强烈。如果一味地回避法定犯裁判规范生成过程中的开放性，囿于文本规范内的逻辑自洽，"法律的归法律，社会的归社会"，最终必然使得法律正义与社会公众认知之间的鸿沟被不断地拉大，这一点从赵春华案、王力军案等社会关注度较高的审判过程可见一斑。如果回避实践需求，淡漠地搁置公众对焦点案件的关注，不能给出有针对性和解释力的观点和方案，在某种意义上可能意味着部门法学者的失职。[1]法定犯因其行政不法判断的侧面，行政行为牵涉人们社会生活的方方面面，如果一味地仅在法定犯文本规范内进行"售货机"式的案件裁判，最终必然带来法律效果与社会效果之间的隔阂。故而法定犯裁判规范这一"观察者"的视角对于反映实践需求，疏通利益各方通过非规范性因素进入案件裁判具有现实的意义。此外，在法定犯裁判规范生成过程中，对于参与主体的把握也构成了分析该问题的必要前提，不同参与主体基于各自的利益诉求所表达的合理性诉求成为我们分析该问题的基础。

法定犯裁判规范的生成过程必然涉及行政权与司法权之间的博弈平衡，进而也就当然带来行政主体与刑事主体不同场域之间的利

---

[1] 参见车浩：《非法持有枪支的罪与罚》，载《华东政法大学学报》2017年第6期。

益冲突，而在这一利益冲突过程中，如何实现各主体之间的利益均衡，不仅关乎裁判规范形成的合法性，还关乎裁判规范形成的合理性。比如，在法定犯裁判规范的生成过程中，必然涉及文本规范与个案事实互相比对，个案事实也当然成为裁判规范生成的重要侧面。而在法定犯个案事实的裁判过程中，涉及对证据性事实的还原，该还原属于行政法视域下的行政执法行为，是一种事实性的存在，社会结构因素影响余地甚微。但在证据性事实到推断性事实的把握过程中，行政机关则很容易受到行政场域下诸情状的约束，此即成为非正式法源进入裁判规范的较新且更为隐蔽的通道。非刑法因素在一定程度上会影响刑事案件的裁判结果，它不仅是一种客观存在，而且也有其可行的路径及法理学基础。[1]也就是说司法机关在审理案件前，案件事实已然是被行政机关等建构后的案件事实，只是法定犯的案件事实相对于自然犯的案件事实而言，更带有"行政化色彩"，即带有较强的功利主义的色彩。行政机关相对于司法机关而言，由于所承担的社会职能分工的不同，更容易受到来自场域内外因素的影响，而之所以会受到这些因素的影响，正是行政主体更为多元的角色丛所决定的。在中国语境下，行政主体的角色丛主要由职业行政者、政治权力者和社会文化者三种角色所组成，非规范性因素的侵入导致不同角色之间的冲突和博弈，使得行政主体形成一定的带有价值偏颇的案件预判，进而使得社会结构披上了法律结构的外衣，进入到案件事实的裁判过程中。这一隐性结构的实然存在与刑事法领域要求的排斥其他非刑法规范因素的干扰的应然要求格格不入，但这一客观路径的存在也证实了行政权与司法权这一不同场域权力主体之间的博弈。

2. 行政法规范的合理性原则充实着评价标准

合法原则和合理原则是行政法的两大重要原则，也是行政行为的效果检视标准，其中合法原则与刑事司法的适用原则在现有法律

---

〔1〕 参见张心向：《死刑案件裁判中非刑法规范因素考量》，载《中外法学》2012年第5期。

框架下基本保持一致，[1]但刑法的最后法地位，必然需要对合理性原则进行"社会管理秩序"下的目的筛查，从而造成行政法中强调的合理性原则在刑事法评判中面临"水土不服"的尴尬境地。然而，合理性判断又是法定犯裁判规范生成过程中所不可或缺的视角，是法律效果与社会效果统一下司法裁量的必备要素，更是形式法治与实质法治深度融合下考虑的当然选择，而这一选择过程通过法定犯裁判规范生成过程中规范性因素与非规范性因素之间的博弈过程得以呈现。

法定犯裁判过程中非规范性因素与规范性因素一同构筑裁判规范，其评价内涵相对于自然犯单一的刑法价值判断而言，多了行政法下合理性的判断视角，而这一合理性的视角并非法学家的专利，而是社会大众意义上的合理性判断，也正如此，法定犯的评价内涵才有了社会大众朴素法感情的温度。法定犯裁判规范的生成必然牵扯行政法价值与刑法价值的双重考量，与自然犯相比，行政法的合法性原则和合理性原则具有特殊性。其中合法性原则因为法秩序统一的要求，其与刑事法的合法原则是一致的，故而对该问题的考量需要追踪到行政法中合理性原则在法定犯裁判规范生成过程中的定位问题。从法定犯裁判规范的视角观察这一问题，其实是以裁判规范对社会公众的行为指引为导向，故而应从行为人和犯罪人的视角进行规范适用效果的考量。详言之，对于犯罪人和社会公众而言，在合法性与合理性之间首先关注的是合理性的判断，其次才是合法性的考量，缺乏合理性的判断必然会导致裁判结论偏离社会认知。所以合理性的判断在法定犯裁判结论的形成过程中必不可少，但合理性作为一种价值层面的考量，是一种公平正义、善良德行等社会一般意义上的法感情把握，而这一抽象价值的把握天然是多元和多解的。但却是法定犯裁判案件过程中所不可或缺的，因为法律（人）不是技术（人），法律人和法律职业应该符合公平正义善良德

---

〔1〕　参见孙树光：《行政犯裁判结构的功能性研究——以法律结构与社会结构互动机制为视角》，载《政治与法律》2019 年第 6 期。

行等法天然所具有的价值观。[1]

（三）弱伦理性下正当性与合理性之间的评价矛盾

伦理性下正当性与合理性之间的矛盾在自然犯中已然存在，只是自然犯中因为其规范的历史底蕴和文化内涵，正当性与合理性之间并不存在过多的冲突。而在法定犯中，因为法定犯的特质使得该矛盾更为凸显，其本质是公权力对秩序的维护与私权利对自由的追求，是不同场域背景下不同权力主体之间、权力主体与权利主体之间的矛盾与冲突。对于法定犯裁判规范的生成建构而言，法定犯裁判结论中法律效果与社会效果之间的冲突，法律正义与朴素法感情之间的鸿沟，也正是由于法定犯弱伦理性的内在结构所致，而立基于伦理违反说的违法性理论在此也就并不存在多大的解释空间。故而对于违法性的探寻，则要依托于实定法，又因为法定犯的开放构造，对于实定法的探寻不仅要考虑刑法的文本规范，还应考虑行政法的刑法规范，更要考虑两个规范内在的逻辑勾连。这是弱伦理性正当性判断的隐性，能够为行政法规范、行政法认定事实进入法定犯裁判规范生成过程提供解释机理，从而为在这一过程中进入法定犯裁判规范生成过程的参与主体、行政法原则等非规范性要素奠定逻辑基础。而这一非规范性要素往往以社会评价等显性形式存在。也就是说，在正当性的隐性逻辑与合理性的显性要求之间，如何进行罪刑法定原则要求下的裁判规范建构，是我们在法定犯裁判过程中必须要解决的问题。

此外，对于不同主体在正当性与合法性认知顺位上的差异，也在一定程度上加剧了二者之间的矛盾。刑法非难的正当性是以裁判者为核心的规范评价，更加注重正当性或者说合法性。在法定犯裁判规范生成过程中，更加注重遵循法规范的逻辑推演，在此基础上通过量刑情节达到合理性的调和目的。也就是说，在裁判者视域下，正当性是第一位的，合理性是第二位的。然而，社会评价的合理性是以社会民众为视角的道德评价，因为行政管理领域的专业性，其

---

[1] 参见刘艳红：《"司法无良知"抑或"刑法无底线"？——以"摆摊打气球案"入刑为视角的分析》，载《东南大学学报（哲学社会科学版）》2017年第1期。

对于法律规范正当性的感知较弱，既有感知渠道较窄的因素，也有因为行政法规范更新较快、感知频次较慢的因素。故而出于个体自由的考量，首先考虑的往往是裁判结果的合理性，其次才是正当性。如此顺位上的差异，在行政主体与司法主体之间也存在。简言之，行政主体出于行政管理的需要，往往追求公权力的绝对权威，一定程度上会压缩合理性的范围，进而使得缺乏合理性的行政法事实进入法定犯裁判规范的生成过程中，带来二者之间的矛盾与冲突。如何整合法定犯案件中裁判规范弱伦理下的正当性与合理性，使得法律效果与社会效果之间达到帕累托最优。对于更好地揭示法定犯刑事案件的裁判过程，更好地预测法定犯刑事案件的裁判结果，平衡司法个案正义和公民朴素法感情之间的矛盾，为当前"案多人少"办案压力下的司法人员提供可资借鉴的裁判模型具有重要的实践价值。

第三节　法定犯裁判规范的外在结构

毋庸置疑，文本规范与个案事实之间的往返不可能是售货机式的形式逻辑推演，也不全然是裁判者价值引导下文本规范的单一价值解释。构成要件规定的不完整性以及由此导致的违法性征表机能失效，进一步要求法官进行价值补充判断，是开放的构成要件的本质特征，[1]这一开放的构成要件必然带来犯罪构成要件要素解释来源的开放性，尤其是不断下沉的非规范性或非正式法源，使得法定犯犯罪构成的解释呈现出全开放的结构样态。囿于罪刑法定原则的基本要求，对诸多开放要素的补足解释又必须建立在法定犯＝行政违法+加重犯（情节加重或结果加重）的犯罪构造基础上，[2]由

---

〔1〕　参见刘艳红：《开放的犯罪构成要件理论之提倡》，载《环球法律评论》2003年第3期。

〔2〕　法定犯犯罪构造的开放性，主要是指犯罪构造构成要素认定的开放性，即行政违法与加重情节（结果加重或情节加重）在刑法非难评价时的开放性。具体参见孙树光：《行政犯裁判结构的功能性研究——以法律结构与社会结构互动机制为视角》，载《政治与法律》2019年第6期。

"违反国家规定"等不成文的构成要件要素进行概念表达。[1]也就是说，这一开放性的结构不是在立法层面所体现的，即行政法律规范对空白刑法的补充、辅助、说明、论证，而是在裁判的过程中，是一种裁判规范意义上的存在。因此，法定犯裁判规范作为这一开放性结构最终的生成物，是法定犯裁判结论形成的小前提，彰显法定犯与自然犯不同的不法内涵以及罪责判断结构。而这一过程建立在法定犯犯罪构造基础上，根据构造特征的不同，主要是根据"行政违法"规范指引性的不同，可以将法定犯裁判规范的结构划分为法定犯裁判规范的显性开放结构与法定犯裁判规范的隐性开放结构。对于"行政违法"的规范性指引较为明确，法官释法的空间较小，裁判思路的透明度较高，裁判规范的生成遵从现有的文本规范进行规范刑法学的解释即可。对于"行政违法"的规范性指引较为模糊或者层级较低较难适用时，法官释法的空间较大，正式法源与非正式法源之间的冲突博弈较多，在罪刑法定原则与刑事政策之间存在着较大的解释空间和余地，造成该类型下裁判思路的透明度不高，裁判规范的生成表现为对正式法源与非正式法源的超越解释，从而使得法定犯犯罪构造的结构不断地展开、下沉，引发刑法僭越行政法领域、行政法渗入刑事裁判等风险隐忧。

一、法定犯裁判规范的显性开放结构

法定犯裁判规范作为文本规范的最终表现样态，与立法前的行为规范、立法后的文本规范是一脉相承的关系，从发生的时间先后顺序而言，是真正意义上的"法"，其对于社会一般人而言具有更大的现实意义，规范解释构成法定犯裁判规范生成的主要侧面。因为文本规范制定之初的滞后性使得其天然存在规范漏洞或者说规范空缺，或者在遇到特殊的案件事实时难以完美匹配，此时基于法益

---

[1] 基于法定犯行政违法与刑事违法的双重特性，从法秩序统一性原理、法定犯的内部结构和处罚范围以及司法实务出发分析，刑法条文中未规定的"违反国家规定"是法定犯的不成文的构成要件要素。具体参见刘艳红：《论法定犯的不成文构成要件要素》，载《中外法学》2019 年第 5 期。

保护等刑法目的的需求，裁判者只能是在文本规范基础上的超越，从而填补漏洞，其与文本规范之间是一种既遵从而又超越的规范关系。在法定犯中，更为开放的犯罪构造使得这一遵从与超越关系更为复杂。也就是说，行政违法与加重犯（结果加重和情节加重）在价值判断时的开放性程度更高，文本规范的抽象化表达需要来自行政法规的价值评价前置，涉及行政违法与刑事违法的双重评价。

　　法定犯裁判规范的提法并不意味着法官抑或司法场域外的主体拥有自由解释规范的权力，刑事法治下依然要求法官在文本规范的基础上进行解释理论的建构。只是法官并不是孟德斯鸠所认为的那样，只是"宣读法律文字的喉舌"或是一个毫无意志的存在物，[1]而是在其自由意志范围内，对文本规范进行刑法意义上的解读。但由于法定犯双重违法性的本质，这一自由意义下的解读就必然存在着行政法价值与刑法价值之间的冲突和取舍。所以必然就需要将该自由意志限定在合法合理的范围内，而范围的标尺必然是也只能是已然定型化的文本规范，更深层次的则是文本规范背后的规范目的。故而在法定犯裁判规范的形成过程中，也就当然存在遵从文本规范的一面，也正是这一面构成了法定犯裁判规范中规范性或者说刑法规范性的本质。如果缺少了对该文本规范的遵从，而像法社会学家那样从文本规范以外寻找"活法"，那么罪刑法定原则将直接受到严重的破坏。对于文本规范的遵从，既有规范语词本身的模糊性需求，也有规范语词解释合理性的要求，而这些解释需求又是建立在案件事实的现实基础之上的，进而使得文本规范与案件事实之间实现双向互动和交流，是一种你中有我、我中有你的实然状态。

（一）法定犯文本规范语词的模糊性需要解释

　　刑法条文通过法律语句所揭示的内容就属于刑法规范，而刑法规范则是刑法条文所表现的实质，而且它必须通过刑法条文这种语

---

〔1〕　参见〔德〕拉德布鲁赫：《法学导论》，米健译，中国大百科全书出版社1997年版，第105页。

句形式所体现。[1]此处的刑法条文即是本书所论及的文本规范，因该文本规范来源于社会生活语言，故其在产生之初就带有多义性和模糊性。与此同时，其作为法律语言，也带有刑法专业的色彩，故而必须进行专业化的解读。只有通过语言，才能表达、记忆、解释和发展法。如果没有语言，法和法律工作者只能失语。[2]而法律语言、法律语句则是由诸多法律概念所构成，刑法条文是典型的不法行为的抽象化概念表达，是围绕罪体和刑体所建构起来的一个个概念要素群。法定犯的文本规范与自然犯的文本规范在现有的立法框架下是一致的，即均需要面临因规范语词的模糊性所要求的规范解释，这一点和刑法教义学背景下的解释原理是一样的。只不过在专业性方面，由于众多的法定犯所涉及的犯罪行为、犯罪对象等专业化程度较高，需要借助有别于刑法专业的知识方能准确界定，但在概念模糊性这一点上，与自然犯中高度概括性的抽象化概念是一致的。所以，法定犯的文本规范不可能直接适用到具体的案件中，亦即刑法概念的一般性和概括性决定了其在面对个案事实时必须经过相应的规范解释，这既有概念语词的模糊性原因，也有概念规定的滞后性原因。

首先，概念天生的模糊性和多义性就导致对其解释的必然性。法定犯文本规范为了发挥对人们的指引功能，其规范概念的用语既要具有概括性，也要源于生活。前者要求在进行文本规范的制定时，要注意规范用语对于不法行为类型的涵摄性，要求尽可能多地涵盖不法行为类型。此外，在规范制定之初也不可能涵盖未曾发生但可能存在的不法类型，这是规范概念难以预料的，由此才能最大程度地保证文本规范的稳定性，这是刑法稳定性的必然要求。后者源于生活指的是文本规范的用语源于人们日常生活中的用语，故而法律语言自然带有社会语言的色彩。因为法律不是供人仰望的云天，法

---

〔1〕 参见黄明儒：《论刑法规范的性质与功能》，载《湘潭大学学报（哲学社会科学版）》2009 年第 2 期。

〔2〕 参见［德］魏德士：《法理学》，丁晓春、吴越译，法律出版社 2005 年版，第 71 页。

律是现实生活中被约定出来的，用以创造自由的。[1]这样也才会使得规范的制定对生活多了一些认识，使得立法不会是躲藏在狭小的塔里，堆砌一些别人看不懂的言语的专业活动。如此也才能使得行为规范到刑法规范再到刑法法条（文本规范）的发展演化后仍然具有行为指导意义。文本规范的用语能够最大程度地在人们的认知范围内，虽然也存在与日常生活语言外延狭窄、宽泛或者完全不一样的情况，[2]但大部分规范语词还是没有超过人们的用语范围。在法定犯的文本规范中，也遵循这样的规则。

其次，数个世纪的经验告诉我们，任何法律制度都不曾也不可能达到绝对明确的程度，因为一个法律制度不可能完全不使用含有道德含义的广义概念，诸如诚信、犯意和违背良心的行为等概念。[3]这些广义概念的使用，使得原本模糊的文本规范概念又具有多义性的层面，由此带来的规范概念的外延更加丰富。哈特曾将概念的结构分为主要的、稳定的核心含义与相对模糊的边缘含义两部分。[4]该概念结构在面对鲜活的案件事实时，不会自动进行概念与事实之间的匹配，而是需要法官在概念与事实之间往返比对，亦即通过案件事实对规范概念的核心和外延含义进行个案中的解释、匹配。法定犯的文本规范虽然并不存在过多的道德含义的广义概念，但却存在着规范语词本身核心含义与边缘含义的结构界分，尤其是行政行为的繁复性和多样性，规范语词的含义会随着时代的发展而被赋予不同的时代含义，从而使得规范语词含义的边缘逐渐延伸，使得法定犯文本规范的概念范畴在行政行为的发展过程中不断地丰富和发展。

最后，法定犯概念的专业性要求解释的必要性和附庸性。法定

---

〔1〕　参见林东茂：《一个知识论上的刑法学思考》，中国人民大学出版社 2009 年版，第 79 页。

〔2〕　参见张心向：《在规范与事实之间：社会学视域下的刑法运作实践研究》，法律出版社 2008 年版，第 53~54 页。

〔3〕　参见［美］博登海默：《法理学：法律哲学与法律方法》，邓正来译，中国政法大学出版社 1998 年版，第 399 页。

〔4〕　参见［英］哈特：《法律的概念》，张文显等译，中国大百科全书出版社 1995 年版，第 124~128 页。

犯与自然犯的文本概念一样，均因相同的立法技术和立法局限性带来了语词含义的模糊性、多义性和滞后性，所以必然存在着解释的空间和需求。然而，法定犯因来源于保障社会管理秩序的要求，所涉及的犯罪涉及社会管理中的方方面面，包含环境保护、食药安全、金融秩序等，犯罪种类众多，犯罪行为多样，犯罪对象多变等决定了在法定犯规范制定之初，就存在着诸多高度专业化的概念，需要借助专业知识进行界定方能进行司法适用的类型。如生产、销售、提供假药罪中对"假药"的认定，则需要依据 2019 年新修订的《药品管理法》对十种假药、劣药类型的列举式规定，[1]非法持有枪支罪中对"枪支"的认定，则需要依据《枪支管理法》第 46 条、第 47 条的相关规定，进而使得鉴定所依据的枪支致伤力的判定——比动能 1.8 焦耳/平方厘米的专业标准成为认定枪支的刑事判断标准。这些专业性较强的规范概念，与自然犯中单纯依据法官的刑法价值观就能做出评判的规范概念类型不同，需要专业知识进行专业标准基础上的规范解读。

（二）法定犯文本规范解释的合理性讲求逻辑

裁判规范的生成虽然属于司法建构物，并没有如文本规范那样客观存在的法条形式，但其是客观潜行于司法裁判过程中，是实然层面的"刑法规范"，既具有规范性又具有强制性，对社会公众的行为也起着当然的指引作用，所以也必然需要遵循罪刑法定的刑法原则。如此，法定犯裁判规范的生成要求必须遵从文本规范，决定了对文本规范的刑法解释也就必然遵循当前法律解释的逻辑性要

---

〔1〕《药品管理法》第 98 条规定：禁止生产（包括配制，下同）、销售、使用假药、劣药。有下列情形之一的，为假药：（一）药品所含成份与国家药品标准规定的成份不符；（二）以非药品冒充药品或者以他种药品冒充此种药品；（三）变质的药品；（四）药品所标明的适应症或者功能主治超出规定范围。有下列情形之一的，为劣药：（一）药品成份的含量不符合国家药品标准；（二）被污染的药品；（三）未标明或者更改有效期的药品；（四）未注明或者更改产品批号的药品；（五）超过有效期的药品；（六）擅自添加防腐剂、辅料的药品；（七）其他不符合药品标准的药品。禁止未取得药品批准证明文件生产、进口药品；禁止使用未按照规定审评、审批的原料药、包装材料和容器生产药品。

求，是从文理解释到论理解释的阶序性解释，通过这一解释方法对文本规范进行规范解读以避免任意解释的发生，这是刑法形式逻辑的必然要求。与此同时，法定犯文本规范的开放性和专业性，使得对法定犯文本规范解释的合法性与合理性之间产生冲突，亦即对于法定犯文本规范的解释也需要符合解释结论合法合理的要求。

一方面，法定犯文本规范解释方法的合理性讲求逻辑。如果说行为规范的存在是第一性的话，那么文本规范则是行为规范建构的结果。但行为规范的性质（或属性结构）超出了立法者的语言表述能力，这是通行立法模式中行为规范隐而不显的根源。[1]所以才有了当遇到鲜活的案件事实时，文本规范的再解释问题。对于文本规范的解释有多种分类，根据解释的效力可分为立法解释、司法解释和学理解释，根据解释的方法可分为文理解释和论理解释，其中文理解释注重刑法条文中概念、术语的解释，而论理解释则是从刑法条文的内部构造关系上进行的解释，通常包括当然解释、反对解释、体系解释、历史解释、比较解释和目的解释等。当前刑法教义学或规范刑法学对于规范的研究，多是在文理解释和论理解释里面进行学理解释，即注重文本规范的教义学体系建构，故而注重解释理论的逻辑性。法定犯文本规范作为裁判规范的建构素材，解释的逻辑论证也是合理性的保证，因为法定犯规范构造的开放性如果缺乏了刑法规范解释的传统方法的限制，必然如"失去缰绳的野马"，使得文本规范的解释结论容易受到刑事政策、民意等的绑架而成为任意解释的当然出口，这对于刑事法治是一种极大的威胁。如在交通肇事罪中，对于机动车的界定需要依据《道路交通安全法》中第119条第3项关于机动车的规定，即指以动力装置驱动或者牵引，上道路行驶的供人员乘用或者用于运送物品以及进行工程专项作业的轮式车辆。也就是说，对于交通肇事罪中机动车的认定，必须根据该概念的界定进行文理解释，而不能为了迎合当前整治电动车的

─────────

〔1〕　参见刘远：《论刑法规范的司法逻辑结构——以四维论取代二元论的尝试》，载《中外法学》2016年第3期。

行政管理需求，将所有的电动车解释入机动车的概念范畴。

另一方面，法定犯文本规范解释结论的合理性讲求逻辑。文本规范的解释结论的可接受程度可分为合法性判断和合理性判断两个方面。对于社会一般人而言，解释结论或者说裁判结论的合理性判断要先于合法性判断，其利用朴素的法感情去感知裁判结论的合理性。而对于法官等专业集体而言，在罪刑法定原则的要求下，合法性判断要优先于合理性判断，这样的认知顺位差异，在自然犯裁判结论的形成过程中，并不会带来明显的价值冲突。因为自然犯作为拥有深厚文化底蕴和文化内涵的社会化产物，其已成为社会一般规范融入人们的价值认知中，法官只需要按照现有的法律规定进行裁判，所得的裁判结论与社会公众对合法合理的认知基本上是一致的。然而，在法定犯的场合下，由于其诸多类型来源于行政法规范，而合法原则和合理原则作为行政法的两大原则，自然使得法定犯裁判结论的形成要受制于合理性的预期，而且这一合理性的预期相较于自然犯而言更甚。如果一味地寻求法定犯裁判结论的合法性而置合理性于不顾，必然带来社会公众朴素的法感情与司法公正之前的鸿沟，这一点从赵春华案对"枪支"的解释结论和王力军案中对"无证经营"的解释结论中可见一斑。所以，对于这一合理性的满足又必须在罪刑法定原则下进行，不能为了一味迎合所谓的"民意"而与合法性的根基相抵牾，所以对于法定犯文本规范解释结论的合理性需要建立在法律逻辑的基础之上。

二、法定犯裁判规范的隐性开放结构

现实生活中的各种法律案件并不按立法者所设计的法律模式发生，以致出现大量体现共性的法律条文与充满个性的案件不能完全吻合的现象。法官等在进行审判活动时的正确做法，只能是通过法律又超越法律。[1]在刑法规范中，所谓通过法律指的是遵从文本规范，通过文本规范的文理解释、论理解释进行规范解释，而超越法律则是在规范目的的约束下进行规范漏洞的填补或空缺的续造。如

---

[1] 参见陈金钊：《法律解释的哲理》，山东人民出版社 1999 年版，第 231 页。

果法律解释学不能最终落实到判决理由中，那么一切便成为空谈。[1]而落实到判决理由中时，不仅仅涉及规范与事实这一二元裁判结构间教义学意义上的往返比对，还涉及正式法源与非正式法源这一法源结构内部要素的取舍、说理，其中非规范性因素必然带有公平正义观念、国家政策等的考量。

法定犯裁判规范生成过程中正式法源（规范性法源）与非正式法源（非规范性法源）的法源结构，尤其是非正式法源通过法定犯犯罪构造"潜入"裁判规范生成的特点必然使得最终法定犯裁判结论形成的大前提已经不是纯粹的字面意义上的文本规范了，是经过加工后的文本规范。事实上，发展后的规范与发展前的规范根本就不是相同的规范，它仅仅是在外表上没有改变，它已经接纳了全新的核心内容。[2]法定犯裁判规范就是这一全新核心的集中诠释，而且随着释法说理要求的逐渐提高，裁判规范存在的合理性论证必将显现出来。

（一）法定犯中正式法源对文本规范的超越

文本规范是类型化的不法行为，按照考夫曼在《类推与事物本质》一书中的观点，每个法适用的过程，并非单纯的刑事意义上的逻辑推论，亦非简单的语词涵摄，而是围绕着"事物的本质"——罪质所进行的犯罪类型之间的比对。换句话说，裁判规范的形成过程就是对不法行为事实类型的提炼进而与文本规范中已然概念化的不法事实类型比对后的结果，裁判规范也正是在这一意义上将新生的不法行为归入已经存在的文本规范中。而这一比对的过程，必然会带来文本规范含义在个案裁判中的个案检视，必然存在着核心含义和模糊外延之间的鸿沟。波斯纳认为，法律文本存在着"内部含混"和"外部含混"：前者是指由于法律用语本身的歧义、模糊、评价特性等产生的模糊；后者是指由于语境因素的变化而使得原本

---

[1] 参见季卫东：《法治秩序的建构》，中国政法大学出版社1999年版，第144页。

[2] ［奥］尤根·埃利希：《法律社会学基本原理》，叶名怡、袁震译，中国社会科学出版社2009年版，第98页。

清楚的法律用语变得模糊。[1]对于内部含混有了刑法解释的要求，从而以文本规范的解释为核心的规范刑法学。对于外部含混，其本质诉说的是文本规范的稳定性之间与社会生活事实瞬息性之间的矛盾和冲突，无论法律规定得多么周详，终究只是一套行诸于文字并由概念和规则交织复合而成的逻辑系统，庞杂的社会事实不可能与之天然吻合。[2]当丰富的社会事实并不能为现有的刑事立法所涵摄，而基于公平正义的理念，法益保护的迫切要求又必须予以必要的刑法规制时，一味地遵从文本规范只会使得最终的不法行为得不到妥善的处理，使得罪刑均衡原则的实现面临威胁。

在法定犯裁判规范的生成过程中，行政法规等正式法源对于文本规范的超越愈发普遍。在法定犯的犯罪成立中，存在着如"违反国家规定"等不成文的构成要件要素，对这一要素的解读则构成了诸多非正式法源进入裁判过程的主要通道。具体而言，"违反国家规定"中的国家规定基本都是行政机关在行政管理过程中的行政法规，如在《刑法》第141条规定的生产、销售、提供假药罪中，是指违反国家药品管理法规，在《刑法》第128条规定的非法持有枪支罪中，是指违反枪支管理法规，诸如此类，在法定犯的犯罪构造中不胜枚举。这些行政法规一定程度上决定了最后案件的定罪量刑，但其来源于行政法体系中的标准设定、行为特征设定等规范相对于刑法的文本规范而言，一定程度上是一种超越。与此同时，在我国现有的法定犯立法体系下，存在一种司法解释超越文本规范基本内涵的现象。如在《刑法》第341条中，规定了危害珍贵、濒危野生动物罪，对于详细的行为类型，则规定在最高人民法院、最高人民检察院《关于办理破坏野生动物资源刑事案件适用法律若干问题的解释》中，其中将"出售"解释为"包括出卖和以营利为目的的加

---

〔1〕 参见［美］波斯纳：《法理学问题》，苏力译，中国政法大学出版社2002年版，第337页。

〔2〕 参见桑本谦：《理论法学的迷雾：以轰动案例为素材》，法律出版社2008年版，第51页。

工利用行为"。[1]

此外，通过案件事实弥补规范漏洞或者规范空缺，从而实现文本规范的规范事实视角下的超越。由于立法者之疏忽、未预见，或情况变更，致使某一法律事实未涉规定时，审判官应探求规范目的，就此漏洞加以补充，谓之漏洞补充。[2]在此的漏洞补充是法官造法的过程，然而在我国法官造法也必须通过案件事实的充分挖掘后，在现有文本规范的基础上进行漏洞的补充，是在立法原意或者说法益保护的目的性原则下所进行的扩大解释或者缩小解释等规范解释，排除类推解释的适用。那种认为从成文法向判决转化的过程是一个封闭的过程，只要有完整的法律规则体系就会得出针对个案的裁判规范的认识，都忽视了事实因素在这一过程中的介入。[3]丰富多样的个案事实是文本规范得以延续的根本，也是文本规范能够保有生命力的前提，通过新的时代背景下个案事实的类型补充，文本规范的概念边界得以不断延伸，在这一延伸的过程中，裁判规范在个案中得以生成。如在生产、销售、提供假药罪中，对于假药的认定首先需要确立上位概念药品（药物）的准确含义，而这一把握往往决定了不同的罪名。即如果属于药品，进而符合《药品管理法》第98条中假药的规定，可能涉嫌生产、销售、提供假药罪，如果不属于药品，则可能涉嫌生产、销售有毒、有害食品罪，生产、销售不符合安全标准的食品罪等，所以药品的事实类型对于定罪起着关键性的作用。根据笔者的统计，[4]按照医药行业内通行的药品分类

〔1〕　参见最高人民法院、最高人民检察院2022年4月6日公布的《关于办理破坏野生动物资源刑事案件适用法律若干问题的解释》。

〔2〕　参见杨仁寿：《法学方法论》，中国政法大学出版社2012年版，第191页。

〔3〕　参见张心向：《在规范与事实之间：社会学视域下的刑法运作实践研究》，法律出版社2008年版，第63页。

〔4〕　检索平台：威科先行；检索关键词：药品；检索条件：全文常规检索；类罪限定：破坏社会主义市场经济秩序罪和妨害社会管理秩序罪；审判日期限定条件：2012年1月1日至2017年9月22日；审级：一审；文书类型：判决书。数据的整理分析得到了南开大学法学院张心向教授的指导，硕士研究生刘晓雨、崔林红、荣美美、周蓉、郝瑞红、杨斌、薛琦、曹慧珊、马萌萌等师弟师妹的辛勤付出，在此对他们表示由衷的感谢。

方法，即按照药品的药理作用、药品功能、药品用途以及难以归类的以"其他类"对假药类型进行现实生活意义上的归类，对 11 399 份有效样本案件中的成千上万种以某种"药名"命名的"药物"进行分类整理。仍然存在难以归类的"其他类"药品犯罪，[1]而这些案件事实中的药品类型成为探明"药品"内涵和外延的重要事实来源，是涉"药品"类犯罪文本规范漏洞填补的重要事实来源。

（二）法定犯中非正式法源对文本规范的超越

法官在进行审判活动时的正确做法，只能是通过法律又超越法律。[2]裁判规范的形成就是这一遵循与超越的结果。详言之，裁判规范的形成是正式法源与非正式法源彼此博弈的结果，只是在不同的案件类型中二者所占的比例不同。在规范与事实匹配度较高的案件中，正式法源占主导地位，或者说正式法源能够在最大程度上满足定罪量刑。而非正式法源并不会起到多大的作用，在大部分的时候我们并不会感觉到非正式法源的影响和作用。但在规范与事实匹配度不高，即法律规范存在漏洞或案件事实较为特殊的案件中，仅凭正式法源并不能够做到罪刑均衡时，则需要将目光在正式法源和非正式法源之间来回往返，关注法律作为社会控制手段的一面。在这一观念的支配下，需要考虑天理、人情等自然观念，自由、平等、公平等法律价值，还有政治优先下的政策对法的干预等。而这些非规范性因素不可避免地对裁判结论的形成起着或多或少的作用，张心向教授将此些因素划分为价值补充说理性法源和工具补充说理性法源，并就此认为在我国现有的刑事司法实践中刑事政策、法学家法以及已决判例等对裁判结论形成的重要作用，[3]进而开展对这些非正式法源的规范认定路径研究，为我们探明法定犯法源结构提供

---

〔1〕按照一般社会生活常识进一步细分为性药类、保健食品类、减肥产品类、美容产品类、原料辅料类、祖传秘方类、中药制剂类、医疗器械类、外用药（剂状）、外用药（膏状）、不详等类型。

〔2〕参见陈金钊：《法律解释的哲理》，山东人民出版社 1999 年版，第 231 页。

〔3〕参见张心向：《在遵从与超越之间：社会学视域下刑法裁判规范实践建构研究》，法律出版社 2012 年版，第 184~185 页。

了可资借鉴的思路和方法。

法定犯裁判规范的生成也是在这一正式法源与非正式法源的博弈中产生的，如果说法定犯裁判规范生成过程中的正式法源是裁判规范生成的规范基础的话，那么非正式法源则是该裁判规范得以发展延续的内在需求，是一种建构中的法源要素，是在不断变化着的，且这种变化并不受人的主观控制，而且人也处于这种变化中；其不受形式的制约，是刑法与社会妥协与斗争的产物；其虽内在（抽象）但也可以通过外在被感知。然而，这一社会的内在需求按照当前规范刑法学的角度来看，一方面通过刑法解释的方式试图予以消化；另一方面通过刑事立法的方式予以消解，但收效甚微，亦不能解决刑事犯罪的增长，这一点从赵春华案的刑事审判和学界讨论中可见一斑。以当前刑法学界对于该案的现实回应为例，纵观各家的理论剖析路径，主要为规范视域下的犯罪论反思。该反思基于罪刑法定原则的要求，运用刑法解释的方法试图将鲜活的案件事实解释入当前的概念范畴下，其中不乏形式解释和实质解释的尝试。该解释路径立足于规范视域下的理论研究，注重在犯罪论体系下展开辩驳，本着"主客观相一致"的定罪原则，在主观层面注重行为人的罪过形式的认定，其中关注最大的是违法性认识错误的法理争论。在客观层面注重涉案犯罪对象的事实认定与规范解读，这一封闭的教义学解释路径对于类案的处理收效甚微，更多的是刑法文本规范的技术解读。然而，法律不仅关乎规则，还关乎规则背后的价值诉求，而这一价值诉求往往成为非正式法源，进而在法定犯裁判规范的生成过程中，影响着裁判规范的形成。正是基于此，有的学者提出"法律（人）不是技术（人）"，主张法律人和法律职业应该符合公平、正义、善良、德行等法天然所具有的价值观。正义是社会制度的首要价值，司法良知是对正义这一合法良善价值的追求，是实现司法正义的内在支撑。[1]司法应该坚守刑法底线，即罪刑法定

---

〔1〕 刘艳红：《"司法无良知"抑或"刑法无底线"？——以"摆摊打气球案"入刑为视角的分析》，载《东南大学学报（哲学社会科学版）》2017年第1期。

原则，司法工作者应该秉持司法良知，使得司法裁判的结果符合"三常"法治观，即司法裁判的结果应该符合常识、常理、常情，只有如此才能使得现代法治实现人性之治、良心之治。

第三章 | 法定犯裁判规范的建构

第一节 法定犯裁判规范建构之本体论

　　法定犯裁判规范结构的分析，使得我们对于法定犯裁判规范生成过程中结构的高开放性、强法定性和弱伦理性等有了较为清晰的把握和了解，也让我们清晰地认识到，刑事案件裁判的过程并非规范刑法学意义下文本规范的逻辑自洽。刑事裁判规范的生成过程，实际上是在一定的社会价值导演下，规范、事实、法官共舞一曲的过程；其生成表象实际上是法官基于特定案件事实对文本规范的诠释结果。[1]即以规范与事实这一二元结构为基础图式，裁判者在司法场域内外因素的影响下，努力地在规范与事实之间进行往返比对。法定犯裁判规范生成的过程，发现的是与特定案件事实相关的、正当的"个案裁判规范"，[2]其实就是法定犯裁判规范开放结构不断确证的过程，是不成文的构成要件要素逐渐呈现的过程，更是裁判事实与裁判规范"等置"的过程。详言之，法定犯文本规范与具体案件事实对接匹配的过程，不仅仅是围绕着案件事实对文本规范进行裁判规范建构的过程，更是在这一过程中，将建构因素融入待决

---

　　〔1〕 参见张心向：《在规范与事实之间：社会学视域下的刑法运作实践研究》，法律出版社 2008 年版，第 185 页。

　　〔2〕 参见张心向：《在遵从与超越之间：社会学视域下刑法裁判规范实践建构研究》，法律出版社 2012 年版，第 124 页。

案件而不断建构的过程，是具有一般意义的文本规范在个案中的确证过程。而裁判事实、公共政策和社会发展共同构成该规范建构的微观、中观和宏观层面的主要因素，其中裁判事实对法定犯裁判规范的生成起着基础性的作用，是启动、激活法定犯裁判规范生成的起因；公共政策则是法定犯这一法定性色彩较浓、伦理性色彩较弱的裁判该类型的解释方向，是发展、延伸法定犯裁判规范生成的方向；社会发展则是法定犯规范内在生长的根源，是催生、延续法定犯规范的不竭动力。

一、裁判事实对法定犯裁判规范生成的基础性建构

文本规范下构成要件是规范意义上的概念事实，在与具体案件的个案事实进行匹配时，才有了解释的需要和适用的可能，如此法才具有了规范的意义。只有在规范与具体的生活事实、当为与存在，相互对应时才能产生真实的法。或者简言之：法是当为与存在的对应。[1]也就说，司法机关并不是通过规范概念进行语义意义上的概念演绎，而是通过个案事实去"表述法律"，如此也就并不存在裁判者创造法律的诟病，而在这一表述过程中，个案事实构成对裁判规范生成的基础。通过结合具体刑事案件构建开放的裁判规范，并最终使案件事实和裁判规范之间能够全面对接，刑事法治就会在这样一个曲折的过程中逐渐进化。[2]如此也可以看出，裁判规范生成结果一定是个案裁判规则，这一生成的过程一方面是从文本规范这一般性的规则出发，进行符合刑法解释逻辑的推理，将抽象化的概念进行符合个案的、现实的规则表达，从而使其具有司法裁判的部分功能；另一方面从裁判事实这一个案事实出发，以当前政策导向和案件事实为指引，将个案中的事实要素进行规范意义上的适度抽象，将之作为裁判规范生成的条件进行技术性表达，并和前述文

---

〔1〕 参见［德］亚图·考夫曼：《类推与"事物本质"——兼论类型理论》，吴从周译，新学林文化事业有限公司 2016 年版，第 41 页。

〔2〕 参见王强军：《刑法裁判规范的开放性研究》，载《政治与法律》2014 年第 7 期。

本规范的解释路径"相汇合"。法律规范首先将一个通过抽象方式加以一般描写之法律事实规定为构成要件，然后再将同样以抽象方式加以一般描写之法律效果归属该抽象的法律事实，[1]最终生成用以裁判案件大前提的裁判规范。而在法定犯裁判规范的生成过程中，裁判事实对构成要件要素的匹配度决定了最终的裁判规范的生成结论。而法定犯裁判事实相对于自然犯裁判事实而言，是一种前置法意义上的事实存在和规范评价，脱离了罪刑法定这一刑法刚性原则的束缚，在行政法规范框架下实现向刑事法规范的跨越，必然带来法定犯裁判规范内涵的丰富和外延的延展，如此法定犯也就实现了在不同时期的时代成长。

（一）裁判事实解构法定犯裁判规范的内涵

毋庸置疑，何者为法律问题，何者为事实问题，极难区别，[2]对二者进行逻辑上的区分既没必要也不现实，因为司法裁判中二者是一种裁判者主导下的规范与事实"共舞"的过程，相互交织，互为影响。只是为了从形式上方便呈现裁判者的逻辑脉络，将裁判规范和裁判事实分别作为三段论推理的大、小前提，其中裁判事实是法官在法律上最后认定的事实形态，是推理的小前提，也是法院判决书中所能表现出来的事实描述。[3]法定犯裁判规范作为文本规范适用的产物，其必然是裁判事实与构成要件要素符合性的判断过程。一方面，法定犯裁判规范得以通过裁判事实成为真正影响刑事司法、表征正义的"活的法"，其外延也通过源源不断、推陈出新的裁判事实而充满活力。另一方面，法定犯案件中个案事实需要面对行政法、刑法这一双重公法规范、公法程序的双重评价，对其事实状态的把握和规范价值的评价都决定着最终的定罪量刑。

1. 法定犯裁判规范的具象化依托裁判事实

"每一个具体案件的判决都是抽象的法律规则在具体实施中的适

〔1〕　参见舒国滢等：《法学方法论问题研究》，中国政法大学出版社 2007 年版，第 287 页。

〔2〕　参见姚瑞光：《民事诉讼法论》，中国政法大学出版社 2010 年版，第 463 页。

〔3〕　参见刘治斌：《法律方法论》，山东人民出版社 2007 年版，第 301 页。

用",[1]通过基于个案事实的解读，规范语词涵义由抽象变为具体、由模糊趋向明确；规范涵摄内容逐步被量化、细化；规范适用规则不断衍生、确立、修正。[2]刑法规范中的构成要件事实只是抽象的概念事实，在面对具体的案件事实时，需要法官结合具体个案进行相应的解构和运用。无论是传统的犯罪构成四要件还是主流的三阶层理论，都被具体的案件事实所解构，裁判者所面对的是对构成要件要素的解读，亦即鲜活的案件事实能否被规范的案件事实所涵摄。裁判规范是对文本规范的主观建构，而裁判事实则是对文本规范的客观建构，只有在规范与事实之间的往返比对，才能使得刑法规范更好地匹配案件事实，案件事实更好地解释刑法规范。裁判规范是个案中的裁判规范，裁判者基于个案事实进行文本规范的释明、说理。也就是说，裁判中的刑法规范，不仅是一个规范问题，也是一个事实问题。[3]在此意义上，裁判规范不仅仅是文本规范刑法教义学视域下的解释结果，而且是案件事实与文本规范往返比对下的司法建构物。案件事实为文本规范的遵从提供素材，在这一过程中，裁判规范得以建构，刑法规范得以延续和发展。刑法从体系性研究衍生具体犯罪与事实类型的研究，并发展出精细的实务定罪规则，应该是今后构成要件理论发展所面临的重要任务。[4]如果说上述裁判事实与裁判规范之间是一种本体论意义的互动关系，而在程序意义上或者说实践过程中，裁判事实对裁判规范的建构性则是基础性的和方向性的。开放的构成要件需要补充的部分，一般是违法性的

〔1〕 ［德］亚图·考夫曼：《类推与"事物本质"——兼论类型理论》，吴从周译，新学林文化事业有限公司 2016 年版，第 27 页。

〔2〕 参见张心向：《论个案事实在刑法规范解释中的作用——以〈刑法〉第 263 条规定的"入户抢劫"为分析视角》，载《法学杂志》2009 年第 1 期。

〔3〕 参见张心向：《刑法裁判规范之品性——基于司法实践建构的视野》，载《天津法学》2011 年第 2 期。

〔4〕 参见刘艳红：《论法定犯的不成文构成要件要素》，载《中外法学》2019 年第 5 期。

价值判断要素。[1]而这一构成要件要素的查明，往往依赖于裁判规范与裁判事实彼此建构过程中的规范选择。裁判事实是客观事实与规范事实双重建构下的产物，客观事实构成裁判事实形成的客观性基础，而规范事实则构成裁判事实的价值性导向，但二者又并非二元对立的关系，而是一种你中有我、我中有你互相交织的关系。[2]

在法定犯裁判事实对裁判规范建构的过程中，客观事实与法律事实是行政法规范意义上的客观事实与法律事实，其对于违法性的表征会以构成要件要素的形式参与到裁判事实的生成过程中，进而成为法定犯这一空白规范得以补充的重要事实侧面。具体而言，一方面，以法定犯文本规范的开放性构成要件特征为模板进行构成要件要素的规范填补，而这一规范填补的过程是依据个案事实展开的，不仅仅是一个抽象的概念事实到个案客观事实的再现，更是一个不完整的构成要件在个案事实司法裁判过程中的个案补全，是一个真正规范发挥作用的过程。如对非法集资行为特征的"四性"判断中，"四性"中任何一个行为特征的描述只是概念意义上的存在，对于任何特征的个案事实表现均是不一样的，其中非法性特征会因为该行为所属行业领域的不同而表现出不同的非法属性，利诱性特征会因为不同的利益允诺比例和形式而有所不同，公开性又会因当前互联网的发展而表现出不同于传统社会的公开形式等。其个案事实千差万别，对于该"个性"的把握不可能通过概念化的规范表达去把握，必然表现为对个案事实的解释性需求去对法定犯这一开放的、空白的构成要件要素的规范选择，如此才能产生能够对个案起到现实解释作用、具有司法适用机能的裁判规范。另一方面，将新生的个案事实按照构成要件中类型特征进行相应的类型化，使之符合文本规范所要求的类型或者说框架特征。事实——生活事实——案件事实——裁判事实的脉络是我们把握裁判规范生成过程中的事

---

〔1〕 参见张心向：《在遵从与超越之间：社会学视域下刑法裁判规范实践建构研究》，法律出版社2012年版，第124页。

〔2〕 参见张心向：《在规范与事实之间：社会学视域下的刑法运作实践研究》，法律出版社2008年版，第131~149页。

实侧面，也是我们了解裁判规范与裁判事实彼此交织、互为建构的基本图式。只有对人们当时当地具有现实意义的事实才能成为社会生活的一部分，而只有产生法益侵害的事实性过程才能成为案件事实。而案件事实是一个充满着未知、待解释的事实材料堆积场，只有经过规范剪辑的案件事实才能成为裁判案件的小前提。从证据的角度看，对客观事实（个案事实，笔者注）的采信是裁判事实形成的基础，在此基础上，针对形成的达到内心确信的客观事实与刑法规范中已然类型化、概念化的规范事实进行概念涵摄范围内的类型匹配，进而完成裁判事实的建构。[1]而在这一过程中，法定犯裁判大前提也完成了从文本规范这一静态规范到裁判规范这一动态规范的生成建构。在此基础上，进而对这一规范、事实进行二者契合度的比对，而构成要件的本质与案件事实的本质则构成这一比对的中介和桥梁。

2. 裁判事实对法定犯裁判规范的规范识别

法定犯的文本概念即是构成要件的概念化表达，对于这一概念真实含义的呈现需要到案件事实中理解，亦即案件事实构成规范选择的当然结果，而在这一选择的过程中，其实是一个基于案件事实的复杂的规范识别过程。也正是在这一过程中，行政法规范的规范事实与行政违法行为的客观事实参与了法定犯司法裁判的建构过程，使得行政法与刑法二者之间的"暧昧"关系得以通过法定犯的空白规范得以呈现。故而，对于法定犯裁判规范生成过程中规范识别的过程分析，是我们解构直至建构这一裁判前提的基础。

通过案件事实去进行规范识别，通过具体案件中所呈现的犯罪行为可能涉及的罪名进行刑法文本规范意义上的规范识别。文本规范作为抽象的概念存在，其是不法行为的概念化表达，在面对鲜活的案件事实时，必然需要进行基于概念要素的规范解释，如此完成从普适性规范到个案裁判的角色转换。在没有案件事实发生之前，

---

〔1〕 参见赵承寿：《司法裁判中的事实问题》，中国政法大学出版社 2015 年版，第 46~49 页。

其只是静静地躺在刑法典中的文字罢了，只有在个案中其才具有了存在的意义和价值，而存在的形式即为裁判规范这一大前提。在确定罪名的前提下进行犯罪构成意义上的构成要件要素的匹配，在出现法条竞合的场合通过案件事实进行匹配度的把握。在大部分案件中，由于文本规范的概括性，个案事实的普遍性和多发性，并未超出文本规范的概念范畴，故而文本规范与案件事实的匹配度较高，如故意杀人、强奸、抢劫等传统意义上的自然犯，对其规范的识别是在刑法文本规范范畴下的规范识别，法官基于伦理价值的考量所作的刑法文本规范的解读。法定犯的案件事实相较于自然犯的历史性而言，具有更加开放的规范构造和更为丰富的案件事实类型。在法定犯中，法定犯的文本规范的解读需要随着案件事实进行符合时代背景下的解读，是立足于刑法文本规范，刑法文本规范与行政法规范等众多不同法域外的规范识别。相较于自然犯而言，多了刑法文本规范以外的视域，使得规范识别的范围更加地宽泛，有脱离刑法界域的危险。如前文提及的最高人民法院、最高人民检察院、公安部《关于办理非法集资刑事案件若干问题的意见》中对"非法性"认定依据的规定，将依据下放到行政主管部门制定的部门规章等规范性文件，已然突破了刑法、行政法规对定罪量刑的专属意义。

具体而言，法定犯裁判规范生成中规范识别的过程，首先是空白刑法罪状下关联行政法规范的识别。行政法规范作为社会管理的制度性存在，其会随着社会发展变化进行制度上的规范调整，充满了不确定性，而这一不确定性是符合制度存在的客观需求的。但是，通过法定犯的空白罪状进行刑法规范识别时，这一不确定性在被规范识别过程中，一方面要面对不同案件类型之间"类案类判"的司法裁判要求，另一方面，裁判效果的可预测性也要求这一不确定性能够在最大程度上得到有效控制。其次是这一关联法条与待判决的个案事实之间的关联度的识别。法定犯中空白罪状的补足规范与个案事实之间的关联度往往存在前置行政程序中，是个案事实的一部分，故而在进行关联法条与待决个案事实之间的关联度识别过程中最先需要解决的应是这一前置程序规范适用的程序性问题，之后是规范适用的实体问题。最后是与个案事实存在关联度的法条之间产生冲突时的法条识别。这一冲突不仅仅包括行政法内部、刑法内部的规范冲动，在法定犯空白罪状的补足过程中，更多的是要关注行政法规范与刑法规范之间的规范冲突，尤其是规范价值之间的冲突，或者说合法性与合理性诉求的冲突。在很多场景下，我们对合理性的接受在一定程度上超过了合法性。[1]如在赵春华案中，《刑法》第128条非法持有、私藏枪支、弹药罪中的"枪支"的核心含义由《枪支管理法》第46条所规定，[2]然而，随着枪支行政管理工作的变化，公安机关在2010年修订了《公安机关涉案枪支弹药性能鉴定工作规定》。在《枪支致伤力的法庭科学鉴定判据》中将发射弹丸的枪口比动能大于等于1.8焦耳/平方厘米的枪均认定为"枪支"，该标准也就当然成为"枪支"认定的最直接标准，使得行政法中对于枪支的认定外延要远大于刑法中对于枪支的认定外延，如此就带来二者事实范型的衔接问题。

（二）裁判事实扩容法定犯裁判规范的外延

裁判事实的作用不仅仅表现为在裁判规范生成过程中对文本规范的解释性需求，更表现在司法适用过程中通过对裁判规范的生成建构产生真正意义上的法，进而使得该个案意义的"规范"进入到文本规范中，充实文本规范的规范意义，成为其他类似案件"新鲜"的规范前提，从而进入下一个个案裁判规范的生成过程中。如此，才能合理解释文本规范还是那个文本规范，但却能历经数年仍然具有个案解释性，这也是法律规范成长的内在机理。裁判事实在此过程中扮演着催生规范内在成长的重要角色，只有将刑法规范置于案件事实之中，其漏洞与空缺才会有被填补和续造的需要。[3]法定犯文本

---

〔1〕 参见王强军：《刑法裁判规范的开放性研究》，载《政治与法律》2014年第7期。

〔2〕 参见《枪支管理法》第46条规定：本法所称枪支，是指以火药或者压缩气体等为动力，利用管状器具发射金属弹丸或者其他物质，足以致人伤亡或者丧失知觉的各种枪支。

〔3〕 参见张心向：《在规范与事实之间：社会学视域下的刑法运作实践研究》，法律出版社2008年版，第31~32页。

规范作为空白罪状的刑法规范，在产生之初就必然存在着漏洞与空缺的填补需求，这一点通过规范选择和规范识别能够在一定程度上补足这一空白规范结构，也能在很大程度上解决大部分案件。这主要适用于文本规范（法律体系意义下的文本规范，笔者注）与案件事实能够较好匹配的案件类型，而对于文本规范与案件事实匹配度不是很高的案件类型，则需要基于裁判事实视域下的规范外延的解读。而裁判事实作为客观事实与规范事实双重建构下的产物，必然要求我们对裁判规范外延的解读也需要围绕客观事实与规范事实二者进行规范展开。

语言具有空缺结构的特征，每一个字、词组和命题在其核心范围内具有明确无疑的意思，但随着由核心向边缘的扩展，语言会变得越来越不确定，在一些边缘地带，语言则根本是不确定的。[1]按照哈特的观点，刑法裁判中规范作为真实存在的法，也必然涉及裁判规范中规范因素的核心内涵与边缘含义的划分问题，亦即法定犯裁判规范的核心内涵与外延问题。规范外延是规范核心向边缘的扩展，而这一边缘则代表了不确定性，其不可能如核心内涵一样有确定无疑的核心含义，但却与核心内涵一起构成规范的现实意义。在罪刑法定原则的要求下，外延的含义必然受到一定的约束，不可能如"脱缰"的野马一般，对其解读必须依靠对裁判事实的事实剖析，而对裁判事实与裁判规范之间的微观剖析则构成了当前对裁判规范生成、规范成长的事实视角。其中，客观事实构成法定犯裁判规范外延的客观性基础，规范事实构成法定犯裁判规范外延的价值性导向，而事实范型则构成裁判规范与裁判事实之间的桥梁，构成裁判规范外延确定的基础。

1. 客观事实是法定犯裁判规范外延之客观性基础

哈贝马斯认为，事件是我们经验的对象，而事实是陈述语句对经验现象所作的断言，陈述语句的真假值并非全然取决于事件，陈述语句中的事实是对事件的不同演绎，在事件不发生改变的情况下，

---

〔1〕　参见［英］哈特：《法律的概念》，张文显等译，中国大百科全书出版社1995年版，第124~128页。

事实却可以有多样性。[1]这一点在法定犯规范与事实之间的关系中能够得到有力的彰显，即法定犯裁判规范中的核心内涵存在着概念化、类型化的事实范型，以构成要件的形式规定在文本规范中，当面对案件事实的裁判时，则将该构成要件要素呈现的事实范型进行符合案件事实的个案呈现，这就是学界所主张的规范与事实之间的往返比对。事实范式（事实范型，笔者注，以下同）具有广泛的涵盖性，但是并不会也不可能包括所有的客观事实，只有那些立法者认为需要给予法律评价的客观事实才可能被塑造为事实范式。[2]而对于未受到法律评价的客观事实，可能是立法者有意为之也可能是立法技术或者司法实践的操作性限制而难以进入法律视域，故而并未被以事实范型的形式规范化、类型化于文本规范中，这一部分也就当然构成裁判规范中事实范型核心内涵之外的模糊区，亦即构成事实范型的外延所在。每一个案件事实经由事实范型按照不同的角度、长度、层级、联系进行截取、裁剪后以"涵摄"的名义将其确定为裁判事实。而每一个案件的裁判事实都是由该案所涉犯罪的构成要件要素的裁判类型排列组合而成，作为由法定构成要件组合而成的事实范型在"决定"个案裁判事实形成的同时也一并"决定"了该裁判事实的合法性维度。[3]如此，法定犯裁判事实生成过程中对客观事实的把握必然也就构成了裁判规范外延的客观基础，也只有以客观事实为基础，才能将对裁判规范外延的解读控制在合理的范围之内，不至于游离于罪刑法定原则之外。

作为空白刑法规范的法定犯规范类型，其开放性结构并不代表对其解释、适用是一种漫无边际的规范解读，而是以客观事实为基础的个案规范适用，脱离客观事实所进行的规范的漏洞填补是立法

---

〔1〕 参见阮新邦：《批判诠释与知识重建：哈伯玛斯视野下的社会研究》，社会科学文献出版社 1999 年版，第 31 页。

〔2〕 参见舒国滢等：《法学方法论问题研究》，中国政法大学出版社 2007 年版，第 288 页。

〔3〕 参见张心向：《构成要件要素：从文本概念到裁判类型》，载《东方法学》2020 年第 1 期。

行为，而非司法行为，也有违罪刑法定原则。即法定犯裁判规范的生成是个案建构的结果，而形形色色不同的案件事实则成为法定犯裁判规范外延扩容的有力支撑。其中，法定犯中行政违法的客观性事实成为裁判规范生成过程中法定犯规范内涵外延必然需要直面的问题。与此同时，根据法定犯的犯罪构造，其裁判规范的生成过程中，必然存在着行政违法客观事实与加重犯的客观事实的认定问题，行政违法客观事实决定着刑事违法客观事实的最终认定，也是该事实认定、违法性判断的前置性事实基础。从行政违法客观事实的司法实践来看，对于这一客观事实的司法认定在大部分情况下并不存在较多的刑法意义上的价值评价，也就使得该行政违法客观事实进入刑事违法事实判断成为一种事实性的存在而并不受到相对应的价值约束，罪刑法定原则在此种情形下反而使得裁判者的司法价值能动性受到不必要的限制，使得对于法定犯裁判规范外延的客观事实基础具有较重的行政性的色彩，从而使得最终的裁判规范的生成法定性意味更浓而伦理性色彩更淡。如在赵春华案中，行政机关在行政执法过程中将"玩具气枪"按照行政法的相关规定进行"枪支"的客观事实认定；王鹏案中根据国际公约将"家养鹦鹉"认定为珍贵、濒危野生动物的客观事实。"玩具气枪""家养鹦鹉"分别构成"枪支""珍贵、濒危野生动物"的规范要素外延，因其存在才有了规范外延的客观事实基础，而行政机关对于客观事实的认定则使得该外延具有了法定性的色彩，但不得否认，这一客观事实的前置性行政认定对于规范外延的重要意义。

2. 规范事实是法定犯裁判规范生成之价值性导向

毋庸置疑，刑法文本规范实际上是围绕着罪体和刑体而构建的关于一个个不法类型的描述，是以概念化、类型化的形式规定在刑法文本中的规范事实。法官作为社会中的法律和秩序之含义的解释者，就必须提供那些被忽略的因素，纠正那些不确定性，并通过自由决定的方法——科学的自由寻找——使审判结果与正义相互协调。在法定犯裁判规范生成过程中，也必然存在着这一"科学的自由寻找"的空间。因为法定犯文本规范的空白规范结构决定了裁判者科学寻找的必然性，只是与自然犯相比，这一"自由"的空间范围要窄一些。换句话说，对于构成要件要素的判断需要借助于行政法规范中对于规范事实的概念性表达，亦即从规范事实的角度而言，行政法规范对刑法规范的约束性要强于自然犯，其中约束性不仅仅是行政违法客观事实的约束，更重要的是一种来自行政法等前置法的规范价值对于裁判规范生成的价值约束。

构成要件要素文本概念作为一种法律语言符号，不仅有"语义"的一面，更有"语用"的一面，是一种不断被"实践"（即用于裁判案件的过程）的"语言"，并在不断被"实践"的过程中确定它的意义、存在样态、边界和效用，又在不断被"实践"的过程中冲破它的意义、存在样态、边界和效用，如此前行，不断丰富，不停成长。[1]如此看来，行政法规范事实的这一属性具有"实践"意义，但从规范丰富、成长的角度来看，法定犯裁判规范在规范外延的规范事实补充过程中，也必然受到来自行政法规范的价值引导。因为规范事实的前置性具有现实的罪刑法定基础，[2]使得行政法上的标准设定、性质认定等在司法裁判过程中成为真正意义上的价值评判的基础。因为法定犯文本规范产生之初的空白性，故而这一规范事实的价值取向在充实法定犯裁判规范生成结构的同时，当然成为法定犯裁判规范外延的价值性导向。如上述提及的非法持有枪支罪中，其中对于"枪支"的认定已然在 2010 年新修订的《公安机关涉案枪支弹药性能鉴定工作规定》中进行了含义外延的扩张，这是基于行政执法的效率性和社会秩序维护的迫切性所作的现实性修改，而这一价值性的理念通过规范事实的形式规定在行政法规甚至是部门规章中，而这些规范性文件通过法定犯文本规范的开放性构造进入法定犯裁判规范的生成过程中，成为法定犯裁判规范外延理

---

〔1〕 参见张心向：《构成要件要素：从文本概念到裁判类型》，载《东方法学》2020 年第 1 期。

〔2〕 参见《刑法》第 96 条：本法所称违反国家规定，是指违反全国人民代表大会及其常务委员会制定的法律和决定，国务院制定的行政法规、规定的行政措施、发布的决定和命令。

解和解读的重要依据。

二、国家政策对法定犯裁判规范生成的方向性把控

政策与法律的关系问题一直以来就是法学界所关注的重要问题，在法理学的研究中，政策与法律是一组相对概念，其经法定程序由立法机关转化为国家法律，政策是由政治家及具有立法权者制定的而由行政人员执行的法律和法规。[1]如此，虽然肯定了政策与法律的同源性，认同了二者在指导、调整社会关系，引导、规范公权力运行的相同功能，但却使得政策概念的外延被限缩在了较为狭窄的范围内。事实上，政策的内涵和外延非常广泛，其在各行各业呈现出多样化的样态，是统治阶级灌输国家意志的方向和指引，也是人民意志和利益的集中体现。而法律作为统治阶级进行阶级统治的工具，对二者问题的探讨自然也就演变成了统治阶级所施行的国家政策与法律之间的关系问题。国家政策作为统治阶级国家意志的体现，表现在国家机关的各种文件（如政府工作报告、决议等）以及国家领导人的政策声明中，[2]既包含政府政策、立法政策、司法政策，也有政治政策、经济政策、文化政策，还有教育政策、环境政策、卫生政策等，而此些政策通过相关部门的规范性文件得到切实地落实和遵循，故而一味否认政策与法律的关系，"唯法律论""唯政策论"的看法均是错误的。国家政策与法律的关系应该是在法治轨道下的"善法良策"，二者之间并非当然的绝对排斥，并不存在一方取代另一方的可能，灵活的政策与刚性的法律是一种相辅相成、相得益彰的必然存在。一方面，成熟的国家政策会通过立法程序转化为法律，具有法律的形式。另一方面，一些国家政策的集合，如"十二五规划"等，虽然不具有法律的形式外衣，但却具有法律的效力等法律特征。如此看来，一定程度上可以将国家政策作为法的内在构成要素之一，我们既要防止不成熟的国家政策对法律的侵扰，也要避免法律在与国家政策的分离甚至是分立中走向僵化，

---

〔1〕 参见伍启元：《公共政策》，商务印书馆 1989 年版，第 4 页。

〔2〕 参见李步云：《政策与法律关系的几个问题》，载《法学季刊》1984 年第 3 期。

落入法律工具主义、法律形式主义的窠臼。而实现国家政策与法律的有机统一需要通过国家政策的法律化，使国家政策的运行进入法治的轨道中，这既是政策存在的必然结果，也是法律运行的权力保障。国家政策作为统治阶级进行国家统治与治理的政策总称，在刑事法领域主要表现为刑事政策，而在行政法领域则表现为公共政策，也正是通过具体细化的刑事政策，公共政策进入刑事法和行政法的具体法律运行中。法律一旦形成后，在适用范围和时间上比政策更为广泛和稳定，并具有相对的独立性。[1] 国家政策通过刑事政策刑法化和公共政策行政法化等进入国家治理的各个环节，并通过法律的权威进行政策保障和监督。

法定犯作为双重违法性的客观存在，其必然存在着行政违法与刑事违法的双重判断，而这一双重判断中，均存在着不可或缺的国家政策的影响性判断。而因为国家政策在公法领域主要表现为刑事政策与公共政策，故而对该双重违法性的判断，自然衍生为刑事政策和公共政策对刑事不法与行政不法的影响性判断。换句话说，刑事政策和公共政策如何进入法律，法律如何进入刑事政策、公共政策开始成为法律政策学的重要研究内容，而在理论上解释法律和政策逻辑上的共生关系则成为当务之急，法定犯裁判规范的结构为我们剖析刑法与公共政策之间的共生关系甚至是渗入路径提供了实践视角和案例样本。故而应该在法定犯裁判规范的生成过程中增加政策的研究维度。为了确保刑事政策和公共政策在法治的轨道上运行，必然需要剖析该政策因素得以进入法定犯裁判规范生成过程的规范路径，研判该政策因素在法定犯刑事司法裁判过程中的价值评价和利益衡量功能，从而使法定犯的惩治能够在最大程度上实现犯罪惩治的有效性，最终实现法律效果与社会效果相统一的最大化。

（一）刑事政策刑法化构成对刑事不法的价值评价

刑事政策一直以来都是刑法教义学关注的重点，例如肇始于德国的刑法教义学就强烈地表现出试图与刑事政策"贯通"的学术努

---

[1] 参见李步云：《政策与法律关系的几个问题》，载《法学季刊》1984年第3期。

力，[1]然在现有的中国法律体系下，建构以刑事政策为中心的刑法学体系不具有现实可能性。况且，当前我国处于社会转型升级过程中，刑事政策作为犯罪态势发展变化的调整策略，必然会随着社会矛盾的转型升级而出现波动，具有一定的波动性，故而在此背景下建构刑事政策法律体系不太现实。但刑事政策对刑法的影响却实实在在地通过刑事司法的方式影响着案件的定罪量刑，是一种实然层面司法意义上的存在，完全摆脱刑事政策对刑事司法的影响只是法律人的一厢情愿。因为刑事政策的存在，有助于将现实的政治与社会需要的信息有效传达给刑法体系，使后者始终作为得心应手的社会控制工具。[2]然而，刑事政策对刑事司法的影响并不代表其推行完全以司法权威驱动，国家政治权力构成该政策推行的底色和基础。故而刑事政策的司法影响性研究就自然转化为政治权力与司法权力的领域争夺研究，如何防止刑事政策沦为达到某种政治目的的工具成为法学研究中的实然视角，而刑事政策的法治化研究正是在这一背景下所提出的。刑法作为刑事法治的最后一道防线，其罪刑法定的基本原则要求在刑事裁判过程中对政策等非正式法源的相对排斥，然诸非正式法源却切实体现在文本规范到裁判规范的生成过程中，体现着政治权力通过刑事审判对社会管理活动的司法努力。这一点当然也体现在法定犯裁判规范中对刑事不法的价值判断中，是一种潜行于法定犯裁判规范生成过程中的指导性存在。

　　当前宽严相济的刑事政策是顺应社会发展趋势的当然选择，是对待一切犯罪"等同视之""零容忍"到宽、严相互统一、彼此协调的区分化对待，这一刑事政策是现有刑事司法走不出的背景，其强烈的宏观指导性，无不深深地渗透于刑事司法具体制度的实践中。刑事政策传递的信息具有宏观的指导性，从而为法定犯裁判规范的

---

　　[1]　参见陈兴良：《刑法教义学与刑事政策的关系：从李斯特鸿沟到罗克辛贯通——中国语境下的展开》，载《中外法学》2013年第5期。

　　[2]　参见劳东燕：《罪刑规范的刑事政策分析——一个规范刑法学意义上的解读》，载《中国法学》2011年第1期。

生成奠定了基本的基调，〔1〕这也是法定犯中对刑事不法判断的底色，是刑事不法与行政不法区分的重要尺度，当因规范漏洞或者规范空缺而带来刑事不法与行政不法的模糊时，通过刑事政策的指向性进行刑事不法波幅范围的调整。与此同时，法定犯通过刑事司法的不断适用而实现规范的时代成长，这一点从法定犯裁判规范的生成过程可见一斑。而作为开放性的规范结构，不仅需要面对来自案件事实对法定犯裁判规范内涵和外延的司法诠释，更需要从结构外寻找新鲜的血液，而刑事政策正是在这一情形下被我们重新审视。刑事政策对法定犯裁判规范生成建构的影响主要表现在两个方面：一方面是从宏观意义上而言，刑事政策作为一种思想对法定犯裁判过程进行价值指导。另一方面是从微观意义上而言，刑事政策对法定犯文本规范到裁判规范生成过程中的具体化和补缺作用。

1. 刑事政策对刑事不法判断的宏观价值引导

刑事政策对于刑事不法的判断首先是一种刑事政策在刑事立法过程中的刑法化，决定刑事法网的宽窄和疏密程度。当代对刑事政策的理解主要集中于国家对犯罪预防控制和预防的正式应对策略，是国家整体对犯罪问题的正面反应，是国家层面对犯罪与刑罚的实然立场。〔2〕这一实然立场直接决定了犯罪圈的大小，是国家层面通过对当前犯罪态势研判后的策略选择，刑法修正案不断增加的法定犯类型、预备行为的实行化、行为犯等无不体现着国家针对特定领域严重刑事犯罪的高压态势，这不仅仅是一种国家策略，更是一种公权力态度，是对社会犯罪风险防控的当然选择。而这一策略也必将随着法律的运行延伸到司法裁判过程中，亦即刑事政策在刑事司法过程中的刑法化，代表了刑事政策指导刑事司法过程中不同的打击重点和打击强度。然而，刑事政策作为政治的产物，其需要遵奉的是一种纯粹功利主义的逻辑，而且会想方设法地摆脱一切可能构成束

---

〔1〕 参见石聚航：《刑事政策司法化：历史叙事、功能阐释与风险防范》，载《当代法学》2015 年第 5 期。

〔2〕 参见卫磊：《当代刑事政策发展的实践路径——以刑法司法解释为视角》，载《华东政法大学学报》2013 年第 4 期。

缚的东西，包括突破旨在保障个体自由的传统法治国原则与具体的刑事责任基本原则，从而对刑法规范的确定性带来冲击。[1]这一点又与刑事法治要求的刑法规范的稳定性和确定性存在着不可调和的矛盾。而且，当前通过私下协议，即犯罪者和受害人之间可以讨价还价的调解以及类似的做法来代替政府刑事诉讼，也加剧了"规范侵蚀"和可以的"共识取向"趋势。[2]故而，在法定犯裁判规范生成过程中，如何在刑事政策司法化与"规范侵蚀"之间达到动态、良性平衡也昭示着刑事政策司法化的有限理性的实现。

刑事政策的司法运用，对于裁判者而言与其说是展现个人知识储备与司法技巧的实践活动，而毋宁被理解为是当下司法被视为"职业"语境下裁判者的一种生存智慧。[3]裁判者作为这一生成建构的主体，不可避免地使得最终的结果带有裁判者本身的主观化色彩。而作为影响主体判断的重要因素，刑事政策在其中发挥的作用不容忽视。[4]因为在中国语境下，裁判者处于多元的角色丛中，其不仅仅是职业法律人，更是政治权力人和社会文化人，不同角色之间的冲突和博弈最终必然影响着裁判结论的形成，而刑事政策作为裁判者不同角色之间转化的重要考量因素。首先是职业法律人与政治权力人之间的角色冲突。政治权力人的法官，是指法官在案件的审理过程中具有政治意识和大局意识，即在任何情况下，任何时候，都要服从于党和国家的工作大局。[5]现阶段法官作为党和国家在惩治犯罪领域的代言人，承担了一部分社会公正的政治效果——司法

---

〔1〕　参见劳东燕：《罪刑规范的刑事政策分析——一个规范刑法学意义上的解读》，载《中国法学》2011年第1期。

〔2〕　参见［德］哈贝马斯：《在事实与规范之间：关于法律和民主法治国的商谈理论》，童世骏译，生活·读书·新知三联书店2003年版，第570页。

〔3〕　参见石聚航：《刑事政策司法化：历史叙事、功能阐释与风险防范》，载《当代法学》2015年第5期。

〔4〕　参见劳东燕：《罪刑规范的刑事政策分析——一个规范刑法学意义上的解读》，载《中国法学》2011年第1期。

〔5〕　参见张心向：《在规范与事实之间：社会学视域下的刑法运作实践研究》，法律出版社2008年版，第242页。

公正，审判不仅仅要注重法律效果，还要求一定的社会效果，要考虑判决结果对社会稳定的影响，更要在宽严相济的刑事政策下进行判决。其次是职业法律人与社会文化人之间的角色冲突。法官作为社会成员，自然也会受到社会生活的影响，如若对社会舆论所反应的当时当地"民意"置若罔闻，可能使得自己甚至是法院处于矛盾的中心，严重时会损害司法公信力。社会舆论在某种意义上承担了社会民意的发声器，使得司法审判人员在裁判案件的过程中不得不对其进行考量。[1]而对社会民意的关注，必然使得法官努力寻求判决结果与社会公众普遍认同的价值观之间的契合度，而在法律自由裁量权范围内，如何使得自己的裁判结论足够安全，刑事政策的考量则成为其最终的标尺，并决定着整个案件的走向。如此看来，刑事政策在法定犯刑事司法中是对刑事不法进行价值判断的基础。

2. 刑事政策对刑事不法判断的微观规范补缺

当前关于刑事政策对于刑事不法的影响力研究是一种宏观意义上或者说是一种方向性研究，即通过对裁判者在裁判过程中的司法能动性这个视角去剖析刑事政策的影响，是一种刑事政策对裁判主体的影响力研究，缺乏刑事政策对刑法规范的实然层面的微观透视。而文本规范到裁判规范，尤其是在法定犯不成文的构成要件要素或者说开放的构成要件的文本规范到裁判规范的生成建构中，刑事政策"潜入"刑事裁判的路径得以呈现。其对刑事不法的判断既有从法益保护这一刑法规范目的的抽象化层面，也存在着通过法定犯文本规范开放构造进入刑事不法判断的具象化层面。然而，无论是抽象层面还是具象层面，二者又不是截然分开的，而是你中有我、我中有你的现实存在。换句话说，对于刑事不法的影响必然要受到来自刑法规范目的与刑法规范构造的双重约束，脱离规范目的与规范构造束缚必然会使得刑法规范束之高阁，保护国家法益、社会法益和个人法益的规范初衷也将付诸东流。

---

〔1〕 参见胡玉鸿：《利益衡量与"社会需求"——诉讼过程的动态分析之一》，载《法商研究（中南政法学院学报）》2001年第3期。

一方面，刑法规范目的是法益保护，既然犯罪构成要件是在保护特定法益的目的下设计的，那么，对构成要件的解释理所当然地必须以法益内容为指导，[1]对法定犯文本规范的司法适用也必然受到法益保护的约束。对于法定犯中刑事不法的判断也必然是一种基于刑法规范意义下的独立价值判断，即法益保护价值的规范约束。然而，这一规范约束在刑事立法出现规范漏洞或者规范空缺时，在司法适用过程中就容易存在着迎合刑事政策的适用风险，从而使得刑法规范的解释与行政法规范的解释趋同。如《刑法》第264条中，对于扒窃并未规定相应的数额，这一点与《治安管理处罚法》中的扒窃行为规定一致，如果一味追求严厉打击扒窃行为的刑事政策，必然会使得《治安管理处罚法》中关于扒窃的行为规定被架空，使得刑事法规范侵入行政法规范的领域。而这一迎合的路径，则是将刑事政策的价值性与法益保护相混同，即将刑事政策保护人民群众生命、财产安全，维护社会秩序、经济秩序和保障社会主义建设事业的价值与刑事不法判断中的法益保护机能相等同，从而使得在裁判者自由裁量权范围内的刑事政策考量披上了法益保护的外衣，从而进入到法定犯裁判规范的生成建构过程中。另一方面，刑事政策对刑法规范解释的构造性影响，[2]体现在法定犯文本规范到裁判规范的生成过程中刑事政策作为非正式法源对开放性构造的渗透性。这一渗透性不仅体现在对裁判主体功利主义裁判的影响，还体现在法定犯开放的犯罪构造的解读过程中，即通过法定犯构成要件要素的开放性使得刑事政策等非正式法源进入到裁判规范的生成过程中。基于罪刑法定和现代刑事法治的基本要求，非刑法规范在刑事案件的裁判过程中，不具有独立裁判功能。其裁判价值只能依附于刑法规范，才能彰显。[3]刑事政策作为非正式法源进行法定犯

---

〔1〕 参见张明楷：《法益初论》，中国政法大学出版社2003年版，第217页。

〔2〕 参见劳东燕：《罪刑规范的刑事政策分析——一个规范刑法学意义上的解读》，载《中国法学》2011年第1期。

〔3〕 参见张心向：《死刑案件裁判中非刑法规范因素考量》，载《中外法学》2012年第5期。

裁判规范生成过程中刑事不法的判断，即作为价值补充说理性法源对刑事不法产生影响。与此同时，法定犯的构成要件要素的犯罪构造也在一定程度上约束着刑事政策不致游离于刑法规范的独立评价之外，因为构成要件是犯罪成立的所有要件，具备构成要件则具有刑事不法，而将刑事政策纳入其中则是这一独立价值的体现。然而这一路径，却是一种悄无声息的过程，是裁判者在进行法定犯开放犯罪构造下漏洞填补、规范空缺补充时的价值指引。如在涉"药品"类犯罪中，对于药品的判断依据《药品管理法》中关于药品的认定。但仅依据《药品管理法》中规定的假药类型，依然对诸如保健类、减肥类、美容类等类型较难认定，而在此时，基于特殊时期出台的刑事政策则成为规范补充和选择的价值指引。在长春长生疫苗事件造成恶劣社会影响后，多部门联合出台的药品犯罪从严惩治政策必定在一定程度上使得对一部分可以由生产、销售有毒、有害食品罪加以认定的案件类型进入生产、销售、提供假药罪的类型，这一点从当前一些司法判例中可见一斑。

（二）公共政策行政法化构成对行政不法的利益衡量

对于公共政策，最早是社会学的研究领域，该研究一般将公共政策的效果评估作为研究的方向。本书所论及的公共政策非政治学或者社会学意义上的广义概念范畴，而是指国家通过对社会公共资源的管理、调控过程中所采取的一系列社会治理计划的总称，主要表现为了某项实践而从理念层面所作的顶层计划。然而在法学研究中，一直以来都试图将公共政策等非规范性因素完全"隔离"在规范性研究之外，力求通过规范因素内部的逻辑推演和规范自洽达致解决所有司法实践问题的目的。正如法国法学家安塞尔教授所言：传统的法学家阵营对于犯罪学、刑事政策学的介入一直有一种戒备心理。因为法学家是在对法律的顶礼膜拜中成长起来的，用刑法术语来说，他所感兴趣的就是犯罪的法律特征，而不考虑犯罪人的个体条件和犯罪的社会背景。[1]如此，不仅模糊了法律作为社会控制

---

〔1〕 卢建平：《刑事政策与刑法关系论纲》，载《法治研究》2011年第5期。

手段的本质属性，也带来了因过分重视规范形式而忽视社会情感，从而导致的法律正义与朴素法感情之间的裂痕的后果。然而，法律作为制度设计的重要组成部分，必然受到来自公共政策等理念的指导，尤其是政府在行政管理过程中，政府的秩序维护与公民自由之间的平衡器必然是因时因势而随时变动的公共政策。

公共政策作为一种制度性的计划形式，在其产生之初就有着"暗箱操作"的嫌疑，即在产生之初，并不存在规范意义上政策出台程序和解释规范，如在社会、养老和医疗保险等保险领域就存在着诸多的公共政策。公共政策的制定一般意义上是一种领导决策层自上而下式的制定过程，而关于政策效果的评估则是一种自下而上式的实践检验过程，故而从法律适用的角度进行公共政策的效用性研究是一种可行的思路。也就是说，只有从法律运行的实践角度才能透视该政策因素存在的客观性、实效性，才能从中解析公共政策对于法律适用的调试作用，而在这一司法适用过程中，法律对政策的制约性作用得以彰显，也使得象征着个人权利义务关系的法律与强调社会公共利益的公共政策之间达致平衡。事实上，公共政策在一定程度上与法律在实然层面形成了一种"共治"的状态，但如何使这样的治理模式得以健康推进，程序性的设置成为关键，而程序性设计的前提在于对该机制的现象揭露。即在正视公共政策这一非规范性因素对法定犯裁判规范生成过程影响的基础上，展开对公共政策进入法定犯裁判规范生成过程的规范路径研究，这一点不仅没有违背罪刑法定原则，反而是刑事法治的必然要求。公共政策进入法定犯裁判规范生成的路径，这一点通过上文对法定犯裁判规范结构的分析可以得到有效的解释，在此需要做的就是结合公共政策进行结构下的路径解读。

1. 公共政策直接作用于法定犯行政不法的判断

法定犯文本规范的双重违法性当然使得裁判规范在生成之初就具有对行政不法与刑事不法双重判断的需要。也就是说，法定犯裁判规范的生成是行政不法与刑事不法双重判断下的结果，这一点不同于自然犯裁判规范的生成过程。在自然犯裁判规范生成过程中，因强伦理性使得其仅受单一的刑法价值的非难，至于刑事政策以外的诸如公共政策等其他非正式法源被绝对隔离在自然犯的不法价值判断之外。法定犯裁判规范生成过程中行政不法判断前置的特性使得其必然受到行政法领域诸多政策性因素对该要素判断的影响，其中公共政策对于行政官员的影响和束缚尤为明显。行政官员习惯于以政策为中心，倾向于从政策中寻找授权并从政策的灵活性中求取便利。[1]这一点有着实然层面的立法基础，即在诸多的行政法律规范中政策是作为纲领性的存在，是对具体行政法律规范的方向指引。当前中国的公共政策可以分为获得法律形态的公共政策和未获得法律形态的公共政策（这一部分多以政府工作报告、规划的形式存在）。未获得法律形态的公共政策是指未经过法定程序纳入法律中的公共政策，获得法律形态的公共政策则相反。[2]如《中华人民共和国就业促进法》第2条规定，国家把扩大就业放在经济社会发展的突出位置，实施积极的就业政策；《中华人民共和国个人所得税法》中规定的个人所得税优惠政策；更有在《中华人民共和国农民专业合作社法》中专章规定了扶持措施等。而无论是已经获得法律形态的公共政策还是未获得法律形态的公共政策，作为政府的职能部门，在依法执政的过程中，或多或少地要受到政策的影响。依政策行政、软法之治与依法行政在公共治理中并存，构成法治建设的不同侧面。[3]故而，公共政策对于行政执法人员在行政执法过程中对行政不法行为的判断起着直接的影响，与依法执政共同构成行政官员执法的准绳和依据。如此，公共政策对于行政不法的判断就有了现实的基础，而这一政策影响因素通过法定犯的双重违法性结构当然进入到法定犯裁判规范的生成建构过程中。

公共政策对于法定犯裁判规范生成过程中行政不法的影响是一

---

〔1〕 参见肖金明：《为全面法治重构政策与法律关系》，载《中国行政管理》2013年第5期。

〔2〕 参见才惠莲、杨鹭：《试论我国环境保护法的修改与完善——从比较法的视角》，载《湖北社会科学》2006年第10期。

〔3〕 参见肖金明：《为全面法治重构政策与法律关系》，载《中国行政管理》2013年第5期。

种深层次或者说是潜在的影响，而且这一影响过程发端于行政立法中，对行政法规范形成、行政不法事实的认定等产生直接的影响。法定犯文本规范的开放性结构，使得行政法规范中的标准认定、行为认定、对象认定等成为定罪量刑的基础，亦即该认定依据虽属行政法领域，但却扮演着构成要件要素的重要角色。与此同时，行政不法事实型构于行政官员的执法过程中，对于法定犯中刑事不法事实的认定起着前置性制约作用。刑事不法的判断虽然天然排斥公共政策等行政管理政策的影响，但却避免不了该政策因素以行政不法的外衣进入到法定犯裁判规范的生成过程中，最终对法定犯中刑事不法的判断产生间接影响。这一影响机制在规范刑法学或者说刑法教义学的研究视域下，仅凭规范内涵和外延的逻辑推演、演绎推理，并不能得到合理的阐释，而且该研究视域下法条中心主义的立场，也会当然排斥这一非规范因素的逻辑介入，这一点在自然犯单一的犯罪构造中并不会带来诸多的困惑。但随着法定犯时代的到来，法定犯开放的犯罪构造只有在裁判规范的研究路径中才能对其他非规范因素的影响路径进行实然层面的现象揭示，也只有正视这一潜在的影响机制，才能将该要素对刑事不法判断的影响纳入规范轨道中来，这才是法学研究指导司法实践的有益尝试。

2. 公共政策构成法定犯不法判断时的利益衡量

公共政策对于行政不法判断的影响必然使得该要素通过法定犯的双重违法性判断路径进入到裁判规范的生成建构过程中，使得公共政策披着合法化的规范外衣成为法定犯刑事不法判断的间接影响因素。这既有法定犯强法定性、弱伦理性的规范内涵基础，又有法定犯不成文构成要件要素、开放性规范的规范构造影响，而这一影响机制是通过公共政策的行政法化延伸到对行政不法的利益衡量机制中。具体而言，公共政策一般作为政府部门进行行政管理的重要策略，也必然带有行政权的价值取向，因行政权与司法权之间剪不断理还乱的复杂关系，使得公共政策在进入法定犯裁判规范生成过程中必然会遭到刑事政策的"抵抗"，二者之间从形式上是一种政策之间的矛盾，深层次则是行政权与司法权的领域之争，而本质上则是秩序与自由的价值之争。这一点体现在当前的法定犯理论研究领域则表现为对于刑事不法与行政不法的争论中，而公共政策在法定犯裁判规范的生成过程中也就当然成为利益衡量的重要参考因素，与刑事政策、刑法规范共同成为其背后利益主体的"代言人"。经济政策作为公共政策的重要方面，对于法定犯裁判规范生成具有方向上的引领作用。经济政策反映了政治权力通过经济政策的行政化进入司法场域，通过法定犯的犯罪构造渗入裁判过程，并进而对法定犯裁判规范生成过程产生影响。经济政策主要是一种行政性的顶层设计，相对于政治性的顶层设计的国家政策而言，是对社会公共管理进行的政策方向性把控，故作为社会控制手段的法律当然也在这样的政策框架下运行，其中首要的是行政管理法规。随着近些年刑法手段的逐渐扩张，法定犯的大量增加，法定犯的结构中加入了行政性的色彩，故在社会管理层面，法定犯亦然受到经济政策的影响，而其中对于行政不法的判断则是经济政策进入法定犯裁判规范生成的主要途径。政策的推广需要刑法的推广，此为法定犯成长的土壤，[1] 而在这土壤中政策之间的利益权衡则构成该罪价值判断的基准，如此利益衡量在当前的鼓励金融创新的经济政策与打击金融犯罪的博弈中可见一斑。

非法集资类犯罪作为典型的法定犯类型，是近些年经济犯罪的多发领域，而正是在防控金融风险与鼓励金融创新之间博弈决定了对非法集资类犯罪犯罪圈的界定以及刑事审判的方向。从 2006 年发布的《十一五规划》中鼓励金融创新，稳步发展综合类金融服务，支持发展网上金融服务，[2] 到 2011 年发布的《十二五规划》中提出的大力发展金融市场，继续鼓励金融创新，显著提高直接融资比重，[3]

---

〔1〕 参见刘艳红：《法定犯与罪刑法定原则的坚守》，载《中国刑事法杂志》2018年第 6 期。

〔2〕 参见《中华人民共和国国民经济和社会发展第十一个五年规划纲要》（简称《十一五规划》）。

〔3〕 参见《中华人民共和国国民经济和社会发展第十二个五年规划纲要》（简称《十二五规划》）。

再到 2016 年发布的《十三五规划》中提出的在天津建设金融创新运营示范区，[1]鼓励、支持金融创新发展作为一项国家政策必然成为当前金融行业发展的一项重要经济政策。在此大背景下，最高人民法院印发的《最高人民法院关于为改善营商环境提供司法保障的若干意见》[2]中要求妥善审理各类金融案件，慎重审查各类金融创新的交易模式，为优化营商环境提供金融司法支持。然而，刑事司法的社会矫正功能也要求对于金融创新过程中的违法犯罪行为进行刑法价值的非难，通过刑事强制手段厘定以金融创新为名进行非法吸收公众存款或者集资诈骗等犯罪。故而，最高人民法院印发的《关于进一步加强金融审判工作的若干意见》中提出，要持续保持对非法集资犯罪打击的高压态势，[3]这就使得裁判者在对非法集资类犯罪进行裁判的过程中，在非法吸收公众存款罪和集资诈骗罪裁判规范的生成过程中，不再是纯粹的解释中关于非法集资行为"四性"的文本概念的逻辑推演，而是掺杂着支持金融创新、打压金融犯罪这两大政策的因素。这一点，从当前关于非法集资行为"四性"判断的司法解释中也可以得到证实。详言之，"四性"判断中的公开性、社会性和利诱性特征与《证券投资基金法》中关于非法集资行政违法行为的规定是一致的。也就是说，从规范法源的角度来看，关于非法集资行为中的行为特征判断来源于《证券投资基金法》中的行政规定，而《证券投资基金法》作为行政法规，其是以政策为中心进行的制度构建，当然受制于"政府规划"的政策指引。与此同时，依据该行政规范所做的关于非法集资行政不法行为的事实认定也当然面临该经济政策的指导，这一点在上述的论述中可见一斑，在此不作赘述。如此，该经济政策通过非法集资行为的规范判断与非法集资行政不法事实的认定进入到非法集资刑事不法的判断过程中，必然带来支持金融创新的经济政策与高压打击金融犯罪的刑事

---

　　[1]　参见《中华人民共和国国民经济和社会发展第十三个五年规划纲要》（简称《十三五规划》）。

　　[2]　参见最高人民法院法发〔2017〕23 号。

　　[3]　参见最高人民法院法发〔2017〕22 号。

政策之间的利益权衡。

三、社会发展对法定犯裁判规范生成的根源性影响

社会与法的现代化是法定犯形成的前提……现代市场条件下的法不是被立法组织设计出来的，而是被发现出来的，是在自主性的市场交往规则中形成的。[1]一方面，从社会现实来看，法定犯立法和司法作为法律现象的重要表征，必然需要厘定经济基础与上层建筑之间的勾连。法律作为上层建筑的重要组成部分，建立在社会主义经济基础之上，它的内容归根到底是由社会主义经济基础决定的，[2]社会经济丰富和发展一定程度上也昭示着社会文明的发展程度，故而社会发展、社会文明的发展构成了政策与法律成长的底色。随着工业社会的不断发展，工业文明给社会带来大发展的同时，社会当中危险的因素也越来越多。从核辐射到交通事故，从转基因食品安全到环境污染等，工业社会正因其自身的发展而带来的不利因素使得其向后现代社会转变。在这样的时代背景下，立法必须反映社会需求，司法也必然需要回应社会需求，而在这一社会需求的回应过程中，行政立法与刑事立法作为国家权力的重要制度体现，共同构成社会控制的两大"联防体系"。其中，行政立法构成当前社会管理控制过程中的第一道防线，国家需要在所有的法律规范之外，颁行诸多技术性的行政规章，以便对于人民的一切社会活动作适度的规范，使其与国家的行政目的相符合。[3]对于违反行政立法的行政不法行为规定相应的行政处罚措施以维护行政执法权的威严，对于一些危害后果严重或者可能造成难以挽回的行政不法行为，则以指示性规定的形式规定于行政法中或者直接在刑法中以刑罚的方式规定。通过刑法这一后置法保障行政管理秩序，其本质上是通过确

---

〔1〕 参见孙万怀：《法定犯拓展与刑法理论取代》，载《政治与法律》2008 年第 12 期。

〔2〕 参见李步云：《政策与法律关系的几个问题》，载《法学季刊》1984 年第 3 期。

〔3〕 参见林山田：《刑法通论》，三民书局 1986 年版，第 108 页。

保行政管理秩序的形式保障该秩序背后人民群众的生命、财产安全，这一点与刑法的任务和目的是一致的。所以，当原先的行政不法行为通过刑法修正案作为行为犯、抽象危险犯或者具体危险犯的法定犯形式进入刑法中时，也并未引起来自社会公众的不解甚至是反抗。如此看来，作为社会治理第一道防线组成部分的行政法变迁的决定性力量，社会经济生活的变迁是因，行政法的回应是果；而在法秩序统一视野下的法治之规范演进中，行政法的变迁是因，作为社会治理第二道防线也是社会正义最后一道防线的刑法的变化和行政刑法的出现与发展，其实是作为保障法的刑法应行政法演变的产物。[1]根据因果关系的传导性，社会生活的变迁，亦即社会发展也就使得刑事立法这一保障法地位的凸显。

另一方面，从社会发展过程中国家治理结构变化来看，从形式法治国到实质法治国的转变，构成当前法定犯立法和司法的理论背景。法治国家理论是法定犯立法的重要思想基础，福利国家理论为法定犯的发展提供了美好的前景，[2]而从形式法治国到实质法治国的转变，则是福利国家发展的必然趋势。实质法治国在一定程度上包括一项或多项以下内容：确保最低限度社会福利的规定，即"福利国家"。[3]形式法治国更多地强调法律的外在规范形式，而实质法治国则更多地考虑法律的实质性内容，其更加强调以调和社会利益、拓展社会福利为己任。[4]毋庸置疑，福利国家的实现要求国家公权力的不断强化，要求国家在社会治理过程中的作用和功能不断地加强，而法律作为国家治理、社会控制的重要制度手段，必然扮演着重要的社会控制角色，法治国的行政，为了以法律的方式来决

---

〔1〕　参见田宏杰：《知识转型与教义坚守：行政刑法几个基本问题研究》，载《政法论坛》2018 年第 6 期。

〔2〕　参见李晓明：《行政刑法的立论基础》，载《法学》2005 年第 2 期。

〔3〕　参见［英］罗伯特·萨莫斯：《形式法治理论》，钱弘道译，载夏勇主编：《公法》（第 2 卷），法律出版社 2000 年版，第 36 页。

〔4〕　参见刘艳红：《空白刑法规范的罪刑法定机能——以现代法治国家为背景的分析》，载《中国法学》2004 年第 4 期。

定，人必须尽最大的可能通过法律来加以约束。[1]而刑法作为社会控制手段中最严厉的处置措施，也就当然成为实质法治国实现过程中的重要制度措施。而且，随着人工智能所带来的技术革命，个人的价值实现变得更加困难，社会民众通过国家寻求社会资源的再分配需求变得更加迫切，对政府的依赖性也就更高，这就为国家加强行政管制手段提供了现实的基础。法定犯作为以刑罚手段处置行政不法的典型犯罪类型，在社会管理过程中，必然随着福利国家的不断推进而成为国家公权力进行社会控制的重要手段，通过刑事立法的方式增加国家公权力在社会控制过程中的强度，也通过这一刑事立法的方式确保社会控制的底线。与此同时，在法定犯的司法裁判过程中，通过裁判的功能弥补行政法规范、刑事法规范适用过程中因立法技术导致的形式正义与朴素法感情之间的裂痕，通过刑事司法的形式纠正一定的失范行为，确立真正意义上的行为规范，进而通过法定犯司法反刍法定犯立法，从而实现法定犯的内在生长。

（一）法定犯立法成为社会控制的重要手段

法律作为最低限度的道德，也是社会控制的最后手段，而刑法则构成这最后手段中最严厉的控制手段，法定犯时代的到来昭示着这一重要社会控制手段的不断强化。从之前的论述可以看出，法定犯的强法定性和弱伦理性本身就赋予了该犯罪类型行政不法色彩，是基于法益保护的紧迫性需求对行政不法行为的刑法非难评价，这既是行政管理在相应领域中社会控制失效的规范要求，也是在追求福利国家过程中对于行政管理秩序的强权维护，是政府职能在风险社会下的时代回应。在乌尔里希·贝克所言的风险社会未到来前，社会治理模式是一种自由主义背景下的形式法治，追求法律的形式逻辑，是在自然犯背景下所作的规范设计和逻辑推演，刑法的目的在于法益保护。在自然犯的犯罪构造中，由于行为规范来源于历史底蕴和文化内涵较为丰厚的社会规范中，故而对其违法性的探寻很

---

〔1〕 参见郑永流：《德国"法治国"思想和制度的起源与变迁》，载夏勇主编：《公法》（第 2 卷），法律出版社 2000 年版，第 67 页。

难从文本规范中寻得，注定了其需要从自然法的角度去寻找公平、正义等抽象的终极价值。这也使得对法律的探讨更多的是从法律与道德之间的规范价值探讨，很少涉及社会控制功利性的考量。自然犯谈不上生存功利；但法定犯一定存在社会控制的功利性。刑法越来越成为社会防卫机制的一部分，预防危险、追求安全和助力社会控制成为有限的价值选择。[1]法定犯中存在的社会控制的功利性是由刑法在社会控制中的地位所决定的，即刑罚手段作为当前最严厉也是最规范的社会处置手段，其对于社会管理活动的干涉程度一定程度上决定着国家公权力在社会治理过程中的社会控制强度，这一强度的把握不仅仅是对行政管理秩序的坚强维护，也是对行政国家异化现象的预防。因为行政职能在扩张过程中自带的危机是出现行政国家异化现象：易导致以"政令"为导向滥用国家权力，对民主、自由和人权产生威胁，[2]而刑法的强制性使得进入刑事立法的行政不法行为在这一强规范下得以约束，在罪刑法定原则下得以规范，因为与行政处罚权的运用相比，刑罚权有着较为完整的实体法依据和程序法依据。[3]

1. 法定犯立法增加社会控制的强度

文明是人类力量不断更加完善的发展，是人类对外在的或物质世界和对人类目前能加以控制的内在的或人类本性的最大程度的控制。[4]文明的实现意味着良好的社会秩序，而良好社会秩序的实现凭借全体国民的意思自治很难实现，故而社会控制就具有了现实的需求。通过社会控制对每个人施加压力以迫使他们尽自己本分去维护文明社会，并阻止其从事反社会的行为，也就是不符合社会秩序假定的行为，[5]而社会控制的手段主要有道德、宗教和法律，其在

---

[1] 参见何荣功：《预防刑法的扩张及其限度》，载《法学研究》2017年第4期。

[2] 参见姜明安：《新世纪行政法发展的走向》，载《中国法学》2002年第1期。

[3] 参见简爱：《我国行政犯定罪模式之反思》，载《政治与法律》2018年第11期。

[4] 参见［美］罗斯科·庞德：《通过法律的社会控制》，沈宗灵译，商务印书馆2010年版，第10页。

[5] 参见［美］罗斯科·庞德：《通过法律的社会控制》，沈宗灵译，商务印书馆2010年版，第11页。

血亲社会、宗教社会和政治社会中扮演不同的角色，而当前政治社会中的社会政治组织构成当前社会的主要底色，并且随着人类文明的不断发展完善，法律必然成为社会控制的主要手段，一切依法进行，法治成为人类文明的重要特色。社会控制首先是国家的职能，并通过法律来行使。[1]国家通过一系列在政府行政和司法审判过程中适用的权威性法令进行专属化的社会控制，其中立法成为社会控制的重要手段，而司法则是法律适用过程中对社会矛盾、社会裂痕的社会整合。而这一社会控制、社会整合直接的渊源来自国家机器这一政治组织背后的强制力，而最根本的渊源则是全体国民的"合意"，即由宪法等根本法的形式确立本国的法律体系，并由民选的政府官员按照各项法律进行社会资源的管理和调度。因为法律与道德、宗教在社会功能上的趋同性，故而一直以来都是法学研究的重要问题，从此也可以看出，法律及其相关制度在社会控制这一点上是毋庸置疑的，尤其是行政法与刑法这两大公法则构成了政府进行社会控制的最重要的来源。

刑法本身并不创立新的义务，而只是对在其他法律分支中已经确立的规则给以更有力的认可或制裁。[2]作为国家强制力的强弱来看，刑法具有其他部门法难以比拟的强制力，当行政法作为社会控制手段的强度难以满足社会管理需要时，刑法往往被赋予重要的角色。尤其是强调社会管理秩序这一社会法益时，行政法的柔性不足以满足这一需求，这就为行政不法行为升格为刑事不法行为创造了前提和条件，这也是当前行为犯增多的现实背景，是法定犯时代到来的原因。传统意义上不法的模式只有客观的不法，然随着社会治理模式的不断发展，国家主义开始兴起，国家在社会治理结构中发挥的作用慢慢凸显，从而使得主观导向的不法模式、行为导向的不法模式和危险导向的不法模式开始充实不法模式类型，其均是国家

---

〔1〕 参见［美］罗斯科·庞德：《通过法律的社会控制》，沈宗灵译，商务印书馆 2010 年版，第 14 页。

〔2〕 参见［法］斯特法尼等：《法国刑法总论精义》，罗结珍译，中国政法大学出版社 1998 年版，第 34 页。

保护主义的产物，这些不法类型为传统自然法理论所不容。尤其是刑法修正案中修改、增加的法定犯类型，预备行为实行化、具体危险犯向抽象危险犯的转化等，所以行为导向和危险导向的不法模式开始充斥着现有的刑事立法，这一点在法定犯膨胀的时代愈加明显，在法定犯的诸多犯罪类型中表现得较为明显，由此带来了违法性基础或者说违法性来源的根源性追问。

2. 法定犯立法构筑社会控制的底线

刑法只能处罚严重的危害行为，不可能对所有侵犯利益的危害行为者都加以处罚，这就是刑法"残缺不全"的特征，[1]而这一"残缺不全"的特征却是刑法作为社会控制最后一道防线的本质特征，是最低限度的道德，这也是刑法谦抑性的当然选择。刑法的谦抑性决定了刑法在社会控制法律手段中的最后法位置，意味着进入刑事立法的不法行为对法益侵害的严重性。换句话说，刑事立法作为处罚社会最严重的不法行为的合法的"暴力"手段，自然也就成为国家公权力在社会控制过程中最严厉的手段，是社会治理过程中社会控制的底线，也是公权力在权力运行过程中不可逾越的红线。对于社会管理过程中，行政机关与行政相对人之间的行政法律关系，行政机关本着合理调度、分配社会资源的原则，在行政法规范约束下对违反行政法规范的失范行为进行规范评价，从而调整社会主体在社会关系过程中的行为失范，对于轻微的社会越轨行为进行必要的行政罚训诫，从而实现社会管理与社会治理过程中良好的社会效果。然而，柔性的行政罚在面对较为严重的行政不法行为或者行政不法行为呈现多发态势且愈演愈烈时，必然带来该行政法规范对于该不法行为的治理失效，从而使得权力主体和社会公众对于更有效的社会治理手段的期望。也就是说，当社会治理效果不彰时，人们转而将目光纷纷投向刑法。社会公众日益希望法定犯扮演着社会治理万能器的角色，试图通过刑法的适用，助力国家监督，改变社会

---

[1] 参见［德］汉斯·海因里希·耶赛克、托马斯·魏根特：《德国刑法教科书》，徐久生译，中国法制出版社2017年版，第77页。

公共政策在社会治理中的"肌无力"现象,[1]进而使得法定犯的立法例成为社会治理过程中的红线存在,构成社会主体在社会交往过程中、市场主体在市场交易过程中的最低行为限度。

法定犯立法与自然犯不同之处在于,自然犯因其伦理性基础更多的是一种源自道德层面的制度呈现,而法定犯的强法定性和弱伦理性则决定了其更多的是一种制度设定,更多直面的是制度设定的因素。[2]而当这一制度设定的因素成为社会主体社会行为的最低限度时,必然面临着该规范的刑事可罚性基础问题。耶塞克认为,应受刑罚处罚性取决于以下三个要素:法益的价值、行为的危险性和行为人的思想可责性。[3]在自然犯领域,这三个标准具有很强的解释性,如在故意杀人罪等典型的自然犯中,故意杀人行为对于生命权的侵害、杀人行为的危险性和行为人剥夺他人生命的思想可谴责性,三者之间共同构成该行为刑罚处罚的基础,这一点是由自然犯中的强伦理性所决定的。而在法定犯中,因该行为的违法性由行政法等前置法所决定,其进入刑事法中也是由于规范层面的制度设定,该行为所侵犯的行政管理秩序等具有超个人法益的性质,行为的危险性存在但程度是否达到刑罚的可谴责性,行为人是否存在对刑事不法的主观罪过等均与自然犯存在着诸多不同,故而从这一传统理论中并不能进行合理的解释。而对于这一制度意义上的规范设计,从国家治理体系的制度设计初衷出发进行宏观意义上的分析,可以为我们分析该问题提供更为直观的视角。即以社会控制手段的阶层性划分出发进行法益价值反思,将行政管理过程中对个人法益、社会法益和国家法益带有严重侵害危险的行政不法行为,基于法益破坏后的严重性或者不可控性而导致的法益保护的迫切要求,进行行

---

〔1〕 参见刘艳红:《法定犯与罪刑法定原则的坚守》,载《中国刑事法杂志》2018年第6期。

〔2〕 参见孙万怀:《法定犯拓展与刑法理论取代》,载《政治与法律》2008年第12期。

〔3〕 参见〔德〕汉斯·海因里希·耶赛克、托马斯·魏根特:《德国刑法教科书》,徐久生译,中国法制出版社2017年版,第75页。

政不法转入刑事不法的制度设计，而对于行为的危险性和行为人的思想可谴责性也是基于法益侵害的严重性进行结果价值意义上的逆推，而这一制度设计不是自由、公正等元价值探寻，而是风险社会等社会背景下，政府职能转变下的社会控制结构调整，此时的法定犯立法则构成最终的制度红线。

（二）法定犯司法成为社会整合的重要尺度

庞德曾经说过，法律应该是稳定的，但不能停滞不前。立法代表了法律的稳定性，司法则是法律成长的助推器。司法过程是法律规范在面对个案事实时的规范适用过程，也是裁判者主导下的规范解释过程，更是裁判意义上的公平正义等的价值规范宣示过程。立法是社会控制的制度来源和依据，当法律将社会控制的全部活动纳入自己的领域后，法令的实施就成为一个尖锐的问题了。[1]如此，司法作为法律的运作适用过程，则当然构成立法实效的检验器，构成社会整合的救济途径和方法，立法技术或者立法本身缺陷导致的社会控制"实效"因司法的权威性、终局性能够得到有效的弥补，造成的社会裂痕也会因为良好的司法得以弥合，故而司法构成社会整合的重要尺度。也就是说，对公平正义的追求和实现是司法的目标所在，而公平正义则是社会整合过程中对社会行为精雕细琢和对社会裂痕修补弥合的当然结果。法定犯的立法当然构成法定犯裁判规范生成的制度性法源，该文本规范的存在是裁判规范生成的基础，也是当前刑事法治背景下刑事立法的当然要求，是社会失范行为的合法参考系。然而，立法本身的缺陷自然也存在着法定犯立法实效的风险，比如《刑法》第180条中规定的内幕交易罪，已经在刑法修正案中被修改过2次，然而从司法实践反应的数据来看，[2]从2001年起截至检索时仅有89件判决书，其中因该罪被定罪的行为

---

〔1〕　参见［美］罗斯科·庞德：《通过法律的社会控制》，沈宗灵译，商务印书馆2010年版，第15页。

〔2〕　通过威科先行数据库进行"内幕交易罪"的关键字检索，从2001年至2019年全国共计89件，其中2001—2015年29件，2016年17件，2017年18件，2018年17件，2019年8件。检索时间：2020年2月12日。

人却很少，大部分按照单位犯罪处理。然而，在资本市场中，内幕交易却一直是一种普遍存在的现象。如此看来，内幕交易罪的刑事立法并未能有效将该市场失范行为进行有效的控制。如果一味地追求刑事立法的功利性，进行犯罪圈的无限延展，必然会使得我国的刑法典患上刑事立法的"肥大症"，使得法律体系的威严因刑事立法威严性的一点一点丧失而"溃于蚁穴"，故而从法定犯司法适用出发，形式上进行法定犯立法漏洞的填补，实现法定犯在不同时代背景下的内生成长。实质上，通过法定犯司法裁判过程中对行为规范的昭示作用，对社会行为进行精雕细琢，通过裁判过程弥补因立法滞后、司法僵硬所导致的法律正义与朴素法感情之间的裂痕。

1. 法定犯司法对社会行为的精雕细琢

在法定犯中，行为规范来源于行政管理过程中的行为约束，进而使得法益保护通过行为规范这一规范构造得以体现，对行为规范的违反导致法益的侵害，故而行为规范无论是对于立法还是司法而言都是基石性的存在。无论是刑法原则论，还是犯罪论，抑或是刑罚论都是以犯罪行为为主线而形成的，犯罪行为构成其第一块基石。[1]而通过法定犯裁判规范生成过程中对社会失范行为的报应和矫正，也就是通过裁判过程对失范行为的否定从而彰显正当的社会行为，进而调整社会公众的行为。相对于法定犯立法所注重的普遍适用性而言，法定犯司法是特殊意义上的个案适用行为，是对个案中的社会失范行为进行规范评价的裁判行为。当然，并不否认法定犯司法行为的普遍意义，因为法定犯司法对于已然行为所生恶害的报应，对于未然行为具有警惕和吓阻效果。[2]但相对于法定犯立法而言，个案行为规范的昭示意义更为明显，故而是一种特殊意义上的社会行为的精雕细琢。

法定犯司法对社会行为的影响主要通过裁判过程中所彰显的行为规范体现，是对社会发展过程中行为失范的矫正，对正确行为规

---

〔1〕 参见陈兴良：《刑法哲学》，中国政法大学出版社1997年版，第680页。

〔2〕 参见林山田：《经济犯罪与经济刑法》，三民书局1981年版，第132页。

范的宣示。法定犯裁判规范对于行为规范的体现，与自然犯而言，既有共性也有其个性之处。就二者之间的共性而言，文本规范作为现实性的存在，其存在意义就在于罪刑法定原则的必然要求，但实质意义在于其对人们行为的规范和指引作用。因为文本规范背后的行为规范来源于社会规范，比如不能偷盗、不能杀人等来源于源远流长的社会习惯法，是一种社会习俗的规范化表达。故而其对于人们生活的指引并不是因为文本规范才有，而是随着历史发展而沉淀下来的，所以此类文本规范在个案审判中能够与行为规范、裁判规范达致重合，较少因为裁判行为导致法律正义与社会正义之间的失衡。就法定犯的个性而言，随着社会的发展，诸多侵犯超个人法益的行为被规定为犯罪，大部分是来自社会管理秩序的需要，法定犯的规范开始逐渐膨胀。如此文本规范的宣示作用，向全体国民的宣示意义就很难说通过法条的形式得以彰显，即使是专业的法律人也很难记住越来越膨胀的刑法法条。故而对全体国民的教育指导意义就不是简单的法条意义上的规定，而必须依托于个案在司法审判中的释理，多数国民主要不是通过阅读刑法典获知刑法规范内容的，而是经由媒体、相互交往等途径了解刑事判决进而获知刑法规范内容的。[1]亦即对文本规范的解读和释义必须在鲜活的个案事实中方具有社会意义，这也是法定犯规范解释的必然路径。裁判规范的规范性也正是通过这一个案中裁判类型的具象化过程得以彰显。犯罪的本质在于它体现出来的社会危害性……刑法条文在犯罪构成中不仅要对犯罪行为类型化，即从社会危害性的角度进行罪质规定。[2]也就是说，法定犯裁判规范的生成过程使得行为规范的个案意义得以彰显，无论是对于裁判者的裁判活动还是社会公众的行为都具有行为规范的指导意义。

法定犯裁判规范间接作用于社会一般人，是真正的行为规范。

---

[1] 参见张明楷：《行为规范与裁判规范的分离》，载《中国社会科学报》2010年11月23日，第10版。

[2] 参见张心向：《在遵从与超越之间：社会学视域下刑法裁判规范实践建构研究》，法律出版社2012年版，第125页。

法定犯裁判规范表面上以规范裁判者裁判行为为己任，但其本质上仍然是社会一般人的行为规范，只是该行为规范不具有如文本规范那样的普遍性，在裁判规范中，其行为规范的品性或者说作用是通过个案的形式表现出来的。裁判机关进行裁判时，必须以行为规范为其判断标准，故行为规范在裁判逻辑上同时为裁判规范。若行为规范不同时为裁判规范，则行为规范所预示之法律效力不能贯彻于裁判中，从而失去命令或引导人们从事其所命令或者引导之作为或不作为的功能。[1]换句话说，法定犯裁判规范在个案的说理过程中，裁判规范的行为规范属性得以彰显，社会一般人通过对个案的了解知晓哪些行为可为，哪些行为不可为，进而在日后的社会生活中以此作为或不作为。此外，法定犯裁判规范作为一种潜在的裁判过程，其并不具备如文本规范一样的规范化文件形式，故而其对社会一般人的行为指引也是在潜移默化中所进行的，尤其是在诸多的影响性诉讼中，通过媒体等渠道实现社会的"宣示"作用。如许霆盗窃 ATM 机案，[2]因该案在规范层面得以将金融机构的概念外延扩展至 ATM 机，而从规范意义层面则将明知 ATM 机存在机器故障的情况下依然超额取款的行为规定为盗窃罪。法定犯裁判规范作为文本规范在个案中的生成结果，正是通过个案中不法行为类型的非难评价从而达到指引人们行为的目的，亦即发挥其行为规范的侧面，只是较文本规范而言，其指引行为的方式表现得并不那么直接，既有其本身潜在性存在的关系，也有其生成路径复杂的缘故。

2. 法定犯司法对社会裂痕的修补弥合

正如魏德士所言，没有漏洞的法律秩序是不存在的。共性的法律不可能规定未来发生的每一个案件类型，当前我国刑法规范体系基本成型，能够应对社会发生的大部分的刑事案件，但刑法规范毕竟是僵硬的文字，社会事实却是鲜活的存在，参与案件的法律共同体也存在诸多的个体差异，如何在正视诸多复杂情况的基础上，合

---

[1] 参见黄茂荣：《法学方法与现代民法》，法律出版社 2007 年版，第 141 页。

[2] 参见广东省广州市人民法院（2018）穗中法刑二重字第 2 号刑事判决书。

法合理裁判案件成为学术界关注的话题。然而司法场域主体在对案件事实进行整合的过程中，一定会遇到刑法规范与案件类型不相衔接的问题，并且随着法定犯的逐渐增多，公众法律意识的不断增强，此类案件将会带来更多的社会矛盾，违背社会公众主流价值的判决必然带来更多的社会裂痕，故而在法定犯司法裁判过程中注重法律效果与社会效果的统一是社会裂痕修补弥合的关键之举，而这一举措的实现则必然需要揭示法定犯开放的文本规范到裁判规范转化过程，解析隐藏起来的诸多正式法源与非正式法源以及彼此之间"暗潮涌动"的"沟通"路径，想把法官提升到一种纯粹理性领域，高于并超越那些令人不安和偏斜的力量之约束，我并不怀疑这种法官的理解是庄严伟大的。……但是，这也不过是部分的真实。[1]正式法源在一定程度上决定了案件的裁判结果，充当着刑事裁判的底色，决定了定罪量刑的主要方面，但在一些有违社会常理、不符合社会常情的判决结果下，尤其是作为法定犯构成要件要素的行政法规范基于公共政策的需要修改后，对刑事不法的冲击所带来的法律正义与朴素法感情的冲突时，刑事裁判中的非正式法源就发挥着不可替代的作用，将案件的裁判结果拉回常识、常理、常情的轨道上来，使得最后的裁判结果在满足法律效果的同时也符合社会效果的要求。因为法律效果与社会效果之间的冲突必会带来公权力与私权利主体之间、私权利主体之间的社会裂痕，也会使得社会矛盾在司法裁判过程中进一步升级，不利于"案结事了"这一愿景的实现。

与此同时，在法定犯裁判规范的生成过程中，行政机关对行政不法事实的预判，行政法规范对行政不法的预先规定使得行政机关在一定程度上扮演着"司法者"的角色，享受着定罪的核心权力，这在一定意义上僭越了司法权。比如前文所述赵春华案中，核心争议点在于"玩具气枪"是否属于"枪支"，而最终的认定结果依据的是公安等部门的行政法规，但将该行政法规面对的行政违法行为，

---

〔1〕　参见［美］卡多佐：《司法过程的性质》，苏力译，商务印书馆 2011 年版，第 105～106 页。

当作为刑事不法、刑罚的定罪依据，显得过于严苛，挑战了社会公众的普遍认知，使得公权力与私权利之间因行政立法与刑事立法之间的立法冲突在个案中出现裂痕，这一裂痕的修复也只能通过法定犯刑事司法的裁判过程才能修补弥合。法定犯司法过程中对因立法技术和法律体系导致的个案裂痕，容易在当前的互联网时代被无限放大，从而成为影响性案件。近些年的赵春华案、王力军案和王鹏案等无不展示着法律正义与社会公众朴素法感情之间的内在张力，而法定犯裁判规范的生成过程则是这一内在张力的规范诠释，更是这一张力"失序"后社会裂痕弥补过程的动态展示。此外，法定犯裁判规范生成过程中对正式法源与非正式法源的司法整合，其本质上也是司法机关对行政机关的司法审查权的规范适用展示，是缓和行政机关与行政相对人对立关系的规范解释过程。司法审查不仅在实际应用时可以保障个人的权益，而且由于司法审查的存在对行政人员产生一种心理压力，可以促使他们谨慎行使权力。[1]司法裁判者作为居中裁判者，这一点区别于行政执法者，行政执法者在行政执法过程中，与行政相对人之间是一种对立紧张的关系，其在公共政策的要求下必然以社会总体利益为保护对象，从而进行针对行政相对人个体的行政不法的预判，这一行政法的价值评价通过行政处罚的方式呈现，也与缓和的行政处罚措施相适应，故而并不会带来行政主体与行政相对人之间的过分冲突。但当由行政机关所作出的行政不法的判断成为法定犯视域下刑事不法判断的前提和基础时，行政不法的行政认定最终配以最为严厉的刑罚措施时，尤其是社会一般意义上的行政不法行为被以刑事犯罪追责时，行政机关与行政相对人之间的矛盾和冲突必然随着这一案件的多发而逐渐升级。如在生产、销售有毒、有害食品罪中，行为人在油条的生产过程中添加不符合食品安全国家标准的食品添加剂，如含铝的泡打粉，[2]然

---

〔1〕 参见王名扬：《美国行政法》，中国法制出版社 1995 年版，第 566 页。

〔2〕 参考威科先行数据库：检索关键词：油条，文书类别：刑事一审判决书，罪名：生产、销售有毒、有害食品罪，时间：2019 年 12 月 31 日前，共计得到 86 份判决书。检索时间：2020 年 2 月 14 日。

而对于这一由来已久的传统工艺，对处于社会底层的油条师傅处以刑罚的严厉措施，不仅会带来社会公众对这一立法例的不解，也会导致行政执法机关在后续的行政执法过程中有可能招致的执法困境，加剧公权力主体与社会公众之间的对立和冲突。而法定犯的司法裁判的过程，则因其中立性、终局性和权威性，能够在最大程度上缓和这一紧张关系，通过在司法实践中对于情节较轻的犯罪不用刑从而达到用刑所追求的预防犯罪的目的，[1]最终使得司法裁判成为社会正义的兜底性制度存在，这也是司法制度设立的初衷和归宿。

第二节 法定犯裁判规范建构之方法论

裁判规范作为一种规范适用的实然状态，是文本规范的司法建构物，相对于"语义"视角进行的规范解释而言，是一种"语用"视角下的规范适用研究，而也正是这一"用"的意义上的研究，使得法定犯的规范内涵得以成长。换句话说，法定犯文本规范是可以超越法条并不断成长的，但必须在法条所允许的"波幅宽度"内成长。是否在波幅宽度内，需要借助严格的刑法解释方法，在罪刑法定原则的限制下，进行精细化操作，如果不加以规制，罪刑法定将被刑事司法所解构，需要通过法律方法、技能和手段加以规制，而这一过程通过法定犯裁判规范的本体论研究可见一斑。但法定犯裁判规范的生成性研究只具有基础性的意味，围绕该裁判规范所进行的建构性研究才是最终的目的和归宿，基于此所提出的"法定犯实证的审判决策理论"方具有规范论的意味。借助基于利益衡量与逻辑推理的双向交互运作去实现法定犯裁判规范建构过程中具体结构的逻辑证成和抽象结构的规范归入。

一、法定犯裁判规范建构中的利益衡量

也就是说，刑罚圈的扩大必然意味着自由的限缩，刑罚的适用，

---

〔1〕 参见田宏杰、温长军：《理解制度的变迁：我国〈刑法〉的修订及其适用》，载《法学杂志》2011 年第 9 期。

与法益保护成正比，与人权保障成反比。如何既最大限度地保护法益，又最大限度地保障自由，就成为难题。[1]针对具有普世意义的法益保护与人权保障之间的宏观论述很难给出答案，但在一个具体的个案裁判中，通过个案所体现的各方的利益诉求所进行的对个案正义的追求，法益保护与人权保障之间的价值平衡就有了"实验的温床"。即在法定犯裁判规范这一具体的规范适用问题中进行法益保护与人权保障之间的价值定位与司法整合，就具有了现实的司法实践价值。故有必要在法定犯的司法适用过程中，亦即在法定犯裁判规范的生成过程中贯彻利益衡量的思想，发挥危害衡量在法定犯司法适用过程中的入罪与出罪功能。从微观而言，惩罚犯罪与保障人权并重，宏观而论，预防犯罪与保障自由相平衡，其中既有个人自由，亦有经济发展自由等。

（一）法益保护与人权保障之间的价值定位

赵秉志教授曾经在《人民日报》中指出：新时期面对社会矛盾复杂、价值观念多样的现实，刑法的发展与运用需要进行哲学上的思辨，这将在很大程度上影响我国刑法学研究的总体水平和高度，并制约我国刑事法治的发展进步。[2]众多的所谓规范刑法学的争议问题，最终均需要诉诸价值层面的考量，诸如行为无价值和结果无价值的纷争；形式解释论与实质解释论的纷争；社会危害性的判断；抽象危险犯中"危险"的界定等，均需要回归刑法基本价值，溯源刑法的规范属性，其中刑法的法益保护被作为我国刑法的核心机能，是当前所有犯罪必须要遵循的价值源泉。当前规范刑法学对刑法价值的研究主要是规范视域下的价值论考量，该立场基于规范的价值属性，跳出现有刑事规范的价值界域，在其之上探讨更深的价值法源问题，是一种基于刑法这一部门法总体价值所作的共性思考。对于明确一定时期的刑法价值走向具有重要的理论意义，但对于纷繁复杂的个案事实，不仅需要刑法总体目标这一共性价值的指引，更

---

〔1〕 参见张明楷：《刑法学》，法律出版社2011年版，第26页。

〔2〕 参见赵秉志：《中国刑法哲学发展面临新机遇（学科走向）》，载《人民日报》2015年12月13日，第8版。

需要结合特定犯罪、特定案件事实进行符合个案正义的规范适用。而这正是法定犯裁判规范建构过程中价值研究的意义所在，法定犯不同于自然犯的强法定性和弱伦理性特征，必然使得在该类犯罪文本规范的适用过程中有着区别于法益保护这一共性机能，还需要在该机能基础之上进行人权保障的限度构建。

对于涉及法定犯的刑事案件裁判，必然需要从微观的、动态的裁判规范建构过程入手进行法益保护与人权保障之间的价值定位。"刑法的目的是保护法益"只是在强调刑法面向未来的预防犯罪目的、面向社会的秩序维护目的，[1]是一种以社会控制、秩序建立为目标的刑法目的，而人权保障则更加注重在惩罚犯罪的同时对个人自由、权利的侵扰限度，这一限度的研究在司法裁判过程中，或者说在法定犯裁判规范的建构过程中，则大有可为。法益保护与人权保障这一价值层面的考量即是秩序与自由矛盾与冲突的刑法体现，而法定犯作为社会控制强度深化和底线前移的时代产物，其对于社会管理秩序的追求要比自然犯强烈的多，故而就必然带来了秩序与自由这一二元结构之间的矛盾与冲突不断升级，而这一矛盾与冲突不会因法定犯文本规范的静态规定而停止二者之间的"斗争"，只会因法定犯文本规范的司法适用而重新被激活。在个案正义的要求下进行基于法定犯文本规范与案件事实之间的重新解读，故而法定犯裁判规范建构过程就是在法益保护与人权保障之间维持必要的平衡的过程。这一平衡的过程，不是要在法定犯裁判建构过程中偏颇于法益保护或者人权保障，而是基于法定犯的规范属性主张对人权保障的司法限度功能的充分发挥，从而在规范建构过程中基于正式法源与非正式法源在法定犯裁判规范建构过程中的不同地位进行法益保护与人权保障之间的动态调控设计。坚持一个价值一以贯之的立场不具有规范适用的基础，更不能适应规范微观结构的特殊要求，这是由法定犯规范结构的特殊性和复杂性所决定的，故而对于此结

---

〔1〕　参见冀洋：《法益保护目的不能甄别不法论的立场》，载《政法论坛》2016年第5期。

构必须要进行阶层层面、结构层面的价值匹配。

1. 法益保护与人权保障在法定犯裁判规范建构中的阶层划分

任何行为，只要没有侵害或者威胁刑法所保护的法益，刑法就不得干预，[1]法益保护构成刑法规范的基本价值，这也是行政不法行为被刑事立法化的基本准则，是当前法定犯刑事立法的根本。当然，在法定犯刑事立法过程中，不仅考虑了不法行为对法益的侵害性，也考虑到将该不法行为定义为刑事犯罪行为对于人权保障的威胁。刑法的任务是法益的保护，从而刑法在考虑抑制过度的介入这一自由主义原则的同时，将违反法益保护目的的事态作为禁止的对象。[2]换句话说，法定犯刑事立法亦是法益保护与人权保障二元价值相互妥协的结果，只不过这一价值权衡随着法定犯刑事立法的出台而得以确立。然而，法益保护与人权保障的功能不仅体现在立法中，也体现在司法中，并且对法定犯裁判规范的建构过程起着潜移默化的作用，因司法裁判的特性，法定犯这一类犯罪的规范属性而表现出与立法规范不一样的价值逻辑。在法定犯裁判规范建构过程中，法益保护是刑法的目的，而人权保障则是法益保护的限度。这也是刑法谦抑原则在刑事司法中的当然要求，刑法谦抑原则构成法益保护与人权保障这一二律背反关系的纽带，即法益的保护必须服从于谦抑主义的原理，[3]而服从的结果则是人权保障的限制，这一限制的限度不仅仅是一种观念意义上的抽象存在，更是裁判规范建构过程中的规范思路。

一方面，在法定犯裁判规范建构过程中，法益保护是原则。从法定犯文本规范的立法实际来看，该规范确立首先考虑的就是社会保护、社会防卫。即通过立法程序确立的禁止性规范确保国家自身

---

[1] 参见张明楷：《行为无价值论与结果无价值论》，北京大学出版社 2012 年版，第 47 页。

[2] 参见 [日] 山口厚：《刑法总论》，付立庆译，中国人民大学出版社 2011 年版，第 101 页。

[3] 参见陈兴良：《规范刑法学（上册）》，中国人民大学出版社 2013 年版，第 5 页。

的存续以及社会秩序的维护，通过维护社会秩序的手段达到保障国家法益、社会法益和个人法益等法益保护的目的。而这一法益保护的目的则通过对规范违反行为的刑罚予以实现，从特殊预防的角度看是对行为人不法行为的非难，从一般预防的角度看则是针对社会一般人的社会预防。法定犯裁判规范作为文本规范的司法建构物，也就当然需要以法益保护为该规范的目的，即将社会管理秩序作为法定犯裁判规范建构过程中的保护法益，作为衡量一个行为是否构成社会管理秩序破坏的根本，如此方能将刑事犯罪与行政违法行为、民事侵权行为进行实质意义上的区分。近些年互联网金融领域不断的"爆雷"事件，使得越来越多的金融创新产品成为非法吸收公众存款罪甚至是集资诈骗罪所规制的对象，其中尤以私募基金管理人非法集资类案件居多。在此类案件中，不乏以私募名义进行非法集资的违法犯罪行为，但也有基于合法信托关系所进行的金融创新行为，当前司法实践中，对于该类型案件的办理多因"爆雷"而进行刑事追诉，通过《非法集资解释》中"四性"的形式判断进行非法集资犯罪的裁判规范的大前提建构。但需要注意的是，从上述的论述我们也知道，私募基金领域非法集资行为的司法认定标准来源于当前对相应行政违法行为的行政法规范，而对于私募股权领域不存在"非法性"的前置性判断的情况下，私募股权基金管理人非法集资行政不法行为与非法集资刑事犯罪行为的认定标准已然趋同。在此情况下，再以《非法集资解释》中的非法集资行为的特征判断作为区分显然就不具有了形式判断的价值，故而需要在符合形式判断的基础上，进行法益侵害的实质判断，即对于是否"扰乱金融秩序"的价值判断，对于存在"底层资产"的合法投资行为，通过穿透式核查进行投资行为与底层资产之间的交易关系查明，自然也就能甄别该类行为并未扰乱金融秩序，仅是一种金融投资风险的转化，并不存在法益侵害的可能。而这一认定逻辑，不仅仅体现在私募股权基金管理人非法集资行为的判断中，更体现在其他法定犯裁判规范的建构过程的价值判断中，是一种一般性的价值原则。

另一方面，在法定犯裁判规范建构过程中，人权保障是限度。有罪必有制裁，但在制裁的过程中不侵犯一般个人的自由与权利，[1]即一般个人的自由与权利构成制裁的必要限度，而文本规范则是有罪必有罚的立法体现，裁判规范的司法建构过程则是个人自由与权利的司法表达，是司法裁判功能的集中体现。法定犯文本规范是立法的产物，更注重法益保护，注重行政管理秩序的维护，是基于社会防卫目的进行的立法建构。司法裁判的过程，不仅仅是一种立法规范解释的遵从过程，更是裁判者以文本规范为基础的创设法律的超越过程。[2]如此，我国的权力体制虽然不存在西方式的三权分立，但从文本规范的司法适用层面来看，司法权在实然层面上构成对立法权的权衡，而这一权衡则是通过文本规范向裁判规范的跨越实现，表现在裁判规范对文本规范的遵从与超越过程。具体来说，基于立法与司法之间的权衡关系，法定犯裁判规范作为司法的产物，在规范建构过程中必然要求更加注重人权保障，即自由的保障，由此将司法作为立法的第二道防线，将法定犯司法作为法定犯立法的纠正器。也就是说，在法定犯裁判规范的建构过程中，人权保障是第一位的，即通过法定犯司法将法定犯立法过程中的刚性规定赋予必要的司法柔情。从刑法发展史的角度看，其限制国家权力、保护公民个人权利以此达到保障人权的基本价值观念不应改变。[3]但人权保障进入裁判价值的考量体系则是近现代以来的事，是对长期以来法益保护这一单一刑法价值的规范性补充。众多刑法学者受"权利本位"这一国际主流价值的影响，在刑法理念顺位的排序中，主张人权保障优先的同时兼顾社会保护，[4]宁可牺牲打击犯罪的力度，也

---

〔1〕 参见豆雨思、郭蒙政：《法治语境下刑法理念的审视与完善——以〈刑法修正案九〉为研究范式》，载《河北法学》2017 年第 6 期。

〔2〕 参见王云清：《立法背景资料在法律解释中的功能与地位——英美的司法实践及其对中国的镜鉴》，载《法学家》2019 年第 1 期。

〔3〕 参见杨兴培：《反思与批评：中国刑法的理论与实践》，北京大学出版社 2013 年版，第 127 页。

〔4〕 参见苏彩霞：《刑法国际化视野下的我国刑法理念更新》，载《中国法学》2005 年第 2 期。

应该强调人权保障是法治社会的表现。[1]如当前对抽象危险犯、行为犯作为法益保护的前置化措施，通过立法程序已然以文本规范的形式表现出来，故而在司法实践中应该更加强调法益保护的对立面，即人权保障，从而达致在法益保护与人权保障之间的平衡。通过法定犯裁判规范建构过程中侧重人权保障以满足对法益保护的司法限度，即不能以牺牲司法公正或者威胁基本人权为代价去实现社会控制或者建立秩序。

2. 法益保护与人权保障在法定犯裁判规范建构中的结构定位

法定犯裁判规范建构过程中的法益保护与人权保障不是二元对立的存在，人权保障构成法益保护的限度，而这一限度的把握则依赖于司法实践表现出来的裁判智慧，是一种实然层面体现出来的基于法益保护与人权保障之上的价值判断，即危害衡量。换句话说，法定犯裁判规范的建构过程，是裁判者在危害衡量视域下对法益保护与人权保障的双向互构、彼此沟通。危害衡量作为刑事裁判中主要的价值判断，通过对行为所针对的刑法保护法益的加害程度及加害性质的衡量与判断，在自由与秩序之间寻求平衡，达致共赢。[2]法益保护与人权保障在逻辑结构上是一组二律背反的关系，故而对于二者之间的结构定位必然需要在该概念位阶之上寻求高位阶的概念。而危害衡量作为一种功利主义裁判思维，是一种实践性思维，其是裁判者在裁判过程中对法益保护与人权保障的司法统合，通过社会危害衡量的模糊评估在法定犯文本规范向裁判规范建构过程中的价值选择进行方向性的指引，是限制刑罚手段司法实现所必然需要的一种司法智慧。刑罚的界限应该是内缩的，是国家为达到其保护法益与维护法秩序任务的最后手段，在能够不使用刑罚而能以其他手段达到维护社会共同生活秩序即保护社会与个人法益之目的

---

〔1〕　参见陈兴良：《当代中国的刑法理念》，载《国家检察官学院学报》2008 年第 3 期。

〔2〕　参见张心向：《在遵从与超越之间：社会学视域下刑法裁判规范实践建构研究》，法律出版社 2012 年版，第 12 页。

时，则务必放弃刑罚手段。[1]故而，在法定犯裁判规范的建构过程中，应该从规范建构的路径上，在危害衡量的指导下进行法益保护与人权保障之间的结构定位。

一方面，法定犯裁判规范建构过程中正式法源的判断过程应该以人权保障为先。如果统治政权对被统治者的利益漠不关心，换言之，如果统治政权倾向于不顾被统治者的利益或者否认他们的正统性，那么它就是压制性的。其结果是，国民的地位既不安稳，又很脆弱。[2]考虑到国民地位的稳定在法定犯刑事立法中必然是掺杂了人权保障的法益衡量，但作为行政不法行为向刑事不法行为转化的产物，其在产生之初，为了考虑规范效果的严厉性且与行政不法进行规范意义上的区分，在立法过程中必然更加考虑法益保护的刑法规范目的，抽象危险犯等法定犯类型即是该价值立场倾斜的当然结果，当对法益产生抽象的危险时即将该不法行为规定为犯罪，并不要求实害结果。如此，法定犯在刑事立法中是一种更加注重法益侵害的立法建构物，是基于社会管理秩序这一社会总体利益所进行的立法设计，而缺乏个体自由的立法层面的关注。故而在法定犯裁判规范的建构过程中，必然需要对个人权利保障的司法倾斜，尤其是在立法规定、司法解释这一正式法源的判断过程中更是如此。在法定犯裁判规范建构过程中，针对法定犯文本规范的开放性结构，在行政法规范对构成要件要素进行规范补充和漏洞填补过程中，应该注重在危害衡量的目的下对人权保障价值的引入。

另一方面，法定犯裁判规范建构过程中非正式法源的判断过程应该以法益保护为目标，以人权保障为限度。法定犯文本规范向裁判规范转化的过程，是正式法源与非正式法源互相建构的过程，因非正式法源非规范的形式特性，使得对该法源的价值判断首先应是法益保护层面，其次才是人权保障层面。如果放弃对规范目的的研

---

〔1〕 参见林山田：《刑法学》，商务印书馆 1985 年版，第 128 页。

〔2〕 参见 [美] 诺内特、塞尔兹尼克：《转变中的法律与社会》，张志铭译，中国政法大学出版社 2002 年版，第 29 页。

究，那么所有刑法理论都将是灾难性的。[1]所以对于并未经过法定程序成为正式立法规范的法源，在进入司法裁判领域成为裁判者裁判案件材料时，必然是以法益保护的刑法规范目的为基础，即对于不利于法益保护的非正式法源材料应该予以排除。尽管也参考其他法领域、甚至是一般的社会文化领域的价值设定，但是，这些价值都必须无条件向刑法本身的规范目标靠拢，并受制于"法益保护"这个核心。[2]在此基础上，正视裁判者作为功利主义个体的地位，在危害衡量的指导下进行非正式法源对法益保护限度的规范适用。换句话说，非正式法源的考量是人权保障这一价值考虑的现实实现，这一点也是由裁判者的主体地位所决定的。裁判者作为社会个体，不仅是司法场域中的裁判者，更是社会生活中的文化人，是国家体制下的权力人，来自不同场域的主客观因素都会以各种形式、各种渠道构成对司法裁判主体的"精神控制"，裁判规范的建构过程正是不同场域下角色群的互相冲突的过程，从而使得其裁判过程体现为危害衡量这一更高级的裁判智慧。而在法定犯裁判规范的建构过程中，因法定犯的强法定性使得这一矛盾冲突的局面更加激烈，即法定犯中诸多不法行为人都属于行政相对人的角色，其在行政关系中处于弱势地位，这是行政管理的必然结果，在行政管理过程中是一种被管理的角色。当行政主体基于社会管理的目的进行行政管理效果难彰时，则成为法定犯刑事的管辖范畴，此时的裁判者与自然犯下的裁判者就具有了不一样的地位和角色。在自然犯中，行为人与被害人之间是一种平等主体之间的权利、自由的侵害关系，而在法定犯中，行为人是对社会管理秩序的侵害，行政机关是这一秩序侵害的直接管理者。而当前我国的司法体制，避免不了会带有这一公权力的属性，其必然会受到来自其他公权力场域的侵扰，从而使得法定犯在不同场域内的角色之间较容易角色代入，即公权力角色

---

〔1〕　参见［美］胡萨克：《过罪化及刑法的限制》，姜敏译，中国法制出版社2015年版，第208页。

〔2〕　参见杜宇：《合分之道：构成要件与违法性的阶层关系》，载《中外法学》2011年第4期。

代入，这既有行政法规范等前置性规范的规范影响，也有行政不法事实等的事实介入。故而，在对非规范性法源的价值判断中，必然要求裁判者首先考虑的是法益保护的刑法规范目的，以此规范目的对非规范性法源进行规范层面的筛选，这也是罪刑法定原则的必然要求，这在一定程度上也是对法定犯违法性的当然回应，即法定犯的违法性必然是一种法益侵害的违法性，且与行政不法存在着社会控制意义上的"量"的区分。

（二）行为功利与规则功利之间的司法整合

功利主义是关于法应当是什么以及法律组织应当如何行动的理论，[1]是我们社会里一个不言而喻的背景，[2]这也当然构成当下司法裁判的司法场域背景，构成司法正义实现过程中的立场支撑。然而，功利主义因为注重大多数人的福祉利益而忽视少数人的利益这一共性特征成为当前对该立场最大的诘难。是故，基于个案裁判过程中进行的功利主义研究既能照顾到功利主义裁判的客观实际，又能在个案裁判过程中重视个体之间的分离性与独特性事实，[3]通过个案正义的不断累积在最大程度上实现具有普适意义的司法正义。司法中的第一美德：公正——作为一种正义义务成为履行其他正义义务的必要条件，部分原因便是基于正义与功利的关系。[4]司法正义是裁判的最终目的，而不同的裁判功利主义下的价值抉择则是司法正义实现的关键，也是我们不得不面对的现实问题。当前，裁判中追求的"案结""事了""法律效果与社会效果的统一"就是裁判功利主义的典型表征。刑事裁判功利性的价值追求更是决定着刑

---

〔1〕 参见张文显：《二十世纪西方法哲学思潮研究》，法律出版社 2006 年版，第 64 页。

〔2〕 参见［加］威尔·金里卡：《当代政治哲学》，刘莘译，上海三联书店 2003 年版，第 20 页。

〔3〕 See John Rawls, *A Theory of Justice*, Harvard University Press, 1977, pp. 23-24, 27, 31. 转引自杨伟清：《罗尔斯正义理论中正当优先于善的三种模式》，载《哲学动态》2007 年第 5 期。

〔4〕 参见［英］穆勒：《功利主义》，徐大建译，商务印书馆 2014 年版，第 77 页。

事法网在"严"与"厉"之间的结合度，而这种功利性的裁判追求往往通过个案裁判的形式体现在刑法规范的运行过程中，亦即刑法裁判规范的生成过程中。故而如何在法定犯裁判规范的建构中进行基于个案正义基础上的行为功利主义与规则功利主义的司法整合，成为法定犯裁判规范这一动态规范研究的当然命题。规则功利主义强调对法律条文的当然遵从，注重法条内的逻辑自洽，而行为功利主义则偏重于裁判结论的考量，在刑事司法裁判中，其更多地表现出实用主义的裁判特点。最近国内刑法学界兴起的行为功利主义违法观与规则功利主义违法观之争，则具有一定的开创性与超越性。[1]本书无意于违法观的立场之争，只试图剖析不同的功利立场在司法裁判中的具体司法功能研究。

　　每个个案裁判，实际上都是带有明确功利性追求的裁判，[2]在法定犯文本规范到裁判规范的建构过程中，不同功利主义立场所坚持的价值判断目的与逻辑推理方法必然是不同的。这也就使得最终法定犯裁判规范的生成建构表现出不同的特点，从而使得基于该大前提得出的裁判结论大相径庭，由此也必然带来法律效果与社会效果之间的矛盾与冲突，带来法律正义与社会公众朴素法感情之间的缝隙和裂痕。前文提及的赵春华案、王力军案和王鹏案等无不是这一矛盾与冲突的结果，这一结果的出现主要是由不同功利主义立场之间的选择所决定的。然而，规则功利主义与行为功利主义在当前的立场之争中，并无当然对错之争，理想的裁判格局理应是规则功利主义与行为功利主义的融会贯通，实现法条主义与经验主义之间的均衡，而裁判规范的司法建构性为我们展现司法裁判过程中不同功利主义立场的运作机制提供了可能。法定犯裁判规范的生成建构必然要求在行为功利主义的足够克制与规则功利主义的有限能动之间达致平衡。而这一平衡机制是灵活的法条主义裁判模式下的逻辑

---

〔1〕　参见周详：《规则功利主义违法观之提倡——刑法学派之争视角的展开》，载《清华法学》2013 年第 1 期。

〔2〕　参见张心向：《在遵从与超越之间：社会学视域下刑法裁判规范实践建构研究》，法律出版社 2012 年版，第 3 页。

建构物，即通过法条主义对法定犯裁判规范过程中的行为功利主义倾向进行规范整合，既尊重了法定犯裁判规范生成过程中规范开放结构下的经验性要素的客观实际，也使得纯粹的法条主义的封闭性能够在一定程度上得以被打开。该裁判模式既能限制实用主义裁判或经验性裁判的肆意性，又能彰显刑事裁判所需要的表征符号，契合刑事裁判所需要的工具及价值理性。[1]

1. 法定犯裁判规范建构过程中行为功利主义的克制

行为功利主义是以结果正义为指向的，即以行为所产生结果的好坏作为判定行为对错的标准，该立场因过多考虑事实后果，强调情境特殊性，而反对规则的普遍约束力，具有一种实用主义的倾向。在司法裁判过程中，行为功利主义视角下非正式法源在司法结果正义的名义下，通过文本规范的适用过程渗入裁判规范的建构过程中，司法场域外的权力主体也因此在一定程度上分享了法官手中的裁判权。尤其是当事实与法律因素不确定时，法官就常常会从他直觉地认为公平的解决方案出发。[2]从而使得裁判者在对法定犯规范进行规范与事实之间的往返比对过程中，面对摆在其面前的各种可供选择的裁判规则所可能造成的后果予以审慎考量，权衡利弊，[3]从而谋求个案裁判利益的最大化，而在这一权衡过程中，法定犯文本规范的开放性结构使得一些非正式法源因素成为权衡的素材。在某些时候，还要求我们必须在构成要件要素之外寻找有助于违法性判断的要素：或者凭借超法规的违法阻却事由，或者通过特殊的违法要素，或通过被遗漏的构成要件要素，来帮助判断行为违法性之有无。[4]如果说一点都没有，那确有自欺欺人之嫌，虽有法条中

---

〔1〕 参见张心向：《在遵从与超越之间：社会学视域下刑法裁判规范实践建构研究》，法律出版社 2012 年版，第 67 页。

〔2〕 参见［法］雅克·盖斯旦、吉勒·古博：《法国民法总论》，陈鹏等译，法律出版社 2004 年版，第 40~41 页。

〔3〕 参见［英］尼尔·麦考密克：《法律推理与法律理论》，姜峰译，法律出版社 2005 年版，第 125 页。

〔4〕 参见刘艳红：《论大陆法系违法性判断理论的缺陷及弥补》，载《法商研究（中南政法学院学报）》2001 年第 4 期。

心主义者主张法官在裁判案件过程中无需受到案外因素的叨扰，还是应依法裁判，但法官往往会遵从国家政策，从而避免将自己置于社会舆论，乃至社会矛盾的中心。其中既需要关注社会舆论的导向，关注合理民意的诉求，也需要关注法律职业共同体的声音，其中既有来自法院内部，也有来自体制（行政体制、司法体制等）内的声音，最终在不违反罪刑法定原则的前提下，衡量多方的利益诉求，居中作出符合社会正义的裁判，以求符合常识、常理和常情，符合社会正义的要求，达到法律效果和社会效果双赢的局面。

在法定犯裁判规范的建构过程中，基于法定犯裁判规范生成过程中正式法源与非正式法源的开放结构特性，公共政策与刑事政策等对规范生成的影响，必然带来过分强调裁判效果意义下裁判规范建构的偏差，使得诸多现实存在但需规范的规范要素无序、按需进入裁判过程，"蚕食"个案正义。在法定犯裁判规范的生成过程中，因行政不法对于刑事不法判断的前置约束性，行政法规范对于刑法文本规范空缺构造的补足性等特点，自然使得行政法中的政策性倾向等潜行于裁判规范生成过程中，成为法定犯裁判规范建构过程中开放性、不确定性等结构因素的重要考量因素。如果选择无视或者不加限制，必然使得行为功利主义下依裁判者经验判断的色彩较浓，从而使得法条主义下的逻辑判断被无形削弱。真正的和经验的司法研究不可能也不应当回避，或以法条主义机能来包装这一政治性判断，相反应充分理解这一判断的实际发生和限度。[1] 故而，法定犯裁判过程中对行为功利主义克制成为必然的选择，因法定犯裁判过程中公共政策、刑事政策等的影响，会使得国家主义的立场更为明显，很容易使得刑法成为治理者为达到某种政治目的的工具和手段，通过行为功利主义过程中对刑事政策、公共政策等非正式法源对裁判规范建构的影响克制，防止法定犯裁判过程中的政治功利化。而反映在法定裁判规范建构过程中，则表现为面对开放的构成要件要素的规范补足和漏洞填补，在行政法规范等正式法源和其他非正式

---

[1]　参见苏力：《法条主义、民意与难办案件》，载《中外法学》2009 年第 1 期。

法源通过这一开放结构"潜入"法定犯裁判规范建构过程时，避免因对社会效果甚至是政治效果的过分追求而使这些"潜入"的法源因素僭越形式正义、侵扰罪刑法定。如果在一种制度安排中，最高权力机构的关注点主要在于政府治理方面而不是法律方面，那么这种制度安排只会使政府治理的工作越来越压倒法律的工作。[1]是故，在法定犯文本规范的适用过程中，务必避免行政法规范中行为功利主义的追求通过文本规范的开放性结构进入到法定犯裁判规范建构过程中，防止刑法代替行政法成为国家机器进行社会控制的主要手段，坚守刑法规范最后法的专属地位和法益保护的规范目的，如此方能在最大程度上实现刑事法治。

2. 法定犯裁判规范建构过程中规则功利主义的能动

一个规则功利主义者认为正确的行为是被道德规范所允许的行为……一种最优的规范是被设计成最大化福利或善（因此，是功利）的，[2]一个行为是否符合道德规范是判断该行为对错的标准，认同对规则的遵从是产生社会福祉最大化效果的唯一来源，这一功利主义在裁判中表现为裁判结论的形成必须是符合法律文本形式要件的，法律形式要件是裁判者唯一需要重视的法源。法官所关心的不是谁在事实上应否胜诉，而是从规则的角度看他是否应该胜诉。[3]裁判者裁判的唯一基准是法律规范而非直接的功利化，或者说对于符合法律规范的裁判就是最大的功利化，法律规范是裁判的最直接目的。故而，在该理论下的研究结果必然是围绕着法律规范进行的规范研究，是法条主义下的教义学研究，对个案的规范适用也只通过个案事实对规范含义的内涵和外延意义上的涵摄式适用，当出现难以被该规范涵摄时寻求立法进行规范完善，然后再投入下

---

〔1〕参见［英］哈耶克：《法律、立法与自由（第一卷）》，邓正来等译，中国大百科全书出版社2000年版，第313页。

〔2〕Brandt R. B., "The Real & Alleged Problems of Utilitarianism", *Hastings Center Report*, Vol. 13, No. 2., 1983, pp. 37-43. 转引自晋晋锋：《当代西方功利主义研究述评》，载《哲学动态》2010年第10期。

〔3〕参见［英］尼尔·麦考密克：《法律推理与法律理论》，姜峰译，法律出版社2005年版，第77页。

一段规范的理解和适用中。在这一过程中，规范语义的"三段论"逻辑论证就成了主要的裁判思路，排斥裁判者经验在裁判过程中的运用。故而波斯纳法官指出：理想的法条主义决定是三段论的产品。[1]在该逻辑下，法律规范的逻辑构造是裁判的准绳，法律成为一个知识和技巧都自给自足的领地，[2]法律学人与法律实践人共享这一形式主义法律观。[3]严格法条主义因此成为中国当代法学界、法律界和法律教育界的主流和主导法治意识形态。[4]

　　然而，法律从来不是专供大家欣赏的艺术品，也从来不是某些人的专利，而是用于司法裁判过程的消费品。[5]因为犯罪惩治有着一定的社会意义，无论是从个人预防还是从社会预防的角度，都难以磨灭犯罪惩治的社会底色，这是由法律规范的社会控制功能所决定的。而法定犯文本规范的司法适用过程，也就当然具有了社会整合的价值意义，在这一社会整合过程中，不可能仅是裁判者在文本规范意义上的逻辑推演，但也不可能是脱离文本规范意义下的政策审判。而是"逻辑"的"运用"过程，也是"经验"的"作用"过程，[6]是灵活的法条主义裁判模式对纯粹的规则功利主义能动性的激活，是将法定犯裁判规范生成过程中起着潜移默化作用的相对价值和重要意义的表征，然后通过裁判规范这一实证主义的法律规范形式进入到司法裁判中。因为在逻辑形式的背后，存在着不同立法理由之间相对价值和重要意义的判断，通常是一种无以言表且毫

---

〔1〕　参见［美］波斯纳：《法官如何思考》，苏力译，北京大学出版社 2009 年版，第 38 页。

〔2〕　参见［美］波斯纳：《法官如何思考》，苏力译，北京大学出版社 2009 年版，第 7 页。

〔3〕　参见蔡宏伟：《"许霆案"与中国法律的形式主义困境——兼论波斯纳的法律活动理论》，载《法制与社会发展》2008 年第 5 期。

〔4〕　参见苏力：《法条主义、民意与难办案件》，载《中外法学》2009 年第 1 期。

〔5〕　参见赵秉志、张心向：《刑事裁判功利性现象研究——兼论刑法规范的司法适用》，载《刑法论丛》2012 年第 3 卷。

〔6〕　参见赵秉志、张心向：《刑事裁判功利性现象研究——兼论刑法规范的司法适用》，载《刑法论丛》2012 年第 3 卷。

无意识的判断，这是实际存在的然而却是整个诉讼程序的根源和命脉之所在，你们可以赋予任何一个结论以某种逻辑形式。[1]如此，使得法定犯裁判规范的建构过程不仅仅是一种逻辑推演，更是一种经验归入。在追求安全性的规范目的下，最大程度地填补制定法的空隙和前后矛盾、过时且冲突的事实困境。[2]这一裁判模式，对法定犯裁判规范结构中行政不法与刑事不法之间的弹性结构具有较强的解释性和建构性。具体而言，法定犯裁判结构建构过程中存在的行政不法与刑事不法的判断，必然要求这一司法裁判过程对行为功利主义和规则功利主义进行符合刑事正义的司法整合。因为行政不法的判断基于公共政策等的要求，更加注重行为功利主义，行政法规范以外的政策等因素对于最终行政决定的作出有着至关重要的作用，而刑事不法的判断受制于罪刑法定原则的要求，不允许在法定犯裁判规范建构过程中将手伸向"法"的藩篱之外去采摘鲜果，[3]所以更注重规则的形式理性。但这并不意味着不可以改变当前"法"的藩篱区域，基于社会情势的变化所进行的社会控制策略的调整，当然构成这一区域范围扩张与限缩的标准。而法定犯则是这一区域范围扩张下的刑事立法的产物，法定犯文本规范到裁判规范的司法建构又构成法定犯立法成效的当然产物。尤其是在罪刑法定原则的刚性要求下，对于法律命题内容较为简单、相对开放的法定犯文本规范而言，无论是裁判者还是社会公众，都试图寻求这个文本规范的明确性。然现代法理揭示，法的明确性原则要求对明确性的追求不能过分，否则将不利于发挥刑法规范的指引作用和司法人员的主观能动性，并有损刑法社会保护机能，导致刑法规范无法适

---

〔1〕 参见〔美〕霍姆斯：《法律的生命在于经验——霍姆斯法学文集》，明辉译，清华大学出版社2007年版，第217页。

〔2〕 参见〔美〕波斯纳：《法官如何思考》，苏力译，北京大学出版社2009年版，第44页。

〔3〕 参见张心向：《在遵从与超越之间：社会学视域下刑法裁判规范实践建构研究》，法律出版社2012年版，第67页。

应社会需要。[1]

二、法定犯裁判规范建构中的思维模型

法定犯裁判规范形成的方法论本质上是法定犯裁判规范形成的思维模式的证成，其是刑法规范与案件事实互相生成建构的结构，在这一建构过程中，概念思维与类型思维的交互式运行构成了裁判思维的基本图式。概念思维是一种封闭性思维，其使得法律概念是一种分离式的存在状态，并试图进行核心内涵与外延的形式划分，核心内涵具有相对的稳定性，而外延不仅会因为概念本身的多义性而在社会发展过程中显现出越来越重的滞后性，从而带来概念本身含义的波动性。尤其是在法定犯中，法定犯文本规范的开放性使得对其构成要件的填补来自行政法规范的前置规定，而行政规范因为行政管理活动的多样化使得行政规范内涵的多变性，如此对法定犯概念外延进行补充。而概念思维本身的非此即彼性，使得行政规范进入法定犯裁判规范生成过程时必然带来概念的波动性，使得这一封闭的概念范畴较难解释开放犯罪构造下不断涌现的不法类型，故而有必要实现概念思维向类型思维的跨越。类型思维的核心是事物的本质，在犯罪中表现为犯罪本质，亦即罪质。类型思维作为潜行于裁判者裁判过程的惯性思维，具有开放性、流动性的结构形式，能够在更大程度上契合法定犯开放的犯罪构造。

类型思维作为一种开放性思维，其思维类型的层级性、界限的模糊性与构成要素的不固定性等特性，[2]能够与法定犯裁判规范生成过程中体现的行政不法对刑事不法的前置约束判断，行政不法与刑事不法判断的模糊边界以及因行政不法判断的多变性导致的刑事不法判断的波动性等特性具有较大的契合性，能够在最大程度上增加文本规范向裁判规范转化的顺滑度和规范性。详言之，通过类型

〔1〕 参见刘艳红：《开放的犯罪构成要件理论之提倡》，载《环球法律评论》2003年第3期。

〔2〕 参见赵秉志、张心向：《刑事裁判功利性现象研究——兼论刑法规范的司法适用》，载《刑法论丛》2012年第3卷。

思维这一开放性、流动性思维，拓展法定犯文本规范向裁判规范生成过程中规范与事实的对接疆域。一是相对于概念思维的非此即彼的状态而言，可以在危害衡量等价值判断下，最大程度地包容法定犯裁判规范生成过程中的不得不考虑的诸多非正式法源类型，诸多的非正式法源也正是通过个案中所不断充实的不法事实类型以价值评价的方式得以渗入。二是法定犯文本规范在与个案事实匹配过程中，文本规范中概念的模糊地带随着个案事实的不断丰富得以依次延伸，从而呈现核心概念与边缘概念的阶层性划分，边缘概念在个案事实的裁判过程中得以解构，而解构过程中裁判类型则构成这一规范与事实之间的关联纽带，成为抽象与具体、普遍与特殊的中介点。三是类型之间的流动性和过度性，能够涵盖丰富多样的不法事实样态，也能和法定犯下行政不法与刑事不法的模糊性具有很好的解释性，基于"事物本质"建构的不法类型能够为文本规范的边缘概念进行很好的规范解构。[1]如此，法定犯裁判规范建构过程中的类型思维不再是一种只要具备文本概念全部构成要件要素事实即可涵摄于该规范下的精准的形式逻辑思维，而是针对文本规范与个案事实的匹配过程，基于刑法规范目的即法益保护这一"事物本质"进行等置的模糊的类比逻辑思维。而这一类比推理的思维往往囿于罪刑法定的形式要求不被承认和认可，更会因概念思维的涵摄逻辑而被遮蔽于刑事裁判逻辑之后。然这一逻辑却是实实在在潜行于刑事裁判中的核心思维，而对法定犯裁判规范的建构也必然是基于这一类型思维下的类型逻辑建构。在明确了类型思维在重构法定犯裁判规范类型体系的基础上，对于法定犯裁判规范建构过程中存在的刑事不法类型，或者说，对于行政不法类型向刑事不法类型的转化过程，类型之间的论证模型则成为类型思维实效化的必然选择，而图尔敏允许例外的论证模型，其开放的过程性论证模式为类型之间的法律逻辑论证提供了可能和契机。

---

〔1〕 事物的本质意味着同时是一个存有论与规范的构成要件：一种在存在意义中所具有的以及在存在中或多或少一直被现实化的当为。参见杜宇：《刑法解释的另一种路径：以"合类型性"为中心》，载《中国法学》2010 年第 5 期。

（一）类型思维重构法定犯裁判规范的类型体系

如前所述，刑法规范实际上是围绕着罪体和刑体建构的一个个抽象的不法类型，[1]刑事立法的过程就是从社会中多发的严重侵害法益的危害行为抽象出定型化的犯罪类型，再以抽象的概念外形将其规定在刑事立法中。因为抽象概念的多义性和模糊性，在遇到个案具象化的案件事实时，自然也就带来了抽象概念的解释需求，然概念解释的本质是语义层面的涵摄过程，其只是规范适用的一个侧面。刑法文本规范的适用，必然是个案意义上的规范适用，追求法律效果与社会效果在个案中的衡平，故而其除了需要针对个案事实进行规范概念解释，还需要进行规范与事实之间的往返比对，在比对过程中需要直面个案事实对于该罪名犯罪本质的一次次"冲撞"，而这一"冲撞"过程也正是该罪通过案件裁判不断成长的过程。这一过程通过裁判规范的建构过程得以呈现，这一过程并不仅仅是规范概念的逻辑推演，而且是抽象概念下的不法类型的个案匹配。换句话说，在新生的案件事实中所提炼的不法类型与文本规范抽象概念下的不法类型的往返比是对裁判规范生成过程的本质揭露，而这一往返比对的中介点，即法益侵害的罪质，这一点无论是在自然犯的裁判规范生成过程还是法定犯的裁判规范生成过程均具有普遍的解释意义。所以，需要围绕法定犯的犯罪本质，丰富法定犯的刑事不法类型，而这一过程，不仅仅需要形式意义上的规范建构，更需要基于社会情势的发展、刑事政策等的需求进行实质意义上的衡量。这一思路，对于法定犯这强法定性的犯罪类型中行政不法向刑事不法的转化具有重要的参考意义，更有利于厘定二者之间现实意义上的"楚河汉界"。

1. 建构法定犯中刑事不法行为的类型式库

每一个刑法规范适用的过程，其本质上是文本规范到裁判规范的建构过程，而这一过程并非刑法教义学意义上的逻辑推论和概念

---

〔1〕 参见张心向：《在遵从与超越之间：社会学视域下刑法裁判规范实践建构研究》，法律出版社 2012 年版，第 7 页。

涵摄，而是一种类型意义上的类推，[1]是文本规范中的不法行为类型与个案事实中的不法行为类型之间的等置过程。是故，法定犯裁判规范生成过程中开放性的文本规范结构与个案事实之间等置的过程就是法定犯刑事不法类型式库不断建构的过程，而刑事不法类型之间的桥梁则是刑法规范的目的即法益保护。通过把握事物的本质而将同质事物归为一类，以便类型化地思考事物的特性。[2]与此同时，法定犯中行政不法与刑事不法的规范意义不仅仅是一种立法层面的应然存在，更是一种司法裁判过程中的实然问题，是法定犯裁判规范下刑事不法类型判断的前提和基础，对于刑事不法类型式库的建构具有重要意义。然从这一行政法事实到刑事法事实的转化过程中，既不是规则功利主义下的决然排斥，也不是行为主义功利主义下的欣然接受，而是在灵活的法条主义背景下的规范转化。

一方面，法定犯裁判规范建构过程中，行政不法类型对刑事不法类型的形塑。这一形塑主要指的是在法定犯个案裁判过程中，围绕个案事实所提炼的行政不法事实类型与行政法规范类型对于法定犯裁判规范下的刑事不法类型的形塑。当前对于刑事不法的研究往往是一种规范层面的价值研究，即在规范内部进行规范要素的解读，是一种应然层面的理论解读，注重正义、自由等规范价值下的规范逻辑，但对于规范外的事实构造这一实然层面的实践问题的关注则鲜有论及，从而出现实践需求强烈，而学术关切不足的脱节性问题。刑事不法事实类型存在于个案事实的提炼过程中，经裁判者按照法定程序，在法定犯犯罪构成要件的框架下，将个案事实所提炼的不法类型与构成要件意义上的不法类型进行比对，而个案事实所提炼的不法类型又通过行政不法类型得以形塑。我们通过对生产、销售、提供假药罪案件中涉及生产行为的案件进行统计梳理，共计得到有

---

〔1〕 类推是类比推理的意思，区别于传统刑法解释学中的类推解释，该处所指类推是考夫曼类型理论的衍生概念，是围绕事物本质即犯罪本质下所作的行为类型之间的类比推理，是一种思维逻辑建构моя。

〔2〕 参见刘艳红：《行政犯罪分类理论反思与重构》，载《法律科学（西北政法大学学报）》2008 年第 4 期。

效样本 832 件，其中既有生产假药罪中的生产行为类型，也有生产、销售假药罪中的生产行为类型。我们发现，现实生活中生产行为类型可以大致分为"链性生产行为"和"非链性生产行为"两大类，其中"链性生产行为"即指以生产、销售假药为目的，行为人既有原料生产的行为、也有成品加工的行为还有药品包装的行为等，当然在现实生活中多表现为共同犯罪，共犯中成员分工明确，彼此配合，都属于"生产行为"这一链条中不可或缺的一环，为了统计的方便，我们将此类行为称之为"链性生产行为"。而"非链性生产行为"在现实生活中又多表现为以下两种：（1）以营利为目的，仅生产原料、辅料的行为，为了统计的方便，我们将此类行为称之为原料、辅料类；（2）以营利为目的，单纯进行药品资料生产的行为，比如单纯进行药品包装和药品说明书的生产等，为了统计的方便我们将此类行为称之为单纯药品资料生产类。通过统计，我们发现链性生产行为案件共计 814 件，占总体有效样本的 97.8%，多表现为以生产、销售假药为目的，从生产原料到成品加工和炮制再到药品的包装和说明书的印制等，都在共同犯罪集团内部完成，但不乏单个行为人实施诸多行为的场合，但无论哪种情况，都没有超出当前对"生产"行为的概念界定，即都存在于"链性生产行为"中。值得注意的是，除了链性生产行为，还存在 18 件非链性生产行为被认定为生产行为的案件，占总体有效样本的 2.2%，在此种情况下，行为人以营利为目的，在明知他人将会把原料、辅料或者药品资料用于生产、销售假药的情况下，仍然生产原料、辅料和药品资料，其中原料、辅料类 4 件，单纯药品资料生产类 14 件。以单纯药品资料生产类为例，在现实生活中多表现为回收药品包装材料后高价转卖他人用于制售假药之用，比如回收用于肿瘤化疗的"美罗华"等药品的外包装、说明书、药瓶等。此种行为的危害性虽然较之于"链性生产行为"而言，具有一定的相当性，但明显超出了"链性生产行为"含义的射程范围，所以，对于法定犯裁判规范建构过程中刑事不法类型的建构，当然还存在着"类型超越"的一面。

另一方面，法定犯裁判规范建构过程中，行政不法新生类型对刑事不法类型的超越。如在非法集资犯罪中，《非法集资解释》中对于"四性"的判断来源于《证券投资基金法》和《私募投资基金监督管理暂行办法》中的行政法规定，与这些行政法规、部门规章甚至是行业规定等在这一违法行为的规定上是一致的。对于已然定型化的行政不法事实通过司法解释的规范形式予以确立，是法定犯追求稳定文本规范的必然选择，也为法定犯裁判规范的生成建构提供了确定的法源基础。此种法定犯类型在裁判规范的建构过程中，则无需参照存在一致规范的行政法规，除非因为行政管理与经济社会发展出现矛盾和冲突时，则有必要进行符合社会情势的规范类型补足。如在非法集资类犯罪中，无论是非法吸收公众存款罪还是集资诈骗罪，其成立的前提均是非法集资行为的判断问题，而对于这一实行行为的"四性"判断，只要行政不法行为充足"四性"要求即完成非法集资行政不法类型向刑事不法类型的转化。在涉及证券类标准化金融产品的非法集资犯罪中，因证券交易存在严格的市场准入制度和市场监管机制，故而对于私募基金管理人存在着行政法意义上的价值评价，即行政审批。而在私募股权基金领域，因该基金类型本质上属于一种"信托"关系，故而从行政管理层面并不设有行政审批的前置程序，也就并不存在《非法集资解释》中"四性"之一的非法性的判断问题，从而使得基于行政法规范作出的私募股权基金管理人行政不法行为的判断与基于刑法规范作出的私募股权基金管理人刑事不法行为的判断趋同。而对于动辄上亿资金体量的私募股权基金，[1]仅仅依靠对私募基金管理人的"信义义务"的道德约束显然不能有效防止多发的非法集资犯罪。[2]与此同时，当前对于该犯罪主体的非法集资行为的裁判过程，也表现出规范特

---

[1] 截至 2018 年 12 月底，中国证券基金业协会已登记私募基金管理人 2.44 万家，其中私募股权基金管理人 1.47 万家，管理基金规模 8.9 万亿元，占总管理资金规模的 69.6%。载 http://www.csrc.gov.cn/pub/zjhpublic/G00306226/201809/t20180912_344109.htm，最后访问日期：2019 年 12 月 9 日。

[2] 2018 年，全国公安机关共立非法集资案件 1 万余起、同比上升 22%；涉案金额约 3 千亿元、同比上升 115%。载 https://baijiahao.baidu.com/s?id=1624065118465530886&wfr=spider&for=pc，最后访问日期：2019 年 12 月 9 日。

征要素之间的逻辑悖论，即裁判者在私募股权基金管理人非法集资行为的非法性判断中，主要依赖于公开性、社会性和利诱性三个特征的认定，即通过只有公募基金可以向社会公众进行公开宣传并承诺收益，故私募股权基金管理人向社会公众公开宣传保本付息募资主体不适格故具有非法性。[1]如此，使得"四性"对于非法集资行政不法与刑事不法的界分性判断名存实亡，纯粹依靠非法集资行为的文本规范类型并不能有效解决这一问题，反而使得司法裁判出现逻辑上的悖论从而有违形式正义。对于该新生类型，应该基于私募股权基金领域对行政不法中非法性的独有判断建构非法类型，这既是非法集资行为的"四性"判断类型，又是在这一基础上的一种超越类型，而超越的约束性条件则是该类型犯罪的本质，即是否扰乱金融秩序，就此将对非法性的判断委任于对底层资产的穿透式核查中，而这一点在行政不法的判断中属于稀松平常的程序性操作，通过吸收这一行政不法类型进而完成对刑事不法类型的超越。

2. 规范法定犯中行刑不法判断的转化机制

对于法定犯裁判规范建构过程中涉及的刑事不法与行政不法关系的界分问题，区别于立法层面的关于二者的应然界分，司法层面的界分是一种源自构成要件实体和刑事诉讼程序中的转化机制研究，但却也离不开传统意义上关于二者的研究视域。传统的研究方法往往着眼于刑事不法与行政不法的"质"与"量"的区别进行二者之间的模糊划分，[2]这无异于告诉裁判者自行进行伦理非价内容与社会危害程度的个案划分，这样的学术研究对于当前能动性较弱的司法环境、法定性较强和伦理性较弱的法定犯构造而言，只能算是隔靴搔痒，法定犯刑事司法实践并不能从中汲取有益的养分。法定犯所在的犯罪群，处于典型的刑事不法与行政不法之间。此类犯

---

〔1〕 参见北京市朝阳区人民法院（2017）京 0105 刑初 532 号刑事判决书、广东省天河区人民法院（2017）粤 0106 刑初 539 号刑事判决书。

〔2〕 刑事不法行为在质上具有较深的伦理非价内容与社会伦理的非难性，而且在量上具有较高的损害性与社会危险性，而行政不法则恰好相反。参见林山田：《论刑事不法与行政不法》，载《刑事法杂志》1976 年第 20 期。

罪既可能侵入典型的刑事不法领域，使得刑罚权受到不必要的限制；也可能扩张到行政不法领域，从而成为行政不法行为犯罪化的通道，[1]而决定这一法定犯"伸缩范围"的归根结底是社会发展过程中国家公权力对社会控制策略的调整，其中行政不法与刑事不法的界限划分当然也就具有这一"调整策略"的侧面。换句话说，对行政不法与刑事不法的判断是具有不同社会控制"力度"的行政法和刑法基于各自的规范属性作出的规范评价，是不同规范评价下的不法行为类型，诚然诸多行政不法行为因其严重的社会危害性已然通过刑事立法程序成为法定犯文本规范下的刑事不法类型，这一转化过程有着严格的立法程序进行制度约束。然从法定犯裁判规范的生成过程来看，对于刑事不法的判断很大程度上被完成于刑事法规范和刑事程序之外，对于已然规定的空缺的、开放的法定犯文本规范结构，诸多前置性规范和事实向刑事法的转化方是法定犯裁判规范建构的重点问题。基于刑法规范目的下对行为类型的综合考量对法定犯裁判规范建构过程中涉及的不法类型进行刑法价值意义上的构成要件要素的类型转化。

一方面，对于法定犯裁判规范建构过程中行政不法到刑事不法的判断，从规范层面进行构成要件符合程度上的转化。也就是说，从行政不法到刑事不法并不是平滑地平稳过渡，而是构成要件意义上的要素判断，是行政不法要素向刑事不法要素转换的过程。按照当前的理论通说，刑事不法的判断确实从属于行政不法，即刑事不法对行政不法的从属性，这既有立法层面的制度因素，也有社会控制本质的策略选择，是一种应然层面的统一法秩序的要求。但各部门法所处的社会控制链条的阶段性，作为社会控制手段强度的阶梯性都使得在司法实践中对于二者的关系必然是基于各部门法规范目的不同所作的裁判规范意义上的规范选择，是一种违法相对性立场下的不法判断。根据违法相对论的立场，法定犯开

[1] 参见陈金林：《法定犯与行政犯的源流、体系地位与行刑界分》，载《中国刑事法杂志》2018年第5期。

放的文本规范构造中对行政法规范只能是一种"参照"意义上的存在，而不是"依照"，违反行政法规范作出的行政不法的判断并不必然充足刑事不法中构成要件的全部内容，行政不法的判断只是作为刑事不法判断的资料而非依据。[1]如对于标准的判断问题，符合行政标准的并不必然得出符合刑事标准的推论，还需要将行政不法事实构成中经行政确认的事实要素进行构成要件意义上的要素转换，即将行政不法事实认定构成中认定的行为标准、物品标准、身份资质鉴定等还原成构成要件意义上的身份、实行行为、危害结果、因果关系等，进而结合刑法的规范目的，即法益保护的目的进行实质审查。

另一方面，对于法定犯裁判规范建构过程中行政不法到刑事不法的判断，从实质意义上进行社会危害性的利益衡量，即危害衡量。我国耦合式的四要件体系决定了符合该四要件的行为就当然具有了刑事不法的表征，从而使得当行政不法要素经过法定犯构成要件要素的筛选后成为刑事不法的构成要素，进而完成法定犯文本规范的空缺填补从而达致裁判规范的生成。然这一过程，不仅仅是规范形式层面的逻辑转化，更是刑法目的层面的价值引导，这一价值引导的过程潜藏于刑事裁判者的裁判思维中，是一种"惯习"意义的存在物，[2]而这一惯习思维的建构物来自司法裁判过程中的"危害衡量"。也就是说，在法定犯裁判规范建构过程中，行政不法向刑事不法的转化机制建构，是一种在"危害衡量"视域下对行政不法要素向刑事不法要素的转化机制建构。毋庸置疑，刑法规范的违反与刑法所保护法益的侵害当然构成行为危害社会的表征，而这一表征在一定程度上也就构成了危害衡量的形式与实质侧面，如此对于法定犯文本规范的构成要件符合性的判断仅是法定犯裁判规范建构的

---

〔1〕 参见简爱：《我国行政犯定罪模式之反思》，载《政治与法律》2018年第11期。

〔2〕 惯习理论是皮埃尔·布尔迪厄"实践理论"的核心要素之一，其在布尔迪厄的实践理论中，确立的是一种立场或者说是一种科学惯习，即一种明确地建构和理解具有特定"逻辑"（包括暂时性）的实践活动的方法。参见［法］布尔迪厄、［美］华康德：《反思社会学导引》，李猛、李康译，商务印书馆2015年版，第133~171页。

第一步。在此基础上，仍然需要对行政不法的转化物，即符合文本规范构成要件的行政不法要素进行基于刑法专属价值的危害衡量，是包含案件内外因素的综合性、开放性和模糊性衡量，是一种一般社会生活意义上的价值判断。如此才能使得法定犯裁判规范的建构过程既是构成要件意义上的规范建构，又是社会生活意义上的价值评价。如此，法定犯裁判规范建构中行政不法向刑事不法的转化过程，虽是一种价值层面对规范的超越，但也在一定程度上被构成要件所约束，从而将刑罚权的启动尽可能地控制在社会控制的必要限度范围内，因为所有惩罚都是损害，所有惩罚本身都是恶。[1]

（二）图尔敏模型证成法定犯构成要件要素逻辑

通过危害衡量的模糊评估，实现法定犯裁判规范建构过程中行政不法向刑事不法的规范转化，在行政不法发生变化而使得刑事不法判断出现规范漏洞时，需要基于危害行为对法益的侵害或危险进行实然层面的不法类型补充。而这一不法类型补充的过程则必然涉及不法类型的类型逻辑的程序性设计，即法定犯裁判规范生成过程中不法类型的生成模型建构，是关于行政不法向刑事不法转化过程中涉及的不法类型的知识图谱的建构。[2]详言之，法定犯裁判规范建构过程是规范概念具象化的刑事不法类型与个案事实提炼后的刑事不法类型的比对过程，而比对的核心即为犯罪本质即罪质，二者均在实体法上按照构成要件的构造要求完成形式意义上的刑事不法建构，然在刑事不法要素即犯罪构成要件要素到刑事不法类型的逻辑过程，因法定犯构成要件的开放性构造和行政不法判断的不稳定性结构，其并非文本规范意味上直白式的概念涵摄，而是一种一般与特殊、共性与个性的类比推理。

---

〔1〕 参见［英］边沁：《道德与立法原理导论》，时殷弘译，商务印书馆 2000 年版，第 216 页。

〔2〕 知识图谱是显示知识发展进程与结构关系的一系列可视化映射图形，而法律知识图谱属于一种垂直领域的知识图谱，如我国的法律体系即属于此，这一垂直知识图谱的架构非通用领域较为单一的知识架构，其核心是模拟、还原司法裁判过程中对于构成要件要素的裁判逻辑。参见孙树光：《论法定犯裁判事实证成中人机协同系统的建构》，载《当代法学》2020 年第 2 期。

在长期的社会生活中，人们总结了大量的逻辑思维模型，其中在司法裁判中应用较多的当属亚里士多德的三段论的逻辑模型，本书对于法定犯裁判规范的研究，也正是对这一逻辑模型下大前提的规范研究。除此之外，还存在着谓词推理模型、命题推理模型和规范推理模型等思维模型，其中三段论推理模型、谓词推理模型和命题推理模型构成法律逻辑论证过程的形式判断侧面，用以论证法律相关概念的真实性问题，而规范推理模型则构成法律逻辑论证过程的实质判断侧面，用以论证法律相关概念的有效性问题，其中对于法定犯非正式法源的规范证成就属于规范逻辑的范畴。正如霍姆斯所言：一个时代为人们感受到的需求、主流道德和政治理论、对公共政策的直觉——无论是公开宣布的还是下意识的，甚至是法官与其同胞们所共有的偏见，在决定赖以治理人们的规则方面的作用都比三段论推理大得多。[1]

然而，无论是形式逻辑还是规范逻辑，都是一种中观层面的逻辑建构，即对于大前提、小前提这一规范与事实匹配的逻辑建构。正如上述论证裁判规范生成过程一样，该大前提的建构过程亦是裁判事实的建构过程，二者之间是一种彼此互相建构的过程，并不能被严格地区分开，故而围绕着文本规范进行规范与事实之间的裁判规范研究就成为一种必然的选择，而裁判规范作为文本规范的司法建构物，亦是围绕着罪体与刑体的规范存在。换句话说，每一个罪名如果剖开成要件去看的话，均是构成要件要素的概念集合，对于构成要件要素的组合不同也就构成了当前英美法系的二层次犯罪构成理论、大陆法系的三阶层犯罪构成理论以及我国的四要件构成理论。在我国的四要件体系下，符合四要件所有构成要件要素的行为即为刑事不法，故而对于刑事不法类型的构成离不开对于构成要件要素的思维模型解读。法定犯裁判规范过程中对构成要件要素解读的开放性决定了对于该思维模型的建构必然不是一种非此即彼的

---

〔1〕 参见舒圣祥：《该依法的依法，该修法的修法》，载《法制日报》2010年5月21日，第3版。

概念式的逻辑建构，而应该是一种具有一般与特殊结构的开放性的思维模型，而图尔敏的允许例外的逻辑模型为该构成要件要素的解读提供了可能。图尔敏在"逻辑—法学类比"的基础上，提出了一个由主张（claim）（C）、数据（data）（D）、保证（warrant）（W）、佐证（backing）（B）和限定（qualifier）（Q）五个功能要素构成的过程性逻辑论证模式，其中 CWD 构成该逻辑论证模型的基本构成要件要素。[1]结合法定犯裁判规范建构过程中对文本规范背后包含的事实类型，亦即对刑事不法类型进行基于图尔敏论证模型下的建构（如右图）。[2]图尔敏模型因其较好地再现了裁判思维，故而也成为当前人工智能领域的标志性思维模型。计算机科学和人工智能领域的研究者也

```
D ─────────┬──────────→  所以 Q, C

          因为                除非
           W                  R

          根据
           B
```

在法律和医疗的决策支持系统中采纳了图尔敏模式，这些领域中关于可废止推理、论证形式（scheme）以及领域依赖的推理标准的论题，都根源于图尔敏的理念。[3]

1. 图尔敏模型对法定犯构成要件要素的要素群建构

刑法运作中的逻辑推理以刑法规范为依据，推理过程就是消除抽象刑法规范与具体案件事实之间的隔阂和摩擦，以实现两者之间的对接和匹配，[4]无论是形式判断推理模型还是实质判断推理模型，无不是在此背景下进行规范与事实之间的逻辑建构，但形式判断推理模型的全封闭性和实质判断推理模型的全开放性，均不能很好地嵌入法定犯裁判规范建构过程中刑事不法要素到刑事不法类型的建构过程，故而寻找与该刑事不法类型特征相契合的推理模型则

---

〔1〕 参见［荷］菲特丽丝：《法律论证原理——司法裁决之证立理论概览》，张其山等译，商务印书馆 2005 年版，第 38~45 页。

〔2〕 参见［英］图尔敏：《论证的使用》（修订版），谢小庆、王丽译，北京语言大学出版社 2016 年版，第 91 页。

〔3〕 参见杨宁芳：《图尔敏论证逻辑思想研究》，人民出版社 2012 年版，第 4 页。

〔4〕 参见张心向：《在规范与事实之间：社会学视域下的刑法运作实践研究》，法律出版社 2008 年版，第 6 页。

成为一种可能。图尔敏允许例外的推理模型，能够很好地契合法律裁判过程中刑事不法要素的开放性判断结构，能够为行政不法要素向构成要件意义的要素转化提供更具解释性的逻辑模型。普通与例外的特有论证模型可以为不断丰富发展的行政实践提供相应的进入通道，从而在维护法定犯构成要件稳定性的同时，也能兼顾构成要件要素的灵活性和变通性。通过类型思维建构的刑事不法类型，在个案事实裁判中建构法定犯的裁判规范必须依赖于类型逻辑模型的司法建构，必须运用主观的标准，更依赖个别化的、判断性的和规范性的描述，[1]而这一主观的标准必然需要进行一定的逻辑约束，这也正是法律逻辑存在的必要性所在。基于法定犯裁判规范的研究必然需要步入要素意义上的精细化研究，因为从司法实践来看，法定犯裁判规范的定罪量刑功能有的时候并不需要符合严格意义上的三段论的形式逻辑。基于"公理"的逻辑（不可辩驳的逻辑）前提进行推导旨在"评估前提和结论之间的形式关系"，而实践推理（法律实践推理）的重点在于如何寻找大前提和确定小前提……这样来理解的逻辑，与法学之间，而不是与数学之间具有更多的近似性。[2]

与此同时，图尔敏所理解的"逻辑"不是指上文所提及的形式逻辑或者说数理逻辑，而是一种论辩者之间的"社会辩证（逻辑）"，一种对论证者的断言（主张）和判断进行证成的理论，[3]而这一社会逻辑对刑法规范这一实践性规范，与法定犯这一社会发展的产物具有很强的逻辑解释性。刑法规范是围绕着罪体与刑体存在的构成要件"要素群"，满足所有构成要件要素的行为即具备刑事不法，即具有了刑事违法性。故而如果对法定犯裁判规范建构过程进行细致研究，则必然需要展开对构成要件要素到刑事不法类型

---

〔1〕　转引自王永茜：《论刑法上裁判规范与行为规范的分离》，载《清华法学》2015 年第 5 期。

〔2〕　参见舒国滢：《法学实践知识之困与图尔敏论证模型》，载《国家检察官学院学报》2018 年第 5 期。

〔3〕　D Hitchcock, "Good Reasoning on the Toulmin Model", *Argumentation*, Vol. 19, 2005, p. 273. 转引自舒国滢：《法学实践知识之困与图尔敏论证模型》，载《国家检察官学院学报》2018 年第 5 期。

的综合性研究，其中对于构成要件要素的逻辑模型建构成为可能。因为，当行政不法要素在危害衡量的价值评价下转化为刑事不法要素，进而通过构成要件的刑事建构起刑事不法类型，通过这一个案意义上的刑事不法类型与具有普遍适用意义上的文本规范构成要件类型的比对过程，进而建构法定犯的裁判规范。从刑事立法和司法实践来看，法定犯的文本规范某种程度上也是众多构成要件要素的集合，即行政法规范构成法定犯构成要件要素的定罪法源。[1]图尔敏模型总体上仍然遵循了具有单向和线性特征的单调逻辑，这一单调逻辑的结构能够有效地防止裁判者在裁判过程中的肆意能动性，依然是在罪刑法定原则下关于构成要件要素的逻辑建构，其目的是追求一种客观的真实，[2]这一逻辑模型与法定犯裁判规范建构过程中体现的强法定性、弱伦理性特征和开放性、流动性结构能够很好的契合。

如在生产、销售、提供假药罪中，对于假药的规范确定成为构成要件符合性判断的关键，只有在确定假药这一犯罪对象的前提下，方能认定生产、销售行为的危害性，而对于生产、销售行为已经被相应的司法解释予以确定，而假药这一核心构成要件要素成为该罪的开放性要素规定于《药品管理法》等法律、行政法规中，这些前置性规范中对假药认定范围直接作用于该罪名的成立，裁判者在这一裁判过程中并不存在一定的自由裁量的余地，也不可能自陷风险。所以，从现实生活中表现出来的疑似药品的"药物"，可以通过图尔敏逻辑模型进行从"药物"到"药品"的类型建构。比如在笔者收集的药品犯罪中，涉及减肥产品类犯罪时，对于此类药物按照《药品管理法》中的规范概念，亦即通过命题逻辑得出的是一种非此即彼的结论，是一个闭合式的逻辑解释结构，故而带来同样是涉及性药的犯罪，同样是生产、销售性药的行为，却存在着生产、销售假药罪，生产、销售有毒、有害食品罪，生产、销售伪劣产品罪，

---

〔1〕 参见孙树光：《论法定犯裁判事实实证成中人机协同系统的建构》，载《当代法学》2020年第2期。

〔2〕 参见孙光宁：《图尔敏论证模型在指导性案例中的运用及其限度——以指导性案例23号为分析对象》，载《湖北社会科学》2017年第7期。

生产、销售不符合安全标准的食品罪。[1]也就是说，这一单一的概念逻辑，在面对纷繁复杂、波动易变的药物类型时，会面对诸"变异"事实类型对概念核心内涵的冲击，而裁判者往往基于法定犯规范安全性、稳定性的要求，在事实类型不能完全被概念要素涵摄时，得出相反的结论，是一种封闭式的逻辑构造。通过图尔敏的逻辑模型，可以对减肥产品类犯罪中对减肥产品的性质认定采用以下思路，即个案事实中所涉及的疑似药品的"药物"构成逻辑判断中的数据（D），而该物质的检测中包括国家明令禁止添加的"西布曲明"成份，这一检测结果构成保证（W），而这一《药品管理法》中对于假药和按照假药处理的规定则构成假药的佐证（B）材料来源，在此基础上得出最终的肯定性结论即主张（C），而将在行政实践发展过程中提炼的"事物本质"作为限定（Q）条件进行符合社会发展和行政管理需求的排除结论。即通过限定条件进行基于"事物本质"的反驳结构设计，而这一反驳本质是基于专业领域的专业人士进行的专业鉴定，符合法定犯裁判规范建构过程中所涉及的诸多专业性问题需求的现实。这也是图尔敏模型面对的质疑的示例完善，[2]通过这一佐证材料也是对保证法源的一种实质检视和内容补充，这一点在法定犯裁判规范建构过程中的法源判断结构具有重要的意义。

2. 法定犯构成要件要素群向刑事不法的类型转化

法定犯构成要件要素的解读的开放性是法定犯裁判规范的建构过程中的基本图式，而对于构成要件要素群，尤其是核心构成要件要素的单纯的概念涵摄已然不能满足推陈出新的社会生活事实，图尔敏模型的开放式构造为这一开放性结构提供了论证的逻辑基础。然而图尔敏模型只能够刻画某一证据构成的论证，不能从整体上刻

---

〔1〕 在笔者收集、整理的涉及"药品"的 22 896 件刑事判决书中，其中减肥产品类包含生产、销售假药罪 41 件，生产、销售有毒、有害食品罪 39 件，生产、销售伪劣产品罪 16 件，生产、销售不符合安全标准的食品罪 2 件。

〔2〕 图尔敏模型没有探讨反驳的本质，在被攻击时缺乏质疑的回答，没有描述可能明确的攻击。参见杨宁芳、何向东：《图尔敏论证理论探析》，载《哲学研究》2014 年第 10 期。

画不同证据之间的链条关系即其对案件事实的证明。也就是说，该模型只能实现论证宏观结构的微观刻画。[1]也就是说，从图尔敏模型的逻辑构造中，仅能对于需要刻画的要素进行逻辑论证，但对于要素之间的关系并不能提供合理的解释路径。然而，正如上所言，刑法规范是围绕着罪体和刑体的抽象化，其本质是构成要件的概念表达，只是考虑到刑法规范的简洁明了，对于已然在历史长河中沉淀下来的构成要件要素，并没有以明确的文字表述在规范中。但在文本规范向裁判规范的建构过程中，必然要以构成要件的形式对个案事实予以具象化，从而使得该被隐藏起来的构成要件要素完备地呈现出来。而这一构成要件的模型即是构成要件要素之间的逻辑结构，逻辑结构的不同亦即构成要件要素之间的排列组合不同，产生了当前的二层次、三阶层和四要件的犯罪构成理论，而这一要素逻辑结构能够很好地弥补图尔敏模型要素结构判断中的缺陷。在用图尔敏模型对各构成要件要素进行逻辑论证，实现各行政不法要素向刑事不法要素的转变，由此形成刑事不法的要素群后，再利用图尔敏模型进行要素群向刑事不法类型的逻辑论证。

在法定犯裁判规范建构过程中，通过图尔敏模型实现了行政不法要素向构成要件要素的逻辑转化，形成了诸如生产、销售假药罪中的"生产、销售行为"的行为要素、"假药"的犯罪对象要素以及其他构成要件要素。这些要素共同构成该个案事实下生产、销售、提供假药罪这一罪名的定罪法源要素群，实现了构成要件要素这一微观判断向构成要件结构这一中观判断的跨越。而图尔敏模型在这一跨越过程中，因构成要件的补充性也具有了中观层面的解释价值。详言之，在法定犯裁判规范建构过程中，通过图尔敏模型的开放性、流动性结构实现行政不法要素向刑事不法要素转变后，即形成了刑事不法要素群后，将该要素群作为图尔敏模型中的数据（D）来源，而法定犯的文本规范等正式法源与非正式法源的考量作为保证

---

[1] 参见王建芳：《基于论辩的论证结构研究——弗里曼模型与图尔敏模型的比较》，载《逻辑学研究》2016年第3期。

（W），对于保证中所涉及的要素之间的逻辑关系则通过构成要件理论予以佐证（B）。当然，在这一保证材料的过程中，正式法源与非正式法源都在不同程度上影响着裁判者作出结论，即主张（C），但最终都会通过构成要件即依据佐证，也就是得以通过构成要件的形式正义外观得以掩盖，这也就是法定犯裁判规范的建构过程是一种内在于裁判者的裁判活动，潜藏于裁判者裁判思维的一种隐性建构过程。也就是说，构成要件仅是构成要件要素向刑事不法转变的一个佐证的理论模型，从而将当前耦合式的四要件理论对刑事不法的判断引向一个开放式的构造中，这一符合法定犯裁判规范的本质特性，即在法定犯文本规范所内有的构成要件要素向裁判规范所蕴含的刑事不法类型论证过程中，为行政不法类型留有必要的通道。这也就是限定（Q）条件存在的优势，即将这一转化过程中可能因刑事政策的要求进行裁判规范"严而不厉"的处理时，将一部分形式上已经实现从行政不法要素向刑事不法要素转化的要素类型，但通过危害衡量不需要进行刑事处罚的不法类型排除在刑事不法类型之外，进而对该类犯罪的裁判规范进行基于个案的纠正。

　　如在赵春华非法持有枪支罪一案中，基于"非法持有行为"的行为要素、"枪支"的犯罪对象要素等构成要件要素进行图尔敏模型下的不法转化，即针对行政机关认定的赵春华从非法途径购得枪支，依据《枪支管理法》中对枪支的认定规定等行政不法事实与行政法规定，也并不存在限定条件，故而在要素层面的理论研究在司法实践这一实然操作层面并不具有实践价值。但在非法持有枪支罪的构成要件要素群成立后，根据非法持有枪支罪的文本规范以及其他解释性规定，在四要件犯罪构成理论模型的佐证下，从形式上完成了文本规范向裁判规范的逻辑构造。但因这一构造只是法律形式下的逻辑推理，对于最终非法持有枪支罪裁判规范的大前提构建，还需要进行限定条件这一例外性规定的考量，而这一例外性的考量往往是一种价值层面的利益衡量。但在赵春华案的终审裁判中，显然也没有进行这一例外性或者出罪化的考量，这是因为对于该案的逻辑论证是一种大前提、小前提和结论下的三段论逻辑，从非法持有枪支罪这一刑法规范的形式要件和不法事实来看，并不存在任何的适用问题，故而得出有罪结论并无不妥，所以基于该三段论层面的出入罪逻辑也必然是无功而返的。而基于非法持有枪支罪的大前提即裁判规范的逻辑建构，则是一种着眼于细处的规范构造研究，当不符合非法持有枪支罪裁判规范大前提时，也就必然导致出罪的当然结果。至此，将对于出罪的价值判断研究，从三段论的构造中，前移至大前提的逻辑构造研究中，通过图尔敏模型在法定犯裁判规范这一大前提构造中的微观作用和中观作用，实现这一大前提的符合性和例外性的双轨运行。也就是说，构成要件要素不再是构成要件充足的条件，而是四要件构成要件要证成的对象，这符合我国耦合式的构成要件的特点，通过构成要件的证成实现行政不法要素向刑事不法要素的转变，用四要件理论将刑事不法要素群进行组织架构，充足法定犯文本规范的规范空缺的同时，形成法定犯的裁判规范，在裁判规范的证立中加入例外性的考量因素，既符合法律文本的形式正义，也能够将正式法源与非正式法源在裁判规范建构过程中的博弈考量因素进行逻辑结构的串联。

三、法定犯裁判规范建构中的结构证成

法定犯裁判规范建构中的结构证成是法定犯文本规范在与个案事实匹配过程中的实务操作流程，在这一过程中，正式法源与非正式法源构成法定犯裁判规范建构的基础素材。前者以刑法规范、行政法规范等规范性文件为基础，是一种具体的规范存在，后者以政策、舆情等非规范性因素为基础，是一种抽象的影响因素，是一种社会存在，其潜存于具体结构之外。在罪刑法定原则的要求下，对于具体结构理应在形式逻辑的要求下进行规范结构上的逻辑证成，而在刑事法治的要求下，对于抽象结构则必须进行符合刑法目的的规范归入，而刑法目的不能仅停留对抽象概念、主观价值等的追寻，而是应该进入到实体规范的层面进行规范上的建构。2020年暴发的新型冠状病毒肺炎（以下简称新冠肺炎）则成为我们研究法定犯问题的较好模板，成为当前国家治理体系特别是刑法治理在国家治理体系中角色反思的重要素材，妨害传染病防治罪这一法定犯类型在

司法裁判过程中的裁判规范类型建构可以为法定犯裁判规范模型的解读提供较好的视角。毋庸置疑，随着福利国家理念的逐渐深入，法定犯裁判倒逼行政立法的现象频出，导致行政法与刑法在社会治理机能上出现短暂性错位，亟需相应的理论模型予以阐释。语义层面文本规范的涵摄模型并不能为该现象提供合理的解释方案，反而会因解释乏力招致过多的立法需求，导致刑事立法的臃肿。故而转向语用层面裁判规范的类型模型建构，将由实定法推导而出的行为规范确定为法定犯裁判规范的中观违法内涵，反思行政法行为规范约束法定犯裁判的强法定性结构，揭示法定犯裁判规范生成过程中在刑事不法的精准量度与社会危害的模糊评估之间的结构逻辑，更好地诠释法定犯开放的规范构造下司法适用的原貌和困境成因。

（一）法定犯裁判规范具体结构的逻辑证成

行为规范并不当然表征为刑法中的文本规范，亦即违反行为规范的行为不一定当然推出刑事违法，而只有具备了犯罪构成要件的文本规范外衣方具有入罪的可能性。但这一文本规范的外衣又因立法的滞后性等原因需要其他非规范性法源的补足，进而使得最终裁判结论形成的大前提即裁判规范是一种对文本规范既遵从又超越的规范存在。如此，通过行为规范、文本规范到裁判规范的规范解释模式，透过规范解释乏力而带来的修正案频出的修法现象，将更多的解释难题纳入到常态化的规范适用困境中来，寻求有效的司法裁判模型，从而将愈发多样的法定犯犯罪类型的规范解释纳入到裁判规范这一动态适用性规范中来。也就是说，法定犯裁判规范的生成过程即是对文本规范适用的解释过程，而这一生成结果不是刑法规范语义层面的概念涵摄，而是刑法规范语用层面的类型建构，该建构过程表现为对文本规范中规范性法源的精准量度，对非规范性法源社会危害的模糊评估，而这一过程又因为法定犯的强法定性而表现出异样于自然犯的特点。即因行政法等前置法的约束使得刑事不法的精准量度权重相对于自然犯而言要重，而社会危害的模糊评估容易因突发公共安全事件等社会情势的变化出现两极分化，从而使得最终的法定犯裁判结论因法的"刚性"与"柔情"在不同案件中出现波动甚至是裂痕。

1. 法定犯文本规范构成刑事不法判断的金科玉律

作为裁判规范，刑法规范为裁判者的裁判活动提供行为模式；作为行为规范，刑法规范又为社会大众的活动提供行为模式，[1]正如上所言，裁判规范是刑法规范这一元概念的实然结果，而行为规范则是来自实定法的应然要求。文本规范作为一种桥梁性的存在，使得行为规范有了规范化的外衣，进而在司法裁判过程中完成裁判规范的实践样态建构。理论上，行为规范与裁判规范之间的应然状态不应存在冲突或者分离，自然犯因浓厚的文化基础和稳定的价值内涵，行为规范与文本规范或者说行为规范与裁判规范之间在司法实践中并不存在过多的矛盾和冲突，仅表现为文本规范概念的时代新解，是概念外延的时代延伸，概念内涵本身并不发生巨变。也因此，在自然犯中，立足于规范刑法学或者说刑法教义学的解释方法，能够在行为规范与文本规范之间实现较好的平衡，从而使得最终的裁判规范并未超出行为规范的价值射程，也就使得最终的裁判结论所代表的公平正义与社会公众朴素的法感情之间并不存在明显的裂痕。即使也存在开放的规范结构，基于封闭、单一的刑法价值的考量，在封闭的构成要件要素内部完成刑事不法的确证，无需借助超法规的构成要件要素依然能够使得裁判规范的生成结果在长时间内保持一定的稳定性。

但在法定犯中，因行政法规范中不断开放的行政不法行为类型，通过法定犯开放的规范结构进入到裁判中，从而导致对于刑事不法的判断缺乏稳定性的违法内涵，而这些行政不法行为类型通过行政法规范和行政不法事实的认定过程对刑事不法的判断产生约束性，这一约束性通过罪刑法定原则体现出来，贯彻在法定犯裁判规范生成的司法实践中。法官所关心的不是谁在事实上应否胜诉，而是从

---

[1] 参见刘志远：《二重性视角下的刑法规范》，中国方正出版社 2003 年版，第 111 页。

规则的角度看他是否应该胜诉，[1]所以法定犯裁判规范的底色一定是对包括行政法等前置法规范、刑法规范的精准量度，此些法律规范的逻辑构造构成裁判的准绳。[2]一方面，行政法规范的约束性体现为法定犯刑事立法中的"违反国家规定"、"依法"和"非法"等规范指引所带来的违法判断的前置性，即法定犯规范构造中的主要客观违法要素由行政法等规范性文件所提前形塑。裁判者在个案裁判过程中需要去此些法律文件中找寻该证成行为的违法性本质，并通过形式逻辑进行刑法意义上的推理判断。另一方面，行政不法事实的约束性体现为刑事不法中实行行为的内容往往需要由行政不法行为予以型构和填充。也就是说，刑事不法认定过程中客观事实与规范事实的认定往往处于行政法的视域中。[3]如此，使得对法定犯违法性的判断中往往表现出对行政法规范和行政执法程序较强的依附性，又因该法律规范刚性的规范内涵使得裁判者在构成要件要素认定过程中并不存在过多的自由裁量空间。正是这一强法定性所导致的对行政法规范下行为规范的规范依附，使得罪刑法定原则下刑法文本规范的束缚性往往被行政法中的行为规范所涵盖，而行政法规范下的行为规范是基于社会管理的即时性需求，是行政管理秩序下的行为规范设定，往往带有社会公共政策的痕迹。而这一行为规范因严格责任的要求一定程度上与行政法文本规范相重合从而使得行政法规范中的行为规范以行政法文本规范的外衣存在，通过法定犯开放的规范结构一跃成为刑事不法认定的最终依据。这也决定了在法定犯案件裁判过程中，在进行了行为规范违反与否判断之后，还必须进行构成要件这一犯罪成立条件的判断，不违反行政法行为规范和缺乏任何构成要件要素的行为均不能评价为犯罪

〔1〕 参见［英］尼尔·麦考密克：《法律推理与法律理论》，姜峰译，法律出版社 2005 年版，第 77 页。

〔2〕 参见［美］波斯纳：《法官如何思考》，苏力译，北京大学出版社 2009 年版，第 7 页。

〔3〕 参见孙树光：《论法定犯裁判事实证成中人机协同系统的建构》，载《当代法学》2020 年第 2 期。

行为。

2. 法定犯规范目的构成危害衡量的时代标尺

正如上所言，在法定犯裁判规范生成过程中所体现的强法定性来看，裁判者在规范的形式逻辑下并不存在主观释法的空间和可能，其不可能也不可以对前置法已然标准化、流程化的规范评价作出超越现有法律体系的解释，裁判者也不会自陷风险。然而无论是依法从严的正确把握，还是刑法条文的科学理解与适用，都不单是一项操作技术，需要司法智慧。〔1〕这一司法智慧从宏观意义上而言，是将刑事司法作为行为规范重塑的重要过程，是社会治理过程中社会裂痕的矫正器，是"逻辑"的"运用"过程，也是"经验"的"作用"过程。〔2〕而国家机关作为社会管理的领导者，也是法定犯刑事立法和刑事司法的主导者，必然使得刑事政策等社会政策通过刑事审判的司法渗透达到社会控制的目的，这一点通过本次疫情防控过程中出台的《关于依法惩治妨害新型冠状病毒感染肺炎疫情防控违法犯罪的意见》（以下简称《妨害疫情防控意见》）和频繁出台的指导性案例可见一斑。从微观视角则表现为法定犯裁判规范的生成结果即是对规范性法源与非规范性法源之间利益衡量的结果，不仅仅是对危害行为社会危害结果的模糊评估，更是对裁判结论所造成的社会效果的模糊评估，这一评估不是刑法规范意义上的规范评估，而是社会生活意义上的模糊评估，而这一社会危害评估则是继刑事不法判断的精准度量后更需引起关注的理论问题。对于社会危害在法定犯视域下的评估机制，则必然包含社会危害的规范结构嵌入和社会危害的评估规范内涵两个部分，前者注重法定犯相对于自然犯视域下特殊的规范结构所带来的社会危害评估的结构性需求，而后者则是社会危害作为价值评估时的价值性内涵。

---

〔1〕 参见何荣功：《以司法智慧"依法从严"办理涉疫犯罪案件》，载《检察日报》2020年3月2日，第3版。

〔2〕 参见赵秉志、张心向：《刑事裁判功利性现象研究——兼论刑法规范的司法适用》，载《刑法论丛》2012年第3卷。

社会危害在法定犯中较难被接受是因为这一判断是以社会管理秩序为直接的保护法益，是一种对公权力侵害程度的危害衡量，从而自然带有对"秩序"的维护，也就必然产生对"自由"的侵害或者威胁。详言之，社会危害的模糊评估往往以刑事政策的形式进入到刑事裁判过程中，是一种"吐故纳新"的概念范畴，会随着社会情势的变化而得到必要的修正，为其作为非规范性因素进入法定犯裁判规范生成过程提供了便捷通道。真正的和经验的司法研究不可能也不应当回避，或以法条主义机能来包装政治性判断，相反应充分理解这一判断的实际发生和限度。[1]而政治性判断是法定犯刑事司法回避不掉的问题，并通过刑事司法社会治理的角色安排进入到刑事审判中，以刑事政策的指导形式贯穿于裁判始终，构成刑事司法走不出的时代背景。如在上文提及的长春长生疫苗事件中，因受从严惩治政策影响，而使得原本应由《刑法》第 144 条处理转而由第 141 条处理，这一点与新冠肺炎疫情防控下《妨害疫情防控意见》中对妨害传染病防治罪的创设性规定如出一辙。所以，完全摆脱刑事政策对刑事司法的影响只能是法律人的一厢情愿。刑事政策的司法运用，对于裁判者而言与其说是展现个人知识储备与司法技巧的实践活动，而毋宁被理解为是当下司法被视为"职业"语境下裁判者的一种生存智慧。[2]故而法定犯视域下的刑事政策，其本质上是公权力本身的自我强化过程，在这一过程中必然招致对个人自由空间的压缩，而从形式上则必然表现为规范性法源与非规范性法源彼此之间的对垒博弈。在行为规范违反后进行构成要件符合性的判断时，必然需要面临构成要件要素的综合判断，而这个判断的过程则亦需要援引行政法等前置规范性文件，如此则必然会出现行政法规范价值与刑法规范价值之间的矛盾和冲突，也就必然存在着不同规范冲突下的价值选择问题。而这才是法定犯裁判规范强法定性所隐含的社会危害博弈过程，这一社会危害的评估结果若不能在裁

---

〔1〕　参见苏力：《法条主义、民意与难办案件》，载《中外法学》2009 年第 1 期。

〔2〕　参见石聚航：《刑事政策司法化：历史叙事、功能阐释与风险防范》，载《当代法学》2015 年第 5 期。

判规范生成过程中得到规范化的约束，依此评估机制所得的裁判结论有违民意，则必然会带来司法解释性文件这一显性存在的规范形式成为独立的裁判价值或者说裁判依据，从而发生违背罪刑法定原则的越权解释。

（二）法定犯裁判规范抽象结构的规范归入

法定犯裁判规范建构过程中所涉及的诸如行政政策、社会舆情等抽象结构，在社会管理向刑法治理要求的情况下，进行及时性立法显然不合时宜，也不能顺应法定犯变动性的规范属性。故而寻求一种在硬性规范与软性政策之间的弹性衔接，成为法定犯裁判规范过程中抽象结构进行规范归入的良好方式，而司法解释性文件因其灵活性、包容性和有效性成为当前有力的司法裁判方案。毋庸置疑，刑法规范才是刑法适用的大宪章，[1]司法解释性文件只能对文本意义上的刑法规范——刑法文本规范的遵从。刑法文本规范作为应然层面的立法建构物，不可能在立法之初就预想到实然层面层出不穷的案件事实，故而在面对新鲜的个案裁判时，必然需要进行司法适用意义上的解释，而由最高人民法院、最高人民检察院或联合各部委出台的司法解释即属于此类。这一司法适用逻辑和立法权的专属性也就决定了出台的司法解释不能与被解释规范的目的相违背，在适用顺序上，也须优先适用刑法文本规范。然而，《妨害疫情防控意见》是在《中华人民共和国传染病防治法》（以下简称《传染病防治法》）与国务院有关部门将新冠肺炎列为乙类传染病的前提下，通过妨害传染病防治罪的规定变相地将新冠肺炎作为甲类传染病处置的司法解释性文件。从形式上来看，无论是从妨害传染病防治罪的文本规范还是从该空白罪状所援引的《传染病防治法》关于甲类传染病的行政法规范来看，妨害新冠肺炎防治的行为均无法进行刑法意义上的非难，故而这一《妨害疫情防控意见》属于有违罪刑法定的创设性规定。也就是说，对于司法解释性文件这一有效的

---

〔1〕参见李翔：《论刑事司法政策司法解释过度化的弊端及其反思》，载《法治研究》2014年第8期。

规范归入路径，当前亟需进行相应的角色纠正。

1. 刑法裁判的底线思维调节司法解释性文件的法源定位

在社会治理背景下，刑法已然成为行政管理在相应领域社会治理机能实效发挥的体系性要求，是政治权力进行社会资源再分配的有力手段，更是在追求福利国家过程中对于行政管理秩序的强权维护。随着乌尔里希·贝克所言的风险社会的到来，国家机关往往会更加强调行政管理秩序，而使得刑法在社会治理体系中的地位愈加凸显，通过法定犯立法的方式增加社会治理的强度，这也是近些年法定犯立法出现扩张趋势的社会治理背景。然而，这一扩张性的法定犯立法模式极易导致以"政令"为导向而出现政治权力滥用国家权力的现象发生，对民主、自由和人权产生威胁。[1]从根本上影响独立行使司法权，有必要通过司法的整合功能将这一影响降低到刑事法治所要求的的限度内，而不能通过法定犯的司法裁判过程进行制度上的"扩权"。《妨害疫情防控意见》以司法解释性文件的形式越权将新冠肺炎解释为甲类传染病的司法示例理应引起我们的重视，时刻谨记刑法谦抑性所要求的司法权的限缩意义。因为法律治理特别是刑法治理，是社会治理的常规模式，其不仅是公民自由的大宪章，更是限制公权力的大宪章，对其解释更不能超越该大宪章的原有疆土。刑法作为社会治理的制度红线，必须坚持谦抑性的底线思维，刑法司法解释更应如此，要在最大程度上防止刑法措施过度参与社会治理而招致的风险刑法隐忧。即使在特殊时期基于特别的社会管理必要，也不能超越公民的心理预期进行事后追责，更不应该以非模式化的形式进行刑法非难，法定犯司法理应保持必要的"惰性"和"保守性"，而不能像政府那样主动出击。[2]因为按照公共政策学的一般原理，在全国范围内突如其来的"非典"灾难面前，重要的不是普遍地追究责任从而扩大危机，而是迅速采取各种

---

〔1〕　参见姜明安：《新世纪行政法发展的走向》，载《中国法学》2002年第1期。

〔2〕　参见曲新久：《"非典"时期的"典型"反应——评"两高"的一个刑事司法解释》，载《政法论坛》2003年第3期。

措施稳定人心并动员各种力量采取行动，逐渐地使危机降级。[1]

如此，法定犯的司法限权就具有了现实的必要性，而限权机制的构建最重要的就是规范适用过程中的限权机制，其是刑法治理手段作为社会治理底线的逻辑前提下所作的司法限权，而司法解释性文件在法定犯司法中的常态化则当然成为法定犯司法限权的核心领域。但司法解释性文件作为非规范性法源只能依附于规范性法源存在，即在法定犯裁判规范的生成过程中，法定犯刑法规范以及援引的行政法规范作为规范性法源是裁判规范生成的底色，司法解释性文件只能是对该规范性法源的规范说理和价值补充，而不能完全取代规范性法源独立生成裁判规范。刑法文本规范及其规范解释严格意义上而言是限制公权力的规范，其中通过刑事立法的形式已然法条化的刑法文本规范是法官裁判的大宪章，在面对个案事实时法官在罪刑法定的原则下进行规范解释，抹平皱褶，消弭缺陷。[2]这一规范解释的过程更多的是潜行在个案裁判过程中，而针对类案中的规范解释则依赖于司法解释和司法解释性文件，其中司法解释性文件形式上缺乏明确的法律裁判依据，但在实质上却具有辅助刑事裁判甚至是主导刑事裁判的潜在特质。如此，理论上的依附性法源必然需要面对形式上罪刑法定原则的终极拷问，以防止该依附性在社会治理必要性的名义下僭越规范性法源成为主要甚至是主导性法源。只有如此，才能防止公共政策刑法化所带来的政策裁判现象。因为当出现涉及食品、药品和公共卫生等突发公共安全事件时，法定犯文本规范本身存在的规范漏洞、规范空缺甚至规范滞后等特征通过个案事实被无限放大，司法裁判主体的政治权力属性得以被社会治理需求所激活，进而诱发公共政策以司法解释性文件的形式进入到司法裁判中，极易导致司法解释性文件的越权，这与司法权限缩的刑事司法谦抑性背道而驰。如若对此不加限制，司法解释性文

---

〔1〕 参见曲新久：《"非典"时期的"典型"反应——评"两高"的一个刑事司法解释》，载《政法论坛》2003 年第 3 期。

〔2〕 参见叶良芳：《刑法司法解释的能与不能——基于网购仿真枪案和掏鸟窝案判决的思考》，载《政法论丛》2016 年第 6 期。

件将不再是一种限权意义上的解释，而是政治权力向司法权的扩容途径，司法裁判将有可能沦为社会治理的附庸，不但不能在突发公共安全事件中发挥应有的司法保障功能，反而会激化社会矛盾，使得司法权这一定分止争的权力处于社会矛盾的沼泽中不能自拔。

2. 行为规范的本质属性构筑司法解释性文件的法源属性

法律的抽象性、滞后性、相对稳定性、人的能力的历史局限性无不制约着法律对多变现实的回应。[1]故而在刑法文本规范与案件事实往返比对过程中，对于文本规范的解释是难以回避的现实问题，尤其是法定犯开放性的规范结构，使得法定犯的裁判需要面对来自行政法、刑法等文本规范的抽象性、滞后性这一双重不确定性的影响，故而对于司法解释的需求也就更多，并且这一需求随着社会治理模式的适时调控，呈现出司法解释"越权"甚至"擅权"的病态现象，有违刑法谦抑原则下司法限缩的刑法法理。[2]因为福利国家背景下的社会治理，刑法必然被赋予较多的政府管理职能，法定犯立法必然呈现一种"臃肿"的状态，法定犯立法必然成为政治权力增大社会治理强度的强有力手段，成为社会治理强度的公法底线。故而法定犯的司法裁判则必然应被赋予控权、限权的重要角色，以此整合因法定犯扩张立法招致的秩序与自由之间的社会裂痕。如此，法定犯司法解释性文件作为最高司法机关针对规范适用的解释性文件，也就当然需要进行相应的解释方法上的限权，即司法解释性文件只能是对文本规范的司法适用性解读，而不能是一种创作。因为所有的解释结论都应当依靠文本而作出，虽然允许法官享有部分创制刑法的权力，以实现刑法司法法之"通过刑法"，而又"超越刑法"的目标，[3]但绝对超越文本的所谓"解释"已然不是解释，而

---

〔1〕　参见丁晓波：《刑法适用中司法解释与罪刑法定原则之互动》，载《中国刑事法杂志》2010 年第 10 期。

〔2〕　参见田宏杰：《立法扩张与司法限缩：刑法谦抑性的展开》，载《中国法学》2020 年第 1 期。

〔3〕　参见陈兴良、周光权：《刑法司法解释的限度——兼论司法法之存在及其合理性》，载《法学》1997 年第 3 期。

是纯粹意义上的创造（作）。[1]尤其是在面对食品、药品和公共卫生等突发公共安全事件时，最高司法机关在出台相应司法解释性文件时，应当保持理性，不能为了满足"社会可接受"或者"社会公众利益需求"而牺牲刑法文本中对犯罪构成的定型性作用，甚至破坏刑法的整体法秩序利益。[2]

如此，发挥法定犯文本规范中构成要件对于司法解释性文件的约束作用则成为当下切实可行的思路，而作为被解释对象的构成要件要素又使得构成要件并不当然具备实际效果，所以就有必要委任于规范目的，即法益概念。然而在自然犯中，刑法文本规范的构成要件具有定型性的作用，人们基于自然犯的叙明罪状可以知晓刑法的禁止行为和违反时的非难措施，由此建构的犯罪论也是在刑法规范内部所进行的刑法法益的规范约束，离开刑法的法益保护目的就不可能解释构成要件，不可能对构成要件的复合型作出判断。[3]但在法定犯中，刑法所保护的法益和行政法所保护的法益在法秩序统一性原理下已然不具有现实的区分度，尤其是随着法定犯中抽象危险犯或者说行为犯的增多，进行法益上的区分效果已然微乎其微，而且对于行政管理秩序等超个人法益的抽象探寻也会落入刑法与行政法界限之争的窠臼中。故而有必要从法定犯文本规范出发，从文本规范的描述性规定中推导出行为规范，而这一行为规范也当然是行政法所规制的行为规范，只是在社会治理背景下，不同时期规制的程度不同。故而在具体的文本规范与抽象的法益概念之间，具象化行为规范作为法定犯的规范本质，既来源于刑法、行政法等文本规范，也受制于法秩序统一原理下的法益概念，从而成为判断司法解释性文件是否越权、擅权的适用标准。概言之，刑法的目的在于法益保护，而法益保护通过行为规范得以彰显，行为规范又蕴含于

---

[1] 参见陈兴良、周光权：《刑法司法解释的限度——兼论司法法之存在及其合理性》，载《法学》1997年第3期。

[2] 参见李翔：《对商业贿赂犯罪司法解释的若干质疑》，载《政治与法律》2009年第6期。

[3] 参见张明楷：《实质解释论的再提倡》，载《中国法学》2010年第4期。

刑法的文本规范中，行为规范是搭起法益与文本规范的桥梁。因为社会公众对行为内容与社会意义的认识，实际上是对刑法所欲禁止的实体的认识，[1]而这一实体内容在法定犯中不仅来源于刑法文本规范，更多的时候来源于行政法规范，而且也只能来源于法律对于行为规范的规定，司法解释无权进行脱离文本规范的创造性的规定。也就是说，司法解释的自由只是方法上的自由，对于文本规范的遵从仍然是罪刑法定原则下的必然选择，司法解释的任务只能是对行为规范模糊边缘的逐渐明确化，司法解释性文件创造性的限度应该限定在行为规范的创设上，即绝对禁止刑事司法权创设新的行为规范。

---

〔1〕 参见张明楷：《刑法学》，法律出版社 2011 年版，第 238 页。

结　语

　　刑法规范作为实践性规范，对其展开研究不应仅停留在规范适用的现象研究，更应针对现象背后的原因进行规范操作层面的实践性研究，是一种从规范描述到规范建构的理论模型研究。故而，对于法定犯规范的理解、适用是一个刑事司法问题，是关于刑事司法裁判模型即法定犯裁判规范建构的实践性研究。法律是可变的，它因案件的不同而不同，[1]法定犯裁判规范的结构与建构研究为我们全方位了解法定犯的"前世今生"指明了思路，该裁判模型对于当前众多的法定犯司法裁判问题具有更强的解释力，这一点从本书的论述中可见一斑。通过法定犯裁判规范的研究视域，在规范构造与罪责结构之间、在规范性法源与非规范性法源之间、在社会治理和刑法治理之间、在法定犯立法与法定犯司法之间等，反思法定犯裁判的裁判模型，力求在法定犯立法扩张严密刑事法网的同时，以法定犯司法限缩为圭臬，为实现刑事司法的人文关怀目标奠定基础。

　　随着控制风险、安抚公众成为压倒性的政治需要，刑法逐渐蜕变成一项规制性的管理事务，[2]基于新形势进行相应的社会治理力度的调整也将成为常态，而调整的力度则由刑法这一社会治理的底线所调控，法定犯治理可能成为政治权力行使社会管理职能的最强有力手段。法定犯裁判规范的模型研究是以裁判结构的结构形式和结构内涵的现象揭示研究，挖掘法定犯裁判规范得以成长的强法定

---

　　〔1〕　参见［美］布莱克：《社会学视野中的司法》，郭星华等译，法律出版社2002年版，第4页。

　　〔2〕　参见劳东燕：《责任主义与违法性认识问题》，载《中国法学》2008年第3期。

性外在结构表征和弱伦理性内在结构内涵，从而为法定犯与自然犯在不法构造、不法内涵和罪责基础等方面的不同提供方法论的视角。法定犯裁判规范的模型研究是在遵从与超越文本规范基础上进行的裁判规范论证逻辑研究，是规范性法源与非规范性法源互相博弈的结果，规范性法源是具有法律规范的形式外衣，具有法律强制力的法律渊源。而非规范性法源并未被规定在法律中，其依附于规范性法源存在，不能作为案件裁判的直接依据，[1]只用于解释规范性法源的价值、意义和蕴涵等的补充说理性法源。从这个视角来看，法定犯裁判规范的模型研究是发挥法定犯裁判在社会治理过程中的控制机制研究，是社会管理职能强力化下的约束机制研究。因为，当社会管理职能强力介入时，赋予私权利以相应的抗辩权利和程序成为这一机制构建的必然选择。

故而，法定犯裁判规范的裁判模型理论，对诸如非法集资类犯罪、妨害传染病防治罪、生产、销售、提供假药罪等典型的法定犯类型，无论是现象学意义上的规范适用样态揭示，还是司法裁判意义上的方法论指导，都有很大的操作空间。并且将随着法定犯裁判规范这一裁判模型的成熟与发展，带来法定犯的内在增长，在强化法定犯立法的社会控制机能，发挥法定犯司法的社会整合功能等方面均大有可为。但这一过程必然随着社会文明的发展、公共政策的变化以及裁判事实的丰富而呈现出愈发多元的裁判规范生成形态。因此，对于法定犯裁判规范的结构与建构研究只是起步，未来由点及面的实然规范研究之路道阻且长！

---

〔1〕　参见张心向：《恶势力案件裁判规范之法理探析》，载《中国法律评论》2019年第4期。

参考文献

（一）中文著作

[1] 陈瑞华：《论法学研究方法》，法律出版社 2017 年版。

[2] 陈金钊：《法律解释的哲理》，山东人民出版社 1999 年版。

[3] 蔡定剑：《历史与变革——新中国法制建设的历程》，中国政法大学出版社 1999 年版。

[4] 陈兴良：《刑法哲学》，中国政法大学出版社 1997 年版。

[5] 陈兴良：《规范刑法学（上册）》，中国人民大学出版社 2013 年版。

[6] 陈兴良：《走向哲学的刑法学》，北京大学出版社 2018 年版。

[8] 陈家林：《外国刑法通论》，中国人民公安大学出版社 2009 年版。

[9] 储槐植：《美国刑法》，北京大学出版社 2005 年版。

[10] 程凡卿：《行政刑法立法研究》，法律出版社 2013 年版。

[11] 杜琪：《刑法与行政法关联问题研究》，中国政法大学出版社 2015 年版。

[12] 黄河：《行政刑法比较研究》，中国方正出版社 2001 年版。

[13] 黄茂荣：《法学方法与现代民法》，中国政法大学出版社 2001 年版。

[14] 黄明儒：《行政犯比较研究——以行政犯的立法与性质为视点》，法律出版社 2004 年版。

[15] 刘治斌：《法律方法论》，山东人民出版社 2007 年版。

[16] 黎宏：《刑法学》，法律出版社 2012 年版。

[17] 林山田：《刑法学》，商务印书馆 1985 年版。

[18] 林山田：《刑法通论》，三民书局 1986 年版。

[19] 林山田：《经济犯罪与经济刑法》，兴业印刷厂有限公司 1982 年版。

[20] 林东茂：《一个知识论上的刑法学思考》，中国人民大学出版社 2009

年版。

［21］刘志远：《二重性视角下的刑法规范》，中国方正出版社 2003 年版。

［22］刘仁文：《刑法的结构与视野》，北京大学出版社 2010 年版。

［23］刘远：《刑事司法过程的刑法学建构问题研究：刑法学司法逻辑化的方法论》，人民出版社 2018 年版。

［24］刘艳红、周佑勇：《行政刑法的一般理论》，北京大学出版社 2008 年版。

［25］刘夏：《犯罪的行政从属性研究》，中国法制出版社 2016 年版。

［26］李桂林、徐爱国：《分析实证主义法学》，武汉大学出版社 2000 年版。

［27］李本灿等编译：《合规与刑法：全球视野的考察》，中国政法大学出版社 2018 年版。

［28］米传勇：《加罗法洛自然犯与法定犯理论研究》，法律出版社 2017 年版。

［29］马克昌：《比较刑法原理：外国刑法学总论》，武汉大学出版社 2002 年版。

［30］马克昌主编：《近代西方刑法学说史》，中国人民公安大学出版社 2008 年版。

［31］韩忠谟：《法学绪论》，中国政法大学出版社 2002 年版。

［32］季卫东：《法治秩序的建构》，中国政法大学出版社 1999 年版。

［33］孔祥俊：《司法哲学与裁判方法》，人民法院出版社 2010 年版。

［34］阮新邦：《批判诠释与知识重建：哈伯玛斯视野下的社会研究》，社会科学文献出版社 1999 年版。

［35］桑本谦：《理论法学的迷雾：以轰动案例为素材》，法律出版社 2008 年版。

［36］沈宗灵：《现代西方法理学》，北京大学出版社 1992 年版。

［37］沈四宝：《法律的真谛是实践：沈四宝演讲录》，北京大学出版社 2013 年版。

［38］舒国滢等：《法学方法论问题研究》，中国政法大学出版社 2007 年版。

［39］苏越等：《现代思维形态学》，中国政法大学出版社 1994 年版。

［40］王名扬：《美国行政法》，中国法制出版社 1995 年版。

［41］伍启元：《公共政策》，商务印书馆 1989 年版。

［42］王世洲：《德国经济犯罪与经济刑法研究》，北京大学出版社 1999 年版。

［43］吴经熊：《法律哲学研究》，清华大学出版社 2005 年版。

［44］吴宏耀：《诉讼认识论纲——以司法裁判中的事实认定为中心》，北京大学出版社 2008 年版。

［45］许玉秀：《当代刑法思潮》，中国民主法制出版社 2005 年版。

［46］夏勇编：《公法》（第二卷），法律出版社 2000 年版。

［47］夏基松：《现代西方哲学教程新编》，高等教育出版社 1998 年版。

［48］严存生：《西方法律思想史》，中国法制出版社 2012 年版。

［49］于辉：《案件事实论证：一种批判性思维的研究进路》，法律出版社 2018 年版。

［50］姚瑞光：《民事诉讼法论》，中国政法大学出版社 2010 年。

［51］杨宁芳：《图尔敏论证逻辑思想研究》，人民出版社 2012 年版。

［52］杨仁寿：《法学方法论》，中国政法大学出版社 2012 年版。

［53］杨兴培：《反思与批评：中国刑法的理论与实践》，北京大学出版社 2013 年版。

［54］杨兴培：《犯罪的二次性违法理论与实践：兼以刑民交叉类案例为实践对象》，北京大学出版社 2018 年版。

［55］张心向：《在规范与事实之间：社会学视域下的刑法运作实践研究》，法律出版社 2008 年版。

［56］张心向：《在遵从与超越之间：社会学视域下刑法裁判规范实践建构研究》，法律出版社 2012 年版。

［57］张明楷：《行为无价值论与结果无价值论》，北京大学出版社 2012 年版。

［58］张明楷：《法益初论》，中国政法大学出版社 2003 年版。

［59］张明楷：《刑法学》，法律出版社 2011 年版。

［60］张明楷编：《外国刑法纲要》，清华大学出版社 1999 年版。

［61］张明楷：《刑法的基本立场》，中国法制出版社 2002 年版。

［62］张明楷主编：《行政刑法概论》，中国政法大学出版社 1991 年版。

［63］张文显：《二十世纪西方法哲学思潮研究》，法律出版社 2006 年版。

［64］张文显：《法哲学范畴研究》，中国政法大学出版社 2001 年版。

［65］张志铭：《法律解释操作分析》，中国政法大学出版社 1999 年版。

［66］赵承寿：《司法裁判中的事实问题》，中国政法大学出版社 2015 年版。

（二）中文译著

［1］［英］吉登斯：《社会的构成：结构化理论纲要》，李康、李猛译，中国人民大学出版社 2016 年版。

［2］［英］边沁：《道德与立法原理导论》，时殷弘译，商务印书馆 2000 年版。

［3］［英］哈耶克：《科学的反革命：理性滥用之研究》，冯克利译，译林出版社 2012 年版。

［4］［英］哈耶克：《法律、立法与自由（第一卷）》，邓正来等译，中国大百科全书出版社 2000 年版。

［5］［英］哈特：《法律的概念》，许家馨、李冠宜译，法律出版社 2018 年版。

［6］［英］尼尔·麦考密克：《法律推理与法律理论》，姜峰译，法律出版社 2005 年版。

［7］［英］贝尔特：《二十世纪的社会理论》，瞿铁鹏译，上海译文出版社 2005 年版。

［8］［英］波普尔：《猜想与反驳：科学知识的增长》，傅季重等译，上海译文出版社 2015 年版。

［9］［英］约翰·奥斯丁：《法理学的范围》，刘星译，中国法制出版社 2003 年版。

［10］［英］图尔敏：《论证的使用》，谢小庆、王丽译，北京语言大学出版社 2016 年版。

［11］［英］穆勒：《功利主义》，徐大建译，商务印书馆 2014 年版。

［12］［美］马默主编：《法律与解释》，张卓明等译，法律出版社 2006 年版。

［13］［美］卡多佐：《司法过程的性质》，苏力译，商务印书馆 2011 年版。

［14］［美］伯尔曼：《法律与革命——西方法律传统的形成》，高鸿钧等译，中国大百科全书出版社 1993 年版。

［15］［美］伯尔曼：《法律与宗教》，梁治平译，中国政法大学出版社 2003 年版。

［16］［美］胡萨克：《过罪化及刑法的限制》，姜敏译，中国法制出版社

2015 年版。

[17]［美］德沃金，R.：《法律帝国》，李常青译，中国大百科全书出版社 1995 年版。

[18]［美］博登海默：《法理学：法律哲学与法律方法》，邓正来译，中国政法大学出版社 1998 年版。

[19]［美］罗斯科·庞德：《通过法律的社会控制》，沈宗灵译，商务印书馆 2010 年版。

[20]［美］庞德：《法理学（第三卷）》，廖德宇译，法律出版社 2007 年版。

[21]［美］波斯纳：《法理学问题》，苏力译，中国政法大学出版社 2002 年版。

[22]［美］波斯纳：《法官如何思考》，苏力译，北京大学出版社 2009 年版。

[23]［美］美国法学会编：《美国模范刑法典及其评注》，刘仁文等译，法律出版社 2005 年版。

[24]［美］霍姆斯：《法律的生命在于经验——霍姆斯法学文集》，明辉译，清华大学出版社 2007 年版。

[25]［美］诺内特、塞尔兹尼克：《转变中的法律与社会》，张志铭译，中国政法大学出版社 2002 年版。

[26]［美］布莱克：《社会学视野中的司法》，郭星华等译，法律出版社 2002 年版。

[27]［德］考夫曼、哈斯默尔主编：《当代法哲学和法律理论导论》，郑永流译，法律出版社 2001 年版。

[28]［德］埃里克·希尔根多夫：《德国刑法学：从传统到现代》，江溯等译，北京大学出版社 2015 年版。

[29]［德］李斯特：《德国刑法教科书》，徐久生译，法律出版社 2000 年版。

[30]［德］拉德布鲁赫：《法学导论》，米健译，中国大百科全书出版社 1997 年版。

[31]［德］韦伯：《论经济与社会中的法律》，张乃根译，中国大百科全书出版社 1998 年版。

[32] ［德］尼克拉斯·卢曼：《法社会学》，宾凯、赵春燕译，上海人民出版社 2013 年版。

[33] ［德］雅科布斯：《行为 责任 刑法》，冯军译，中国政法大学出版社 1997 年版。

[34] ［德］汉斯·海因里希·耶赛克、托马斯·魏根特：《德国刑法教科书》，徐久生译，中国法制出版社 2017 年版。

[35] ［德］哈贝马斯：《在事实与规范之间：关于法律和民主法治国的商谈理论》，童世骏译，生活·读书·新知三联书店 2003 年版。

[36] ［德］康德：《道德形而上学原理》，苗力田译，上海人民出版社 1986 年版。

[37] ［德］拉伦茨：《法学方法论》，陈爱娥译，商务印书馆 2003 年版。

[38] ［德］亚图·考夫曼：《类推与"事物本质"——兼论类型理论》，吴从周译，学林文化事业有限公司 1999 年版。

[39] ［德］考夫曼：《法律哲学》，刘幸义等译，法律出版社 2003 年版。

[40] ［德］魏德士：《法理学》，丁晓春、吴越译，法律出版社 2005 年版。

[41] ［日］大塚仁：《刑法概说：总论》，冯军译，中国人民大学出版社 2002 年版。

[42] ［日］高桥则夫：《规范论和刑法解释论》，戴波、李世阳译，中国人民大学出版社 2011 年版。

[43] ［日］木村龟二主编：《刑法学词典》，顾肖荣、郑树周译校，上海翻译出版公司 1991 年版。

[44] ［日］山口厚：《刑法总论》，付立庆译，中国人民大学出版社 2011 年版。

[45] ［日］松原芳博：《刑法总论重要问题》，王昭武译，中国政法大学出版社 2014 年版。

[46] ［日］平野龙一：《刑法的基础》，黎宏译，中国政法大学出版社 2016 年版。

[47] ［日］曾根威彦：《刑法学基础》，黎宏译，法律出版社 2005 年版。

[48] ［意］加罗法洛：《犯罪学》，耿伟、王新译，中国大百科全书出版社

1995 年版。

[49]［意］登特列夫：《自然法：法律哲学导论》，李日章等译，新星出版社2008 年版。

[50]［意］贝卡里亚：《论犯罪与刑罚》（增编本），黄风译，北京大学出版社 2014 年版。

[51]［法］雅克·盖斯旦、吉勒·古博：《法国民法总论》，陈鹏等译，法律出版社 2004 年版。

[52]［法］斯特法尼等：《法国刑法总论精义》，罗结珍译，中国政法大学出版社 1998 年版。

[53]［法］布尔迪厄、［美］华康德：《反思社会学导引》，李猛、李康译，商务印书馆 2015 年版。

[54]［荷］菲特丽丝：《法律论证原理——司法裁决之证立理论概览》，张其山等译，商务印书馆 2005 年版。

[55]［加］威尔·金里卡：《当代政治哲学》，刘莘译，上海三联书店 2003年版。

[56]［奥］尤根·埃利希：《法律社会学基本原理》，叶名怡、袁震译，中国社会科学出版社 2009 年版。

[57]［奥］埃利希：《法社会学原理》，舒国滢译，中国大百科全书出版社2009 年版。

[58]［奥］凯尔森：《法与国家的一般理论》，沈宗灵译，中国大百科全书出版社 1995 年版。

[59]［比］普里戈金：《确定性的终结：时间、混沌与新自然法则》，湛敏译，上海科技教育出版社 2009 年版。

[60]［丹］扎哈维：《胡塞尔现象学》，李忠伟译，上海译文出版社 2007 年版。

（三）中文期刊

[1] 白建军：《法定犯正当性研究——从自然犯与法定犯比较的角度展开》，载《政治与法律》2018 年第 6 期。

[2] 才惠莲、杨鹭：《试论我国环境保护法的修改与完善——从比较法的视角》，载《湖北社会科学》2006 年第 10 期。

［3］ 蔡宏伟：《"许霆案"与中国法律的形式主义困境——兼论波斯纳的法律活动理论》，载《法制与社会发展》2008 年第 5 期。

［4］ 车浩：《非法持有枪支的罪与罚》，载《华东政法大学学报》2017 年第 6 期。

［5］ 车浩：《刑事政策的精准化：通过犯罪学抵达刑法适用——以疫期犯罪的刑法应对为中心》，载《法学》2020 年第 3 期。

［6］ 储槐植、高维俭：《犯罪构成理论结构比较论略》，载《现代法学》2009 年第 6 期。

［7］ 储槐植：《议论刑法现代化》，载《中外法学》2000 年第 5 期。

［8］ 陈金钊：《法律人思维中的规范隐退》，载《中国法学》2012 年第 1 期。

［9］ 陈金林：《法定犯与行政犯的源流、体系地位与行刑界分》，载《中国刑事法杂志》2018 年第 5 期。

［10］ 陈兴良：《刑法教义学与刑事政策的关系：从李斯特鸿沟到罗克辛贯通：中国语境下的展开》，载《中外法学》2013 年第 5 期。

［11］ 陈兴良：《当代中国的刑法理念》，载《国家检察官学院学报》2008 年第 3 期。

［12］ 陈兴良、周光权：《刑法司法解释的限度——兼论司法法之存在及其合理性》，载《法学》1997 年第 3 期。

［13］ 丁晓波：《刑法适用中司法解释与罪刑法定原则之互动》，载《中国刑事法杂志》2010 年第 10 期。

［14］ 豆雨思、郭蒙政：《法治语境下刑法理念的审视与完善——以〈刑法修正案九〉为研究范式》，载《河北法学》2017 年第 6 期。

［15］ 杜小丽：《抽象危险犯形态法定犯的出罪机制——以生产销售假药罪和生产销售有毒有害食品罪为切入》，载《政治与法律》2016 年第 12 期。

［16］ 杜宇：《合分之道：构成要件与违法性的阶层关系》，载《中外法学》2011 年第 4 期。

［17］ 杜宇：《刑法解释的另一种路径：以"合类型性"为中心》，载《中国法学》2010 年第 5 期。

[18] 冯亚东：《违法性认识与刑法认同》，载《法学研究》2006 年第 3 期。

[19] 黄明儒：《论行政犯与刑事犯的区分对刑事立法的影响》，载《刑法论丛》2008 年第 1 期。

[20] 黄明儒：《论刑法规范的性质与功能》，载《湘潭大学学报（哲学社会科学版）》2009 年第 2 期。

[21] 胡玉鸿：《利益衡量与"社会需求"——诉讼过程的动态分析之一》，载《法商研究（中南政法学院学报）》2001 年第 3 期。

[22] 侯猛：《当代中国政法体制的形成及意义》，载《法学研究》2016 年第 6 期。

[23] 何荣功：《预防刑法的扩张及其限度》，载《法学研究》2017 年第 4 期。

[24] 姜明安：《新世纪行政法发展的走向》，载《中国法学》2002 年第 1 期。

[25] 简爱：《我国行政犯定罪模式之反思》，载《政治与法律》2018 年第 11 期。

[26] 冀洋：《法益保护目的不能甄别不法论的立场》，载《政法论坛》2016 年第 5 期。

[27] 季卫东：《法律解释的真谛（下）——探索实用法学的第三道路》，载《中外法学》1999 年第 1 期。

[28] 晋运锋：《当代西方功利主义研究述评》，载《哲学动态》2010 年第 10 期。

[29] 梁奉壮：《宾丁规范论研究：本体论考察》，载《清华法学》2017 年第 1 期。

[30] 李步云：《政策与法律关系的几个问题》，载《法学季刊》1984 年第 3 期。

[31] 李晓明：《行政刑法的立论基础》，载《法学》2005 年第 2 期。

[32] 李翔：《对商业贿赂犯罪司法解释的若干质疑》，载《政治与法律》2009 年第 6 期。

[33] 李翔：《论刑事司法政策司法解释过度化的弊端及其反思》，载《法治

研究》2014 年第 8 期。

[34] 倪梁康：《现象学运动的基本意义——纪念现象学运动一百周年》，载《中国社会科学》2000 年第 4 期。

[35] 劳东燕：《法条主义与刑法解释中的实质判断——以赵春华持枪案为例的分析》，载《华东政法大学学报》2017 年第 6 期。

[36] 劳东燕：《罪刑规范的刑事政策分析——一个规范刑法学意义上的解读》，载《中国法学》2011 年第 1 期。

[37] 卢建平：《刑事政策与刑法关系论纲》，载《法治研究》2011 年第 5 期。

[38] 林山田：《论刑事不法与行政不法》，载《刑事法杂志》1976 年第 20 期。

[39] 林东茂：《法学不是科学》，载《高大法学论丛》2010 年第 6 期。

[40] 刘远：《论刑法规范的司法逻辑结构——以四维论取代二元论的尝试》，载《中外法学》2016 年第 3 期。

[41] 刘艳红：《行政犯罪分类理论反思与重构》，载《法律科学（西北政法大学学报）》2008 年第 4 期。

[42] 刘艳红：《法定犯与罪刑法定原则的坚守》，载《中国刑事法杂志》2018 年第 6 期。

[43] 刘艳红：《论法定犯的不成文构成要件要素》，载《中外法学》2019 年第 5 期。

[44] 刘艳红：《"司法无良知"抑或"刑法无底线"？——以"摆摊打气球案"入刑为视角的分析》，载《东南大学学报（哲学社会科学版）》2017 年第 1 期。

[45] 刘艳红：《空白刑法规范的罪刑法定机能——以现代法治国家为背景的分析》，载《中国法学》2004 年第 4 期。

[46] 刘艳红：《开放的犯罪构成要件理论之提倡》，载《环球法律评论》2003 年第 3 期。

[47] 刘艳红：《开放的构成要件范畴三论》，载《江海学刊》2005 年第 2 期。

[48] 刘艳红：《治理能力现代化语境下疫情防控中的刑法适用研究》，载

《比较法研究》2020 年第 2 期。

[49] 刘艳红：《论大陆法系违法性判断理论的缺陷及弥补》，载《法商研究（中南政法学院学报）》2001 年第 4 期。

[50] 李世阳：《规范论视角下共犯理论的新建构》，载《法学》2017 年第 11 期。

[51] 梁根林：《非刑罚化——当代刑法改革的主题》，载《现代法学》2000 年第 6 期。

[52] 黎宏：《合规计划与企业刑事责任》，载《法学杂志》2019 年第 9 期。

[53] 曲新久：《"非典"时期的"典型"反应——评"两高"的一个刑事司法解释》，载《政法论坛》2003 年第 3 期。

[54] 彭中礼：《最高人民法院司法解释性质文件的法律地位探究》，载《法律科学（西北政法大学学报）》2018 年第 3 期。

[55] 舒国滢：《战后德国法哲学的发展路向》，载《比较法研究》1995 年第 4 期

[56] 舒国滢：《法学实践知识之困与图尔敏论证模型》，载《国家检察官学院学报》2018 年第 5 期。

[57] 时延安：《合规计划实施与单位的刑事归责》，载《法学杂志》2019 年第 9 期。

[58] 孙新强：《卢埃林现实主义法理学思想》，载《法制与社会发展》2009 年第 4 期。

[59] 孙树光：《行政犯裁判结构的功能性研究——以法律结构与社会结构互动机制为视角》，载《政治与法律》2019 年第 6 期。

[60] 孙树光：《论法定犯裁判事实证成中人机协同系统的建构》，载《当代法学》2020 年第 2 期。

[61] 孙光宁：《图尔敏论证模型在指导性案例中的运用及其限度——以指导性案例 23 号为分析对象》，载《湖北社会科学》2017 年第 7 期。

[62] 孙万怀：《法定犯拓展与刑法理论取代》，载《政治与法律》2008 年第 12 期。

[63] 苏彩霞：《刑法国际化视野下的我国刑法理念更新》，载《中国法学》

2005 年第 2 期。

[64] 苏力：《法条主义、民意与难办案件》，载《中外法学》2009 年第 1 期。

[65] 时延安：《刑法规范的结构、属性及其在解释论上的意义》，载《中国法学》2011 年第 2 期。

[66] 石聚航：《刑事政策司法化：历史叙事、功能阐释与风险防范》，载《当代法学》2015 年第 5 期。

[67] 田宏杰：《行政犯的法律属性及其责任——兼及定罪机制的重构》，载《法学家》2013 年第 3 期。

[68] 田宏杰：《知识转型与教义坚守：行政刑法几个基本问题研究》，载《政法论坛》2018 年第 6 期。

[69] 田宏杰：《立法扩张与司法限缩：刑法谦抑性的展开》，载《中国法学》2020 年第 1 期。

[70] 田宏杰、温长军：《理解制度的变迁：我国《刑法》的修订及其适用》，载《法学杂志》2011 年第 9 期。

[71] 卫磊：《当代刑事政策发展的实践路径——以刑法司法解释为视角》，载《华东政法大学学报》2013 年第 4 期。

[72] 吴庆宝：《法官裁判的规范性——以民事法官裁判为视角》，载《法律适用》2007 年第 9 期。

[73] 王强军：《刑法裁判规范的开放性研究》，载《政治与法律》2014 年第 7 期。

[74] 王骏：《不同法域之间违法性判断的关系》，载《法学论坛》2019 年第 5 期。

[75] 王新：《非法吸收公众存款罪的规范适用》，载《社会科学文摘》2019 年第 9 期。

[76] 王永茜：《论刑法上裁判规范与行为规范的分离》，载《清华法学》2015 年第 5 期。

[77] 王云清：《立法背景资料在法律解释中的功能与定位——英美的司法实践及其对中国的镜鉴》，载《法学家》2019 年第 1 期。

[78] 王建芳：《基于论辩的论证结构研究——弗里曼模型与图尔敏模型的比较》，载《逻辑学研究》2016 年第 3 期。

[79] 谢晖：《论规范分析方法》，载《中国法学》2009 年第 2 期。

[80] 肖金明：《为全面法治重构政策与法律关系》，载《中国行政管理》2013 年第 5 期。

[81] 徐梦秋：《规范论的对象和性质》，载《哲学动态》2000 年第 11 期。

[82] 游伟、肖晚祥：《论行政犯的相对性及其立法问题》，载《法学家》2008 年第 6 期。

[83] 杨宁芳、何向东：《图尔敏论证理论探析》，载《哲学研究》2014 年第 10 期。

[84] 叶良芳：《刑法司法解释的能与不能——基于网购仿真枪案和掏鸟窝案判决的思考》，载《政法论丛》2016 年第 6 期。

[85] 杨伟清：《罗尔斯正义理论中正当优先于善的三种模式》，载《哲学动态》2007 年第 5 期。

[86] 张文、杜宇：《自然犯、法定犯分类的理论反思——以正当性为基点的展开》，载《法学评论》2002 年第 6 期。

[87] 张明楷：《实质解释论的再提倡》，载《中国法学》2010 年第 4 期。

[88] 张明楷：《司法上的犯罪化与非犯罪化》，载《法学家》2008 年第 4 期。

[89] 张心向：《恶势力案件裁判规范之法理探析》，载《中国法律评论》2019 年第 4 期。

[90] 张心向：《死刑案件裁判中非刑法规范因素考量》，载《中外法学》2012 年第 5 期。

[91] 张心向：《论个案事实在刑法规范解释中的作用——以《刑法》第 263 条规定的“入户抢劫”为分析视角》，载《法学杂志》2009 年第 1 期。

[92] 张心向：《论构成要件要素：从文本概念到裁判类型》，载《东方法学》2020 年第 1 期。

[93] 张心向：《刑法裁判规范之品性——基于司法实践建构的视野》，载《天津法学》2011 年第 2 期。

［94］ 赵秉志、魏昌东:《当代中国刑法哲学研究述评》, 载《中国法学》2006 年第 1 期。

［95］ 邹兵建:《中国刑法教义学的当代图景》, 载《法律科学（西北政法大学学报）》2015 年第 6 期。

［96］ 周详:《规则功利主义违法观之提倡——刑法学派之争视角的展开》, 载《清华法学》2013 年第 1 期。

［97］ 赵秉志、张心向:《刑事裁判功利性现象研究——兼论刑法规范的司法适用》, 载《刑法论丛》2012 年第 3 卷。

（四）外文文献

［1］ R. A. Posner, *The Problems of Jurisprudence*, Harvard University Press, 1990.

［2］ Julius G. Getman, Thomas C. Kohler, "The Common Law, Labor Law, and Reality: A Response to Professor Epstein", *The Yale Law Journal*, Vol. 92, No. 8., 1983.

［3］ Casebeer K. M., "Escape from Liberalism: Fact and Value in Karl Llewellyn", *Duke L. J.* Vol. 671, No. 3., 1977.

［4］ Karl N. Llewellyn, "A Realist Jurisprudence: The Next Step", *Colum. L. Rev.*, Vol. 30, No. 4., 1930.

［5］ Meir Dan-Cohen, "Decision Rules and Conduct Rules: On Acoustic Separation in Criminal Law", *Harvard Law Review*, Vol. 97, No. 3., 1984.

［6］ Bastable J. D., "The Enforcement of Morals", *Philosophical Studies*, Vol. 14, 1965.

［7］ Dimock, S., "The Malum prohibitum—Malum in se Distinction and the Wrongfulness Constraint on Criminalization", *Dialogue: Canadian Philosophical Review*, Vol. 55, No. 1., 2016.

［8］ D Hitchcock, "Good Reasoning on the Toulmin Model", *Argumentation*, Vol. 19, 2005.

［9］ John Rawls, *A Theory of Justice*, Harvard University Press, 1977.

［10］ Brandt R. B., "The Real & Alleged Problems of Utilitarianism", *Hastings Center Report*, Vol. 13, No. 2., 1983.

后 记

读书二十余载，在外求学十五载。虽已过了而立之年，但与立身、立业仍相距甚远。学业已成，收获颇丰，事业待立，几多感触，充满感恩，是以为记。

低头赶路，几多感触。

作为农家子弟，读书成为我们摆脱原生家庭最有效、也是唯一的方式，其中裨益自不待言。我庆幸我身边充满了这样的人，更佩服那些先天条件优越依然充满斗志的人。所以，一直低头赶路，带着原生家庭教会我的真诚、朴实和勤奋，一点点积累、一步步突破，不曾抱怨，充满期待。

高考的失利并没有击溃我，而是激发了我昂扬的斗志。本科的三年半时间，早六晚十、三点一线，未曾懈怠，最终收获了吉林大学法学院的橄榄枝，并有幸刷新了当年的最高分。读研期间，勤勤恳恳、脚踏实地，结识诸多良师益友，收获些许殊荣，并有幸进入南开大学法学院读博，至此迎来我学生时代的高光时刻。四年里，不仅给我带来了法学知识的增量、法律思维的形塑，更让我体会到了南开法学人德法兼修的人文关怀，允公允能的家国情怀。也正是在这样的熏陶和鼓励下，让我在象征着科研人学术标签的 CLSCI、《人大复印报刊资料》等期刊发文多篇，也让我荣获了包括南开大学学生最高荣誉周恩来奖学金、博士研究生国家奖学金、天津市优秀学生和最高人民法院优秀法律实习生等十余项荣誉，并有幸代表全体法律实习生在最高院向领导作汇报发言。

　　学历提升的经历，是我摆脱底层思维和格局的有效方式，是我一路"打怪升级"的冒险尝试，更是我打破禁锢、体会人生的孤独旅程。正是这段旅程，让我切身体会到了知识给我带来的"多、少"改变。多的是专业知识的增量，少的是愚昧无知的存量；多的是归时的成熟，少的是来时的稚嫩；多的是对世界的认知，少的是对未来的彷徨……

　　回望来路，充满感恩。

　　现在还依稀记得，读研时拥有属于自己的第一张书桌，读博时拥有属于自己的第一间卧室时的那份喜悦，精心整理、用心布置。或许如大家所言，这是一种强迫症、一种洁癖，但只有我内心明白，这是我拼尽己力后，生活给我的最大回馈，我理应温柔以待、充满感恩。

　　本书的完成，首先要感谢我的恩师张心向教授。回望校园生活，在课堂上，您是引领我思考国法、天理、人情的智者；在生活中，您是带领我追问自我、创造大我的长者；在学术上，您是指导我精耕细作、慎思笃行的学者。从您如亲人般照顾高尔森先生的行动中我明白了"师恩"，从您拖着病体仍坚持上课中我明白了"师德"，是您让我真切体会到了教书育人的劳心之苦，切身领悟到了传道授业的用心之处。无论是毕业资格论文的写作、发表，还是毕业论文的写作、完善，都倾注了您太多的汗水，是在不停地从您的学术原创中汲取营养。只有学生自己明白，学生的那一点学术成绩只不过是您学术观点的一点点延伸，是您扶持学生成长的无私奉献，学生对比谨记在心，充满感激。我也想借此机会，再次感谢我的恩师徐岱教授，感谢您读研期间的指导和照顾，感谢您毕业后仍如亲人般无微不至的关怀，更要感谢您的信任和举荐，我才有幸遇到慈母般的张老师。科研学生路和未来成长路，有幸能够有两位恩师的庇佑。每每遇到人生抉择的大问题时，恩师们的教诲总会为我指点迷津，指明方向。人生成长之幸，也不过如此。

　　其次，感谢在本书写作过程中给予我帮助的老师们。和蔼可亲的郑泽善教授、幽默风趣的刘士心教授弥补了我在大陆法系、英美法系方面的知识短板。在两位老师的课堂上，轻松愉快的学习氛围往往会启发我对刑法问题的深入思考，为我的学术成长之路指明了方向。在写作过程中，更是得到了两位老师的宝贵指点，学生不胜感激。同时，感谢年轻有为的王强军教授和邹兵建副教授，两位老师作为年轻学者中的翘楚，一直是我仰望的偶像，更是我学习、模仿的榜样。此外，我还想感谢在我法律实践过程中曾经给我帮助的老师们——王鲁老师、陈攀老师，学生工作中给予帮助的艾伟俊老师、李高扬老师等。有良师益友陪伴，孤独也不过如此。

最后，感谢支持我一路学习的亲人们。感谢我的妻子马晓雯女士，感谢你的出现并坚定地选择了我，给我以安心、信心；是你让我对未来的生活增添了一份浓墨重彩的热爱和期待。感谢我的母亲吴成秀女士，虽然您并不能认识这些字，但儿子依然要将这份感激记录下来，也是对您无私无畏付出的一个小回忆。您读书不多，但在儿子看来，足够了，为人处世的道理是您言传身教给我的。我怎么都没有想到，电视中演绎的场景会发生在我身上。为了儿子的考研，您一个人住院、做手术。试想，一个只会写自己名字的人是如何处理住院、手术的那些事，又是如何在忍受巨大疼痛的情况下一个人坚持下去，更是在怎样的智慧下要求全家人瞒着自己日思夜想的儿子，儿子欠您的太多、太多；感谢我的父亲孙海滨先生，虽然我和您之间的直接交流并不太多，但我总能从母亲的口中理解您对儿子的关心和思念。憨厚真诚的您虽然并没有为这个家带来物质上的丰盈，但您依然是我心中形象高大的父亲。直到您遭迫害入院的那几个月，让儿子彻底明白了您的不易，也让我接过了家庭的担子，宽慰母亲一起照顾您，带领母亲走在追求正义的路上，让我瞬间成长了许多；感谢我的姐姐孙素青女士，是您在我无助的时候，给我以支持，更在家人需要您的时候，代替远方的弟弟照顾着家人，此份恩情，弟弟铭记于心；感谢我的爷爷奶奶、姥姥姥爷，在我成长过程中给我以力量，是你们给我这位留守儿童以美好的童年时光，心怀感恩。

　　有时候我总会去幻想，假如双亲未曾受伤，未曾住院，健健康康。待到团圆时，围坐圆桌旁，是何等的幸福，哪怕回到那个土坯房的岁月，粗茶淡饭，我也会在梦中笑醒。

孙树光

2023 年 4 月 3 日